从政心得

江苏人民出版社

图书在版编目（CIP）数据

任彦申从政心得 / 任彦申著 . -- 南京：江苏人民出版社，2014.10
ISBN 978-7-214-10290-4

Ⅰ . ①任…　Ⅱ . ①任…　Ⅲ . ①社会科学—文集
Ⅳ . ① C53

中国版本图书馆 CIP 数据核字（2014）第 248355 号

书　　　名	任彦申从政心得	
著　　　者	任彦申	
责 任 编 辑	王翔宇	
装 帧 设 计	异　一	
版 式 设 计	张文艺	
出 版 发 行	凤凰出版传媒股份有限公司	
	江苏人民出版社	
出版社地址	南京市湖南路1号A楼，邮编：210009	
经　　　销	凤凰出版传媒股份有限公司	
印　　　刷	三河市兴达印务有限公司	
开　　　本	718 毫米 ×1000 毫米 1/16	
印　　　张	19.5	
字　　　数	300 千字	
版　　　次	2015 年 1 月第 1 版　2022 年 3 月第 8 次印刷	
标 准 书 号	ISBN978-7-214-10290-4	
定　　　价	78.00元	

目录
/contents

从清华园到未名湖

后知后觉

如何是好

从清华园到未名湖

北大是一首诗歌，清华是一篇论文；
北大是思想家的沃土，清华是工程师的摇篮。

就培养人才而言，应当扬长补短；
就使用人才而言，应当扬长避短；
就保护人才而言，应当扬长容短，必要时敢于护短。

一个受人拥戴的领导者，应当有声有色地工作，有滋有味地生活，
有情有义地交往。

序

任彦申同志在北京大学任职十年，担任六年党委书记。北京大学是藏龙卧虎之地，当北大领导殊为不易，更何况这十年是北大最困难的时期之一呢！纵观历史，北京大学第一把手多在内部或外部压力下黯然离去，"好进不好出"成为一种社会评价了。然而，上世纪90年代，是北京大学取得自身和平发展的重要时期之一。当然不能都归功于他，但他也有一份不可忘记的贡献。他调离的时候，许多北大师生依依难舍，至今我还听到一些北大人怀念他，这真是不容易的事啊！

当年我就建议他写一本书《北大十年》，写下自己在北大的酸甜苦辣辛，那将是中国大学教育难得的"案例教育"。他坚决拒绝。这其中的难处是可以理解的。写成官样文章，鲜活的经验与教训都没有了；如实地写，左右上下都碰不起。这就是市面上出版的许多"回忆录"成了回忆官方文件、失去其鲜活历史价值之原因所在，这也是中国人老付学费而难有长进的一个重要原因。但我不死心，见面时常常重提此事。可任彦申同志公务繁忙，也难以提笔。现在，他终于写出《从清华园到未名湖》，邀我作序，令我无上荣幸，也无上高兴。

我认真地从头到尾读了一遍。虽然许多话，我曾听过，有的还听过多遍，但读着读着仍不时拍案叫绝，兴奋不已。好书！好书！好书！

文如其人。他对党的事业的忠诚，不是表现为做党的文件的传声筒，不是唯上级的话是从，而是以自己创造性的工作，恪尽职守。他一生为官，但绝不是政客，更不是官僚。他思维睿智、谈吐幽默、为人宽厚，这是接触他的人有口皆碑的。他说的是自己的话，但闪烁着马克思主义的光辉；他做的事总有个性的烙印，但始终与党中央保持着政治上的高度一致。这样的干部是不多的。任彦申同志在本书中写道："一个受人拥戴的领导者，应当有声有色地工作，有滋有味地生活，有情有义地交往。"我看他自己就是这样一位领导者。看他的这本书，写得有声有色、有滋有味、有情有义。再加上一句：有痛有痒。

有痛有痒地写作，说好说，写不易。难怪孔老夫子一生"述而不作"了。《从清华园到未名湖》也回避了许多酸甜苦辣辛的人与事，但读起来，绝对有痛有痒。任彦申同志是以自己的人生感悟来写的，但读者可以感受到句句都有他经历的人事为依据。许多话可以作为传世的格言，读者们都可以联系自己的经历和身边的人事获得深刻的共鸣。

《从清华园到未名湖》，书名好像是回忆录，但别当一般回忆录看。

这是一本领导科学著作。不仅是大学的领导者，"知识分子成堆"的单位的领导者，乃至各行各业的领导者，都值得一读，对改进自己领导工作是绝对有帮助的。

这是一本政治学著作。政治家们应该如何认识大学教育的社会功能、如何领导和发展大学教育事业、如何应对社会思潮和学潮，以至如何认识和对待知识、知识分子以及知识经济……这里都有精辟的见解，可供举一反三。

这是一本教育学著作。大学教育自不待言，其中许多观点对于各类教育也有普遍的意义。

这是一本人才社会学著作。不仅可以解青年学子成才之渴，就是对已经成才成名的专家学者也不无教益。

这是一本关于中国社会主义改革和改革者身心磨难历练的历史书。

这是一本有相当学术深度的书，又应是一本做人处事的畅销书。

这究竟是一本什么书？这是一本任彦申同志写的处女作——《从清华园到未名湖》！

2007年4月22日

自序

我从上大学至今，四十多年来工作几经变动，但始终把家安在清华园里。在我三十七年的工作生涯中，有三分之二的时间是在清华、北大任职，其中在清华任职十五年，在北大任职近十年。虽然不敢说得了清华、北大的真谛，但清华、北大给我打下的思想烙印是深刻的、长久的、难以磨灭的，在自己身上总抹不掉清华、北大的某些习气。

我永远感谢大学精神对我的熏陶感染，是她给了我一种追求知识，追求真理，追求弄个清楚、活个明白的不懈动力。

我永远留恋大学中的那种氛围：充满着理想，充满着灵气，充满着青春的活力。扑面而来的新知识、新理念使你的头脑免于僵化，活力四射、才华横溢的青年学生使你的心态保持年轻。

我永远珍惜在大学中形成的师生关系和同学关系。在一切人际关系中，最纯真的关系莫过于师生关系。老师总是把最美好的东西教给学生，从不嫉妒学生的成功，也从不企求学生的回报。世上最平等的关系莫过于同学关系，它很少沾染功名利禄的俗气。不管你官大官小、钱多钱少，同学永远是同学，在同学之间永恒的法则就是"序齿不序爵"。

北大和清华，是中国两所实力最强、声望最高、影响力最大的大学，也是两所特色鲜明、极具精神魅力的大学。美国人常说："先有哈佛，后有美利坚。"这不仅是指哈佛大学的历史早于美国，更深刻的寓义是说哈佛大学的精神引领了美国的成长。北京大学倡导的民主科学精神，遵循的"思想自由，兼容并包"原则，不仅开启了中国文化的新潮流，而且深刻地影响了中国百年来的历史进程。清华大学"自强不息，厚德载物"的校训，不仅体现了中华文化的精髓，而且反映了清华勇攀高峰又脚踏实地的"顶天立地"精神。北大、清华的历史说明，一所著名学府对民族复兴、国家发展有着多么巨大的影响！

管理大学是一门复杂的学问，是一项困难的职业。

目前我国大学的管理者几乎都是从教师中选拔出来的。他们的优点是熟悉教学科研，同师生保持着天然的密切联系。他们的缺点是没有受过系统的大学管理培训，缺乏必要的领导知识和管理经验，加之许多人都是"双肩挑"干部，担负着一定的教学科研任务，很难集中精力从事管理工作。如果你是一个学者，精力不集中只是影响个人的发展。如果你是一名大学的党委书记或校长，那么精力不集中就会贻误学校整体的事业。

一个好教授未必是一个好校长。即使是诺贝尔奖获得者也未必能领导好大学。曾任北大校长的严复认为："治学之材与治事之材，恒不能相兼。尝有观理极深，虑事极审，宏通渊粹，通贯万物之人，授之以事，未必即胜任而愉快。"他本人也许就是一个"未必即胜任而愉快"的校长。

一所大学，有数十个学科专业，隔行如隔山，大学的党委书记和校长即使有很深的专业背景和学术造诣，也不可能通晓所有的专业。作为大学的管理者，不能只是一个专家、专才，而应当是一个通才，具有超越本专业局限、进行跨学科对话的能力；应当是一位教育管理专家和公共事务专家；应当懂政治、懂管理、懂教育、懂人才，熟悉办学规律、学术发展规律和人才成长规律。办好大学，不但需要有一批优秀的学术骨干，而且必须有一批优秀的管理骨干。如果没有精明强干的管理队伍，就无法建立起规范高效的运行秩序，就无法把学校的各种有形资产和无形资产整合好、调配好，以求得最佳办学效益。

在一些人看来，大学似乎是一个"世外桃源"，学生比较单纯，教师比较清高，文化人知书达礼，管理大学想必是一件很轻松的事情。其实不然。大学管理属于一个非常特殊的管理领域，没有在大学工作过的人很难体会到这一点。

就管理的权威性、有效性而言，社会各类单位可分为两个端点：一端是军队，另一端是大学。军队的管理是一个垂直系统，有令必行，有禁必止，军令如山倒，理解要执行，不理解也要执行。而大学的管理则是一个纵横交错的网络，在教师的头脑中，权力观念、等级意识非常淡薄，他们往往既不令，也不从。在军队中首长一句话就能办成的事，在大学中费很多口舌也未必能办成。在大学中经常过剩的产品就是"主意"。主意太多，各执己见，很难达成共识。许多问题都需要经过反反复复的磋商才能形成决议，议而不决、决而不行、行而不果的现象是屡见不鲜的。这方面倒有点像联合国的安理会，经常进行"马拉松"式的一般性辩论，人人都有发言权，人人似乎也有否决权，好不容易达成的决议常常如同一纸空文，束之高阁。大学的领导既要尊重思想自由，勇于发扬民主，又要善于集中意志。没有民主自由办不好事情，没有集中意志也办不成事情。

在大学管理中往往存在着这样几种误区：

一是学术自由和政治民主的混淆。二者彼此越位，把各自的适用范围和运行规则搞乱了。

二是行政权力和学术权力的交叉。二者划分不合理，运行不规范，相互脱节，形不成合力，带来管理的混乱。

三是由于"专家的高明和局限"带来了诸多的麻烦。如果不尊重专家，不借助专家的智慧，那是愚蠢的；而专家们意见的综合又往往是不伦不类，令人无所适从。

四是教师和校长的矛盾。二者在思维方式和行为方式上存在着很大的落差。

在各类人群中，最难带领的队伍可能就是专家学者了。他们从事的是以个体为主的脑力劳动，有着充分的自由自主空间。对于脑力劳动的管理，既不能采取计时制，也不能采取计件制，更无法进行过程监控，主要是看成果、看效果。对于教授的工作，与其说是"管"，不如说是"理"，以礼相待，以理服人，以情感人，以文化人。在很多情况下，大学的管理不是凭借权力来推行的，而是依靠领导者的说服力、影响力、人格魅力以及在教育界的声望来实现的。

如何应对此起彼伏的思潮和突如其来的学潮，这是大学管理中最大的困难和风险，也是对大学党委书记和校长政治水平和领导能力的最严峻考验。不少大学的领导者栽跟头就栽在这两个问题上。

学潮是各国共有的一种社会现象，可以说只要有大学，只要有学生，就免不了会有学潮。学潮不是孤立的学生行为，也不只是因为大学治校无方所致。大学是政治的晴雨表，大学生是社会的"扁桃体"。学潮是社会矛盾积累到一定程度的爆发，是社会思潮和群众情绪的外化表现。如果因为社会政治问题引发学潮，学校当局的处境将非常尴尬，常常左右为难，手足无措。如果态度不鲜明，处理不果断，可能引发乱子，造成难以预料的后果，学校领导难辞其咎。如果处之太急，下手太重，又会招致师生的强烈不满，以后的日子非常难过。学校当局在处理学潮中要让上面和下面都满意是很难做到的。如果上面基本认可又不大满意，下面不大满意又大体能够接受，那可能就是比较理想的结果了。

大学是思想最活跃的地方，是社会的"思潮码头"。这种多元思想文化相互碰撞的局面和宽松自由的学术环境，是知识创新的必要条件，但也会带来活跃与混乱并存、真理和谬误交织的复杂状况。作为大学的领导者，如何正确贯彻"百花齐放，百家争鸣"的方针，处理好"提倡多样化"和"弘扬主旋律"、"研究无禁区"和"课堂有纪律"的关系，如何对待超前的理论探索和形形色色的错误思潮，是一件颇费脑筋的事情，常常会处于上面批评、下面抱怨的境地。

20世纪八九十年代，是一个思潮迭出的时期。围绕着体制改革的模式和国家的发展道路，围绕着大学自身的改革发展，围绕着对历史问题的评价和对外来思想的评介，人们争论不休。今天情况大不相同了。我国改革开放的伟大实践回答了过去众多的争论，广大人民群众在自己观察体验的基础上重建了民族的自信和自尊，邓小平理论和"三个代表"重要思想日益深入人心，人们终于可以放下历史的包袱，超越已往的是非，走出争论的误区了。邓小平说："不搞争论，是我的一个发明。"真理并不总是越辩越明，越争越清，弄得不好可能越辩越糊涂，把事情复杂化了。归根到底，实践才是检验真理的唯一标准。对于某些理论争鸣和思想困惑，除非是干扰大局、具有现实危险性的，一般不必匆匆忙忙判断，匆匆忙忙发落，急于决出个是非输赢，更不要轻易地采用政治批判、组织处理的手段简单粗暴地加以对待。不妨宽以时日，时间和实践最终会验明真理，还以公正。

大学是人才荟萃之地，是依托现有人才造就未来人才的地方。在大学中，最基本、最重大的政策就是知识分子政策，"尊重知识，尊重人才"是大学永恒的主旋律。大学的领导不仅要有爱才如命、求贤若渴的精神，而且要有正确的人才观念，有一套识才、育才、用才、护才的本领。人们常讲"人才难得"，其实一般的人才并不难得，真正难得的是那种卓尔不群、出类拔萃的将才帅才、创新人才、天才奇才。这种人才之所以难得，一是因为稀少，二是因为凡眼不识、世俗难容。

"尊重知识，尊重人才"，这是我国的基本国策，是当今社会最流行的口号之一。然而对于什么是"尊重知识，尊重人才"，怎样才能做到"尊重知识，尊重人才"，很多人并没有认真地思考过。我们经常发现，有些人只尊重和自己意见相同的知识，而对那些和自己意见相左的知识则不予尊重；只尊重那些听话的人才，而对那些有棱有角、不大听话的人才则予以嫌弃，本事再大也不予重用。要真正做到"尊重知识，尊重人才"，关键是尊重学术自由的原则，承认文化的多元性和人才的多样性，敢于不拘一格用人才。如果我们的社会都能像大学那样给优秀人才以崇高的地位和尊严，所有的领导干部都能像大学那样尊师重道、礼贤下士，那必将大大加快科教兴国、人才强国的步伐。

当今世界，大学的功能正在经历着一场革命性的变化，新世纪的大学面临着何去何从的新的选择。知识经济的兴起把大学推向了社会舞台的中心位置，使大学成为经济、社会发展的发动机。我国科教兴国战略的实行对大学来讲，既是难得的发展机遇，也提出了更多更高的要求。在今天，无论是脱离社会的大学，还是脱离大学的社会，都是注定没有前途的。我们的大学必须充分认识自己担负的多重社会使命，更新办学理念，不断深化教育体制改革和教学改革，全面发挥和开拓人才培养、科学研究和社会服务这三大基本功能，使大学真正成为培养高素质创造性人才的摇篮、传播先进文化的阵地、知识创新的前沿、推动科技成果转化的基地、中外文化交流的桥梁、社会的思想库和智囊团。

这本书的内容，主要是基于自己在大学工作的感受以及离开大学后的再度思考，难免是一孔之见、一家之言。书中的观点，有些来自成功的经验，有些来自失误的教训，有些是自己的亲身体验，有些是作为旁观者的感悟。回顾几十年的人生经历，有成有败，有顺有逆，有慰藉也有遗憾。回想见识过的人和事，五光十色，从多方位折射出做人做事的道理。过去事务缠身，无暇整理这些零零碎碎的想法。身在其位，有些话也不便直言。今日得宽余，终于可以把过去的所见所闻、切身经验、零碎感受加以整理，从中挑选出一些自以为最有价值的东西加以提炼。这并非是为了自我欣赏，而是从中回味人生的意义，对后来人或许也有某种借鉴价值。"不识庐山真面目，只缘身在此山中。"过去置身其中思虑不清的问题，今天超脱出来，也便豁然明朗了。

我不想做一篇冠冕堂皇的官样文章，或是写一些不疼不痒、除了自己之外谁都不感兴趣的东西。我不敢说书中的看法都是对的，但力求做到直言不讳、实话实说。我不求体系的完整，只求有点用处。我希望在大学和政府之间，在大学和社会之间能搭起一座对话沟通的桥梁。如果读了这本书，人们对大学精神和人才观念多一点认识，对大学的党委书记和校长多一点理解和支持，而其他领导干部能从中获得一点参考价值，那我就心满意足了。

2007年4月

※ 我观清华北大

北大和清华无疑是中国两所实力最强、影响最大、声望最高的大学，而且特色鲜明，个性迥异，各具独特的精神魅力。

在20世纪90年代中国高校合并之风最盛时，有人曾建议把北大、清华合并起来，优势互补，文理兼长，认为如此必可组成中国高校中的一艘超级航空母舰，所向无敌。但这个建议遭到两校师生的广泛反对。的确，如果把北大、清华合二为一，不仅损失了"北大"和"清华"这两块金字招牌，丢掉价值难以估量的无形资产，而且会磨灭两校鲜明的个性和特色，产生"一加一小于二"的负效应。我在北大工作时，一位领导同志曾意味深长地对我说，中国不能没有北大，但北大这样的学校多了也不行。

世人眼中的北大清华

因为北大和清华名声很大，社会各界对它们的关注度也格外高，有关北大、清华的人才怪杰、奇闻轶事也成了人们茶余饭后谈论的一大热题，不仅知识界、读书人乐此不疲，即使和北大、清华从不沾边的人也常常发表一些奇谈妙论。下面不妨列举若干种流行的关于北大清华特点的说法：

北大是一首诗歌，清华是一篇论文。

北大是思想家的沃土，清华是工程师的摇篮。

北大的哲学是：在批判旧世界中发现新世界；清华的哲学是：重要的是建设一个新世界。

北大洒脱狂放，外向力强；清华严谨务实，内聚力大。

北大重个性发展，清华重团队精神；北大管理松散，清华纪律严明；北大人喜欢一鸣惊人，清华人处世平和。

北大学生长短随意，清华学生整齐划一；北大学生奇才怪才多，清华学生成功率高。

这些说法，大抵是街谈巷议，"仁者见仁，智者见智"，"只知其一，不知其二"，既谈不上客观准确，也用不着统一认识。

其实，北大、清华都如同一部厚重的书，博大精深，多姿多彩，绝不是用一两句话就能概括的。至于两校的精神，许多也是只可意会不可言传的。如果非要简化地加以表述，难免不得要领，画了毛皮而丢了神韵。

北大人说北大

对于北大的校风、校格、精神、主义、传统、特色，北大的师生也在不断地研究概括，进行自我评价、自我描绘。下面选取一些北大人自己看自己的说法：

马寅初（曾任北大校长）：回忆母校自蔡先生执掌校务以来，力图改革，五四运动，打倒卖国贼，作人民思想之先导，此种虽斧钺加身毫无顾忌之精神，国家可灭亡，而此精神当永久不死。既然有精神，必有主义，所谓北大主义者，即牺牲主义也。服务于国家社会，不顾一己之私利，勇敢在前，以达其至高之鹄的。

鲁迅（曾执教北大）：北大自有其值得骄傲的校格。"第一，北大是常为新的，改进的运动的先锋，要使中国向着好的，往上的道路走。""第二，北大是常与黑暗势力抗战的，即使只有自己。"

蒋梦麟（曾任北大校长）：北大屡经风雨，至今仍巍然独存，绝非偶然之事，有两大原因：一是大度包容，二是思想自由。我们有了这两种特点，因此而产生两种缺点。能容则择宽而纪律弛，思想自由则个性发达而群治弛。

周作人（曾执教北大）：我觉得北大是有独特的价值的。这是什么呢？我一时也说不很清楚，只可以说他走着他自己的路，他不做人家所做的而做人家所不做的事。北大的学风仿佛有点迂阔似的，有些明其道不计其功的气概，肯冒点险却并不想获益。

陈平原（现任北大教授）：自从新文化运动名扬四海，世人多以"民主"与"科学"嘉许北大。可在我看来，在日常生活中，绝大部分的北大人，更看重的是"独立"与"自由"。时人多以北大与清华作比较，后者的整齐划一、井井有条，恰好与前者的长短随意、不衫不履形成了鲜明的对照。北大人的"散漫"，与其说是对规章制度的蔑视，不如说是出于追求"自由"与"独立"的天性。

在北大的校史、校刊和各种回忆录中，也有对北大传统的种种表述，其中《北京大学概况》中把北大的特点概括为：（1）独立精神；（2）有特别见解；（3）做事有坚强之毅力；（4）服从真理；（5）气量宽宏。

在北京大学百年校庆之际，人们对北大的传统又有一次广泛的讨论，其中共识度最高的是：爱国进步、民主科学、思想自由、兼容并包。尽管中国所有的大学都有着爱国进步的精神，但像北大这样始终以天下兴亡为己任，"铁肩担道义，妙手著文章"，充满着勇往直前的牺牲主义精神的，确实是罕见的。自从"五四"运动中北大率先举起"民主"、"科学"这两面大旗以来，近百年来，北大始终笃行着民主和科学精神，使之成为北大文化中永久不息的主旋律。至于蔡元培先生所倡导的"循思想自由原则，取兼容并包主义"，更是深入到北大师生的血脉之中，生生不息，代代相传，成为北大精神中最鲜明的符号。尽管各个大学的校风、传统都有某些相似和共同之处，但如果你提到"爱国进步、民主科学、思想自由、兼容并包"这些字眼，人们对号入座，首先想到的一定是北京大学。

人贵有自知之明。北大人对北大的自我评价，纵然有人所不及的深刻、精辟、传神、到位之处，但也不乏有自我优越、自我表扬、自我偏爱的成分。至于把北大人狂傲、偏激、自由散漫、我行我素、不合群等缺点也看作是优点加以自我欣赏,那就有失偏颇了。当然,一所大学的风格、特色是日积月累而成的,已经成为一种传统和惯性,不是哪个人想改就马上改得了的。特点就是特点,也不是简单地用优点和缺点就可以评价的。但任何单位都不能固步自封、墨守成规,必须与时俱进、人文日新,才能永葆生机和活力。

我观北大清华

我在北大工作期间,不时有人告诫我"不能把北大办成清华",我以为这是重要的提醒,也是重要的办学原则。大学最忌讳的是千校一面,用一个模子复制。我们既不能把北大办成清华,也不能把清华办成北大。北大清华应当各有千秋,各具魅力,各领风骚。

我先后在清华、北大求学就职三十年,也许是因为我对清华、北大都比较熟悉,因此经常有人问我对两校的看法。

北大在戊戌变法中应运而生,是从封建时代的太学、国子监演变而来的,她是中国第一所国立综合性大学。清华建立于1911年,是用美国人退还的"庚子赔款"余额创建的,从最初的留美预备学校演变为大学。这些先天因素对后天个性必然产生影响。在历史上就曾有"北大老、清华洋"的说法。

北大历来以文理学科为主、以基础研究见长,重学而不重政、重道而不重势、重学而不重术,可以说是北大的传统。蔡元培认为,学与术可分为两个名词,学为学理,术为应用。文理二科,专属学理;其他各科,偏致应用。治学者方可为"大学",治术者只不过是"高等专门学校"。他虽然也说过要学、术并进,但实际上看不起应用学科。在北大,重理学轻实学、重科学轻技术、重基础研究轻应用研究的办学思想是根深蒂固的。

上世纪50年代初高校院系大调整之后,北大成为一所以文理基础学科为主的大学,文科由文史哲当家,理科由数理化当家,工程技术类学科和偏重应用的学科大多被剥离出去。而清华基本上成了一所工程技术大学，理科保留了一点，而哲学和人文社科类的学科统统被剥离出去。北大、清华的这种学科特点也必然影响到各自的思想方法、行为方式和价值尺度。如果说科学的使命侧重于认识世界，那么工程技术的使命则侧重于改造世界。因此，北大更看重在认识世界方面有什么新思想、新见解，而清华更注重在改造世界方面有什么新方案、新成效。

北大思想解放、思路活跃、务虚能力较强，喜欢坐而论道，往往想法多、办法少，醒得早、起得晚。清华则严谨务实，虽然想法不如北大多，但办法比北大多，想得到也能办得成。如果能把北大的"想法"和清华的"办法"结合起来，势必如虎添翼。

北大和清华都有着很强的自信心和自尊心，但表现形式大不一样。清华不但自我感觉好，而且很关注别人的评价。北大对自己有充分的自信，不在乎别人说什么，反正北大就是这样。清华注意内外有别，"家丑不可外扬"，尽管内部也有不同意见，但对外的声音常常是一致的。如果哪个清华人在外面说了清华的坏话，就会触犯众怒，招致"群起而攻之"。而北大则内外无别，常常"内战外打"，北大人在外面说北大的坏话是常有的事，人们似乎也无所谓。在一些评奖、评优、举荐人才的活动中，因为来自北大的评委揭自己的短，而使北大落败的事情时有发生，这在清华是难以想象的。如果上级部门到北大、清华考察人才，在北大考察的结果往往是"虽然……但是……"，而在清华考察的结果往往是"不但……而且……"。

北大包容性较强，颇有"万物并育而不相害，道并行而不相悖"的风度，各种不同意见都允许发表，形形色色的人包括怪诞不羁的人都允许存在，很难统一认识、统一指挥、统一行动。而在清华，校方意图具有较大的权威性，对某个问题能形成强大的主旋律，在困难时能够万众一心，集体行动，甚至逆流而进。但对于不同意见和持不同意见的人，有时则缺乏必要的宽容。

北大和清华都地处北京市海淀区，经常要同市、区、乡镇、街道打交道，没有地方当局的支持寸步难行。如何处理好同地方当局的关系，是个大问题。如果学校自命清高，凡事走上层路线，那麻烦就多了。海淀区的一位领导对我讲，清华从区里得到的实惠要比北大多，而区里对清华的印象要比北大好，为什么？北大太清高，对地方当局总喜欢提意见、提要求、讲道理，缺乏尊重，不会说"感谢"二字，似乎别人为北大做事都是应当的。道理很重要，但光讲道理是办不成事的。他希望北大以后在同地方当局打交道时换个思路：第一，学会尊重，善交朋友；第二，互利共赢，共同发展；第三，才是讲道理，以理服人，照理行事。清华在同社会打交道时，要比北大精明、务实得多。

近年来，一批清华毕业的人步入中国政坛的高层，非常令人注目，而北大毕业的高官则很少，于是有人便发出"北大荒"的感慨。为什么会出现这种现象呢？

首先，这同中国社会发展的进程有关。在新中国建立初期，那是"革命家治国"的阶段，大批搞革命、打天下的功臣走上领导岗位。那时候人们更关注干部的革命经历，而不大注重教育背景。进入20世纪80年代以后，我国转入以经济建设为中心、加快推进工业化进程的时期，这个时期可以说是"硬专家治国"阶段，许多有工程技术背景的工程师进入政坛，这时候清华具有明显的优势。进入21世纪之后，中国开始向现代化社会过渡，逐步进入"软专家治国"阶段，具有法学、商学、经济学、政治学以及现代科技背景的人正在步入政坛。在新时期，北大、清华各有千秋，北大的后发优势也开始显现。其实，不论具有清华学历或是具有北大学历的领导人，大多数并不是从学校直接进入政坛的，而是在长期社会实践中涌现出来的。"时势造英雄"，是社会发展对领导者素质的要求决定了领导层的构成。

其次，北大、清华不同的办学传统也对学生的从政历程起了很大影响。北大是在废科举、兴学堂的背景下诞生的，是封建科举制度的直接对立物。然而在创建初期，仍然沿袭科举陋习，以读书做官为目的。蔡元培先生主持校政后，下决心实行官学分离，切断与官场的直接联系，摒弃"读书做官"

的传统，清除科举制度的积弊，这是北大的一个划时代进步。然而，在北大步入现代大学的轨道后，如果仍然沿袭"北大不培养做官的"这一办学理念，那就不合时宜了。任何一个国家的重点综合性大学，如美国的哈佛大学、耶鲁大学，英国的牛津大学、剑桥大学，不但要培养杰出的学者、科学家，也要培养优秀的经理、企业家，还要培养杰出的政治家、行政家。耶鲁大学创建之初就提出，学校的使命就是"为国家和世界培养领袖"。果然在耶鲁大学的毕业生中，产生了8位美国和其他国家的元首，530名美国国会议员。后来，耶鲁大学又提出它的基本使命是"保护、传授、推进、丰富知识和文化"。哈佛大学在三百多年的历史中，不仅造就了37位诺贝尔奖获得者，而且在校友中产生了7位美国总统和外国元首，同时还培养了无数的优秀企业家，从而形成了人才济济、硕果累累、财源滚滚的盛大景象。

特别应当提到的是，清华从20世纪50年代起，蒋南翔校长就创造了一种干部"双肩挑"制度，从学生和青年教师中挑选一批政治素质好、业务能力强又有管理才能的人担任"双肩挑"干部，并有相应的政策作保证，从而造就了一批复合型人才。这些人走向社会后，很快显示了自己的综合优势。当今活跃在中国政坛高层的清华毕业生，大多在学校受过"双肩挑"的训练。

世界上的著名大学风格各异，但有着共同的大学精神。哈佛大学的校训是"让真理与你为友"；芝加哥大学的校训是"让知识充实你的人生"；剑桥大学的校训是"求知学习的理想圣地"；斯坦福大学的校训是"愿学术自由之风劲吹"；加州理工学院的校训是"真理使人自由"；悉尼大学的校训是"繁星纵变，智慧永恒"。从这些著名大学的校训中，我们看到了一种共同的大学理念，这就是崇尚真理、追求知识、珍视人才、热爱自由、启迪智慧、引导人生。

北大和清华不仅有"异"，而且有"同"，在本质上有着许多相通之处。这两所大学都鲜明地体现着中国知识分子"天下兴亡，匹夫有责"的爱国情操和高度的社会责任感，都充满着追求真理、崇尚知识、珍视人才、关爱学生的大学精神。北大的"兼容并包"与清华的"厚德载物"，北大的

"敢为人先"与清华的"自强不息"何其相似！追求卓越、争创一流、志向远大、锐意创新、功底扎实、注重后劲等等，这些都是北大和清华共同的办学思想。

北大和清华既是势均力敌的竞争对手，又是很好的合作伙伴，彼此都把对方作为最重要的参照系。在长期的历史中，北大与清华在客观上形成了唇齿相依、荣辱与共的兄弟关系。在过去的政治运动中，如果北大遭到厄运，清华也大抵在劫难逃。今天，不仅社会上的人们已经习惯于将北大和清华相提并论，而且政府在出台有关大学的政策措施时，也总是对北大和清华一视同仁，尽可能"一碗水端平"。比如实施"211工程"时，教育部对两校的拨款均为3.5亿元；实施"985计划"一期项目时，国家对两校的投入也均为18亿元。

北大和清华一墙之隔，校园犬牙交错，彼此声息相通，人员你中有我、我中有你。清华的成就是对北大的鞭策，北大的成就也是对清华的激励。清华发生的事情对北大来讲既是"外交"，也是"内政"，反之亦是如此。北大的师生常以清华的经验批评北大领导"治校无方"，清华的师生也常以北大的突破责怪清华领导抓事不力。在一些重大政策举措出台之前，两校都会主动了解对方的动向，弄清对方的虚实。以至于北大和清华在入冬时哪一天开始供暖，开春后哪一天停止供暖，都会自动取齐。

北大和清华不同的个性特点，很难用优劣高低加以评判。清华就是清华，北大就是北大，清华不是北大，北大也不是清华。这并不意味着彼此"井水不犯河水"，相反，双方要更加相互尊重、相互借鉴、取长补短、比翼齐飞。在中央酝酿出台"985计划"时，北大和清华的领导经过多次协商，联名向中央提出了两校携手共创世界一流大学的建议，并在合作办学、优势互补、资源共享、互聘教师、互相选课、互认学分、联合培养学生等方面达成了一些共识和协议。衷心期待北大和清华在共创世界一流大学的征程中结出更多更好的合作之果。

※ 谈谈人才理念

　　大学是人才荟萃之地，是培育人才的摇篮。大学的根本功能就是依托现有的人才去造就未来的人才。清华大学原校长梅贻琦先生有句名言："所谓大学者，非谓有大楼之谓也，有大师之谓也。"大师是大学的标志，一所大学的学术水平、社会声望主要是由大师支撑的。名师出高徒。有了名师，优秀学生就会慕名而至。有了杰出的学术带头人，就能够带动一个学科，带起一支队伍，承接到重大的科研任务，争取到大量的研究经费，从而不断地出人才、出成果、出效益、出名气。现在许多大学都在争创一流大学，如果你能招聘到一流的教师，招收到一流的学生，那就是一流的大学。如果你只能招聘到三流的教师，招收到三流的学生，那只能是三流的大学了。

人才的内涵

　　大到国家，小到单位，治乱兴衰，关键在人才。任何单位的领导者都应当尊重知识，尊重人才，尤其是大学的领导者应当比其他任何单位的领导者更加懂得人才的价值。善于识才用才，真正爱才护才，应当是大学领导者的职业天性。一个不懂得爱惜人才、不尊重人才成长规律的人，不可能成为一名合格的大学领导者，也不适合在那些人才集中的地方，如科技、文化、体育、卫生等部门担任领导。

　　人品、特长、贡献，这是人才必备的三大要素，缺一不可。

　　人才首先应当懂得如何做人，在思想、政治、道德、人品方面是合格的。如果人格低下、心术不正，本事再大也算不得人才。毛泽东说：学问再大，方向不对，等于无用。古人司马光说过："君子挟才以为善，小人挟才以为恶。"如果一个人无德也无才，虽然也想干坏事，但智力不足，能力不济，很容易败露。如果一个人品行很差，但很有才能，智足以遂其奸，勇足以决其暴，如虎添翼，为害多矣。

人才不是全才，他只是在某一方面或某几方面有超乎寻常的才能。再伟大的天才也不可能无所不知、无所不能，再英明的领导也不可能洞察一切、包打天下。如果自认为自己是万能人才，那本身就是愚蠢的表现。如果社会对人才求全责备，那也就没有人才可言了。

一个人的德才学识，最终要体现在实践中，落实在贡献上。以实绩分高下，以贡献论英雄，这才是硬道理，是识别人才最根本的标准。人才不是自封的，那些自吹自擂、大轰大嗡的人，大多不过是昙花一现的流星、泡沫。人类历史上那些流芳百世的杰出人才，都是在促进科学发展、推动社会进步、造福人民群众方面作出巨大贡献的人，是经过实践检验、为群众所公认的人。

人才何以难得

毛泽东、邓小平都曾经感叹"人才难得"。一般人才固然也很可贵，但并不难得，真正难得的是卓尔不群的杰出人才。这些人才所以难得，不是因为没有，而是因为凡眼不识、世俗不容。

创造性人才的一个突出特点，就是不简单认同既成的事实，不拘泥于固定的想法。他们敢于打破常规，挑战权威，不按常理行事，不按规矩出牌，"扰乱"了现有的秩序，因而不易得到社会的认同，常常被现有秩序的维护者认为是危险人物，加以攻击和扼杀。从古至今，那些改革创新人才常常遭受很多误解和冤屈，大多缘于此因。

那些杰出的科学家、艺术家具有超凡的天赋和智慧，他们在人类未知的世界中摸索前进，推翻约定俗成的公理，质疑理所当然的结论，揭示人所不知的秘密，提出异想天开的构想，预见未来世界的发展。他们开创的这些新思想、新成果，凭借常人的智慧难以理解，按照已有的标准难以衡量，至于未来的价值更是难以判断，因而常常被视作"异端邪说"，受到压制。比如伽利略发明了望远镜，而人们却骂他是魔术骗子，几乎把他置于死地。爱因斯坦提出了"相对论"，却被人攻击为"犹太人危害世界的阴谋"。莱特兄弟发明了飞机，开创了人类航空史的新纪元，而当初也遭到美国科学界和舆论界的封杀，被迫移居法国继续他们的飞行试验。

古人讲："有高山者必有深谷，有奇才者必有怪癖。"那些杰出人才常常特立独行，具有鲜明的个性、强烈的独立意识和某种反叛精神。他们桀骜不驯、狂放不羁，常常做出一些惊世骇俗之举。他们自信、自尊、清高、固执甚至有些古怪，我行我素而不在意别人说什么，他们的逻辑是："走自己的路，让别人去说吧！"一个人越是把聪明智慧集中在某一方面，其他方面就越是平常甚至笨拙。他们这种不合时宜的举动，常常遭到世俗力量的冷遇、白眼和孤立。

自古以来，那些具有非凡创造力的科学家、发明家、艺术家、思想家、政治家，大多是在逆境中奋斗的，夭折的比存活的要多，被埋没的比被发现的要多，不得志的比得志的要多。不少杰出人才的价值是在其死后才被人发现的。时间越是久远，他们的价值越加充分地体现出来。

正因为杰出人才难得，因此作为一个高明的领导者，更应当细心地发掘，大胆地起用，加倍地呵护。大规模选拔人才必须依照制度进行，但"制度选人"不能代替"伯乐相马"。现在通行的工业化、标准化的选人方法，只能选出一般性的优秀人才，而那些特殊性的杰出人才则很难被选取出来，甚至会被当作"不合格产品"加以淘汰。只有领导者独具匠心和慧眼，才能将他们挑选出来。一个开明的社会，不但要为大批常规性优秀人才开辟宽阔的通道，而且要为少数与众不同的特殊人才，如天才、奇才、偏才、怪才留有发展的空间。

对待人才三原则

人才是人不是神。任何人都是优点和缺点、长处和短处的集合体，只有优点没有缺点、只有长处没有短处的人才是不存在的。一个人的优点和缺点往往在一条直线上，优点的延长线就是他的缺点。比如一个勤于学习、善于思考、有独立见解的人往往固执；一个处事果断、勇于负责、很有魄力的人有时失之鲁莽；一个作风民主、包容性强的人有时会优柔寡断，等等。人才的与众不同不在于他没有缺点，而在于他具有常人所没有的优点和特长。即使是那些声名卓著，令人高山仰止的巨匠、大师、伟人，近距离观察，也有这样或那样的缺点。"金无足赤，人无完人"，"水至清则无鱼，人至察则无徒"，这些话确实是至理名言。

对待人才，不仅要善于发现和发挥他们的长处，而且要正确对待他的短处，在处理人才长处和短处的关系上，应当遵循以下三项基本原则：

第一，就培养人才而言，应当扬长补短。既要发扬和发展他们的长处，又要弥补他们的缺失和不足。一个人才总是长处越多、短处越少、素质越全面越好。作为人才自身，千万不能恃才傲物、耻过饰非。

第二，就使用人才而言，应当扬长避短。用人之道千条万条，最根本的一条就是用其所长、避其所短。每个人最大的成长空间在其最强的优势领域。一个人才的奇迹都是在最适合自己的岗位上和最能发挥自己优势的领域中创造出来的。使用人才应当校短量长，唯器是适，用其所长，各得其宜。大才大用，中才中用，小才小用。克服一个人的缺点固然很有必要，但一个没有缺点的人还只是一个平常的人，而只有充分发挥一个人的特长、优势，才可能使他成为一个卓越的人。如果非要把人才的"高山"削掉去填平他的"深谷"，路倒是平坦了，但失去奇峰异景，也没有什么风光可言了。

第三，就保护人才而言，应当扬长容短，必要时敢于护短。古人讲："有大略者不问其短，有厚德者不非小疵。""小过无害正道，斯可略矣。"特别是一些初出茅庐、血气方刚的年轻人才，他们有棱有角，敢想敢干，"初生牛犊不怕虎"，有时处事毛躁，难免"洒汤漏水"，说话也会得罪人。二三十岁的年轻人没有点狂气，不说点大话成不了大器，当然，四五十岁的人还整天说大话也就不堪造就了。年轻人犯错误，上帝也会原谅。作为领导者对成长中的年轻人才应当多一点偏爱，多一点袒护，多做一些补台的事情，使他们逐渐成熟起来、强壮起来。鲁迅曾经尖锐地批评那些喜欢在嫩苗土地上驰马的"恶意批评家"，他们常以幼稚为名而对新人新作大张挞伐。鲁迅说："其实即使天才，在生下来的时候的第一声啼哭，也和平常的儿童一样，决不会就是一首好诗。""倘说待到纯熟了才可以动手，那是虽是村妇也不至于这样蠢。她的孩子学走路，即使跌倒了，她决不至于叫孩子从此躺在床上，待到学会了走法再下地面来的。"在年轻人才遇到困难和挫折时，领导者要敢于挺身而出，为他们保驾护航。如果不设法遮挡住他们的"伤口"，而是任人捅来捅去，那么一个很有希望的人才就可能遭到夭折了，只好感叹"出师未捷身先死，常使英雄泪满襟"了。

用人要当其时、当其壮

任何物质产品都有保鲜期、保质期。人才同样存在一个保鲜期、保质期问题。古人讲："用人当其时，用人当其壮。"对于人才，应当在他们处于精力的最高峰、进取心的最高峰和创造力的最高峰时委以重任，把他们用好、用足、用活，这样才能取得最佳的人才效益。

青年人最肯学习，最少保守思想，历来是社会中最有朝气、最富有创造性、最富有开拓精神的群体。"自古英雄出少年"，这是从社会进步史、科技发明史中得出的结论，也是人才成长的一般规律。大器晚成者当然也有，但只是特殊领域中的特殊现象。当今世界，在科技更新周期最快、竞争最激烈的领域中，如信息技术、软件技术、网络技术、基因技术等领域，领军人物大多是青年才俊。毛泽东曾说过，老先生们最不喜欢的是狂妄，殊不知许多惊天动地的大事情都是被戴着狂妄帽子的年轻人干出来的。

衡量一种人才体制和政策是不是先进、优越，关键是看它能不能早出人才、多出人才、出拔尖人才。当今改革创新的社会大背景为优秀人才的涌现提供了众多的机会、开辟了广阔的舞台，各行各业都有大批青年才俊脱颖而出，许多中老年人才也焕发青春，整个社会的活力大大增强。然而，在不少地方仍然沿袭着"追补性"的人才政策。当一个人才最具创造活力、最能干事、最需要支持时，却得不到必要的支持，要"帽子"没"帽子"，要经费没经费，要条件没条件。而当他移出创造力的高峰期以后，名分、地位和各种优惠政策却落到头上，可惜此时他已失去了创造的冲动，即使心有余也力不足了。这种"补了旧账又欠新账"的办法，弄得两头都不高兴，政策效益很难体现出来。

不拘一格方能出人才

从遗传学上讲，人都是独一无二的。一个人的阅历、经验和才智组合起来，造就了他的独一无二性。人才的价值恰恰在于他有着与众不同的特质，能够别开生面地工作，把自己独特性的东西奉献给世界。

人才是一个多样化的群体，"三百六十行，行行出状元"。每个领域都有自己的领军人物，都能产生优秀人才。他们多姿多彩，各领风骚，构成了五彩缤纷的世界，共同推动着事业的发展。在一个大系统、大团队里，需要各类人才相互配套，密切合作，优势互补，这样才能形成整体实力。比如办好一所大学，需要从事教学、科研、科技成果转化、社会服务、内外合作、后勤保障、行政管理、思想政治工作等各方面的人才，缺了哪一部分人都不行。毛泽东曾说过，学校的问题，主要是校长和教员问题。他又讲过，大师傅也不好惹。民以食为天，如果学校的食堂办不好，那会每天每刻影响着师生员工的情绪，学校就不得安宁。

人才还有着层次性的特点，层层递进，错落有致。每个层面都有不可替代的价值，每个层面的人才都有上下优劣之分，很难用同一把尺子来衡量。比如优秀的博士生导师是人才，优秀的小学教师、幼儿教师同样是人才。如果让一个幼儿教师去教大学，当然难以胜任；反过来，如果让一名大学教授去教幼儿园的孩子，也未必称职。

鉴于人才的多样性、多层次性，因此在选拔人才上必须尊重特点，承认差别，各取所长，各得其所，绝不能用一个模子去套所有的人。江泽民说："必须坚决克服用一个模子来培养人才的倾向。不准别人脱颖而出，谁一冒尖，一先进，就孤立人家，把人家挤下去，以为这样大家都'公平'了，舒服了，殊不知这是扼杀优秀人才、否定先进事物的极其错误的行为。如果让这种现象泛滥作祟，还谈什么创新精神，我们的国家和民族还有什么希望？"[1]在人才政策上，必须统筹兼顾，合理调配，调动各方面的积极性，使各类人才都有奔头。总之，对待人才我们应当有一种"海纳百川，有容乃大"的博大胸怀，网罗众家，博采众长，努力促成一种人才辈出、群星灿烂的生动局面。

不拘一格的另一个重要含义，就是对优秀人才、年轻人才要敢于打破常规，破格提拔。在人才选任中最流行最简单的办法就是论资排辈、循序渐进。这种办法尽管有弊端，但仍有其现实性和合理性。因为人才的识别需要一定的周期，建功立业也需要有一个日积月累的过程。对大多数人来说，既缺乏特殊才能，又没有突出贡献，论资排辈未尝不是一种现实的晋升办法。在某种意义上说，年资就是经验，年资就是贡献的"积分"。如果在人才选拔上完全不讲年资，就会助长浮躁心理，为投机取巧之徒提供可乘之机。论资排辈的优点是便于操作，进退有序，心理平衡，减少麻烦；缺点是会埋没优秀的年轻人才，造成人才队伍的同步老化。正确的办法是把必要的论资排辈和破格提拔相结合，用邓小平的话来讲，一种办法叫"爬楼梯"，一个台

① 《江泽民论有中国特色社会主义》，第256页，中央文献出版社，2002年。

阶一个台阶地向上爬；另一种办法叫"搭梯子"，搭个简便的梯子让优秀人才快一点上来。当前我国的民族复兴大业急需大批优秀人才，对于那些才能出众、成绩突出、潜力很大的年轻人才，应当积极引进，大胆选拔，破格使用，让他们早上岗、早就位，充分施展才能。我们的政策应当首先使优秀人才有更大的满意度。"大锅饭"政策首先挫伤的是优秀人才。如果把高能者放在低能者之下，把杰出者放在平庸者之下，那等于是驱赶优秀人才。越是岗位拥挤，越要设法腾出位子招贤纳才；越是资源短缺，越要注意实行择优扶重，重点突破，在资源配置上适度向优秀人才倾斜，千万不要把优秀人才资源湮没在平均主义的"大锅饭"之中。

没有宽容就没有人才

宽容是一种社会文明，是一种政策环境，是对多元权利的尊重和容忍，是对手中权力的自我约束。

宽容是处世的原则、交往的智慧、修养的境界。宽容就是对人要大度、包容，为人要厚重、厚道，对别人的缺点和过失多一些原谅和宽恕，少一些计较和报复。在人的所有优点中，最可贵、最难得的就是宽容。

宽容的前提是尊重和信任，宽容的目的是团结和激励，宽容只有与自觉、自律相结合才能持续健康地运行。如果借助别人的宽容而放纵放任自己，那就破坏了宽容的环境，走向事情的反面。

宽则得众，苛则失和，没有宽容就没有人才。

宽容说起来容易，而要真正做到却是很难的。

第一，允许失误，宽容失败。

允许失误，宽容失败，这是鼓励探索、激励创新的重要文化环境。任何真理都不是一次完成的。一个好想法都是从许多良莠错杂的想法中筛选出来的，是经过反复调试和修补才趋于完善的。探索真理的过程就是一个不断战胜错误、从相对真理走向绝对真理的过程。在探索过程中形成的阶段性认识，都是不完善或不正确的，如果一出现失误就指责、就怀疑、就封杀，那就等于堵塞了通向真理的道路，使任何的研究探索、改革创新都不可能进行。在自然科学研究中要允许失误和失败，在社会科学研究中也应当允许失误和失败。

第二，不能一次犯错误就"永不叙录"。

人非圣贤，孰能无过。如果一个人才犯过一次错误就被列入另册，打入冷宫，永远不予信任和重用，那是多大的人才浪费！列宁说：战败的军队善于学习。失败的教训往往比成功的经验对人的教育更深刻、更难忘。一个犯过错误的人，一旦汲取了教训，可能变得更聪明、更成熟，增加了免疫力，以后走的弯路会更少一些。历史上齐桓公所以能称霸春秋，得益于重用管仲。而管仲曾经是一个支持政敌、险些置齐桓公于死地的"仇人"。唐太宗重用的诤臣魏徵也曾经是一个"站队站错了，犯过方向路线错误"的人。如果你能把自己的政敌转化为自己的朋友，那岂不是消灭政敌的最好办法！古代的帝王为了中兴大业，尚能捐弃前嫌、用贤不记仇，今天为了民族复兴，我们更应当有"解放全人类"的气魄和雅量。要善于调动一切积极因素，善于起用一切可用之才，并尽可能把各种消极因素转化为积极因素。

第三，不能一有争议就搁置不用。

人们看人，从来是"横看成岭侧成峰，远近高低各不同"。对一个人才有不同看法是很正常的。越是地位重要、人们寄予厚望的人，往往议论越多；越是改革创新型的人才，往往争论越大。各个单位的一把手，在选举中得票都不是最高的。

用人要注意公论。在民意调查中得票很低的人，说明群众威信不高或形象不好，不宜重用。而在民意调查中得票最高的人，往往也不是最佳人才。真正有希望的人可能在有争议的人中。民意调查带有很大的随机性，不可不信，不可全信。任何真理都有一定的适用区间，一旦超出适用区间，真理就会变成谬误。知情是参与的前提，如果知情面很窄，参与面很宽，其结果必然是范围越广，失真度越高。因此，民意调查的结果只能作为粗略的参考，不能作为精确的依据。如果以民意调查的得票多少为序来选取人才，看起来很民主，其实是"民主"有余、科学不足。

对于有争议的人才必须冷静地加以分析：哪些人有意见？有什么意见？这些意见正确不正确？是出于公心还是出于私心？如果一有不同意见，就搁置不用，那可能埋没了真正的人才，耽误了改革创新事业，助长了平庸之风。

对待群众的议论，孔夫子提供了一个很好的办法。他认为乡人皆好未必好，乡人皆恶未必恶，只有全乡所有的好人都喜欢、全乡所有的恶人都厌恶的人，那才是真正的好人。

第四，不要冷遇不驯服的人才。

大凡有本事的人容易心高气盛，他们富有才气和锐气，也多少带有点傲气和狂气，有时表现得不那么听话和驯服。而有些领导者总是喜欢那些比较听话的、乖巧的人才，而对那些不大听话、不够驯服的人才则予以排斥、冷遇，甚至想找个机会去"治治他"。这是一种很不开明的行为。

选人才不是选奴才、养宠物。用人才的目的是为了干事业、出成果，而不是仅仅为了让他听话、讨自己欢心。如果有两个歌唱演员，一个虽然不大听话，但演唱水平很高，出场能卖座，观众很喜欢；另一个虽然很听话，但演唱水平不高，出场不卖座，观众不喜欢，作为一个剧院老板聘任哪一位呢？当然是前者而不是后者。在选人用人上，必须秉以公心，事业为重，唯才是举，听话出活的人才要重用，不大听话能出活的人才也要容纳。

※ 关于领导哲学

领导是最重要的成长环境

一个人的成长离不开环境，包括政治环境、文化环境、舆论环境、政策环境、人际关系环境等等。这些环境因素对人的成长、成才、成功都很重要，但人们往往忽视了"领导"这个因素。其实，领导就是你的环境，特别是一把手是你最重要的成功环境。

我们常常看到这种情形：有的人在一个领导手下工作，唯唯诺诺，无所作为，就像一条虫，活得很窝囊；而到了另一个领导手下，就像变了一个人似的，生龙活虎，奋发有为，就像一条龙，活得很精彩。同样一个地方、一个单位，某个领导主政时，长江后浪推前浪，源源不断出人才，好像有取之不尽的人才资源；而另一个领导主政时，却举目无才，所有的人才都被镇住了、埋没了，几年也出不来一个人才。

其实，世上的人才总是有的，能不能出人才，关键在领导。正如古人所说："世必有圣知之君，而后有贤明之臣。"

好领导是可遇不可求的。在你的成长经历中，如果能遇上一个英明的领导，那真是"三生有幸"，机遇难得，或许从此改变了你的命运，奠定了你一生成功的平台。反之，如果遇上一个不开明的领导，你非常无奈，不仅会埋没你的才华，甚至会耽误你一生的前途。

好领导就是一所好学校。他用不着每天都给你上课，教育你，提醒你，但他处人处事处己的准则，他的思路、行为和作风，随时随地都在影响着你、改变着你，不知不觉中你开阔了眼界、增长了见识。与高明者为伍，自己也会高明起来。

好领导就像一个好园丁。他每天都在浇水、施肥，必要时除去杂草，满腔热忱地期待着百花盛开的春天。

领导的责任就是为部下创造环境、创造机会、创造明天，使他们有用武之地，无后顾之忧。

一个好领导，首先应当给部下以一种高度的安全感。这种安全感就在于领导者一不会嫉贤妒能，二不会"秋后算账"。当领导不能像"武大郎开店"，凡是比自己高的人一律拒之门外，总担心部下显露才能，超过自己。只有用一些在某些方面比自己更强的人，才能弥补自己的不足，减少自己的失误。领导者应当襟怀坦白，随时提醒和帮助部下克服缺点，健康成长，不要脑子里装个"小本子"，把部下平时的缺点记下来，等积攒到一定程度再去算总账。领导对部下真正的关怀不是封官许愿，或施以小恩小惠，最重要的是让他们每个人都能施展自己的才干，实现自身的价值，不断增强自立自强的本领，凭借自己的实力去开创美好的未来。在一个团队中，如果领导以部下为荣，部下以领导为荣，那这个团队就是一个有高度战斗力的光荣团队。如果领导和部下互相抱怨、互相藐视，那必然是一个涣散无力的团队。

领导环境是无形的，它时时刻刻都在滋润着你，呵护着你，但置身其中却并不感觉到它的存在。而当换了一个不开明的领导时，人们才发现周围的环境一下子变得严峻起来、恶劣起来，此时你才明白，失去一个好领导意味着什么。

团结是最重要的成功之道

天时不如地利，地利不如人和。在天时、地利、人和这三个成功要素中，人和是第一位的，天时和地利都要通过人和才能发挥作用。

领导者主要不是靠自己干事情，而是团结大家合作干事情，是推动别人干事情，是将自己的想法通过他人去实现。因此，善于团结、乐于合作、易于交往，是领导者的基本功。一个不愿交往、不能团结、不会合作的人，基本上不适合当领导。纵然你有天大的本事，如果周围的同事对你没有好感，根本不想与你共事，他们才不在乎你有没有本事呢！人们宁愿与一个讨人喜欢的愚笨者共事，也不愿与一个令人讨厌的精明人为伍。

团结就是力量。团结出凝聚力，出生产力，出战斗力。只有在团结的氛围中，人们才能充分发挥自身的积极性、主动性、创造性，大家心往一处想，劲往一处使，从而形成最大合力和整体优势。而一旦不团结，人们的智慧和干劲在相互的摩擦和争斗中冲销了，不但没有什么整体优势可言，而且优势也会转化为劣势。

团结才能兴事业，团结才能搞改革，团结才能闯难关。一个人只有在可望得到周围同事的支持、理解和谅解的情况下，才敢于挑重担，冒风险。如果一个领导班子内部不团结，相互猜忌，相互掣肘，每个人都想看别人的笑话，那势必人人自危、人人自保，没有人愿意挑头去干急难险重的事情。改革和创新都是一项风险事业，它必然会触动旧观念，冲破旧机制，调整旧的权力利益格局。一些人不理解、不满意、不满足、不平衡是常有的事，这尤其需要领导层有一种同舟共济的精神。如果一遇到阻力，遭到反对，领导层内部就互相埋怨、推诿责任，任何改革和创新都会流于失败，结果是谁改革、谁创新，谁就倒霉。

互相补台，好戏连台；互相拆台，都会垮台。一个领导者的事业成功、职务升迁，离不开周围同事们的支持和捧场。反过来，不少领导者出问题，背后都有不团结的祸根。当周围的人都希望你成功时，你会成功的；当周围的人都希望你失败时，你迟早会失败的。

团结不但利国、利民、利事业，而且也有利于个人身心健康。茫茫人海，芸芸众生，天南海北，你我能在一起共事，这是一种缘分。要珍惜这种缘分，彼此以诚相见，愉快合作，每天"高高兴兴上班来，心情舒畅回家去"，这对身心健康大有益处。反之，如果人际关系很紧张，互相厌烦，台上握手、台下踢脚，凡事都想争个高低输赢，那会带来无穷无尽的烦恼，影响自己的身心健康。所以，团结既是成功之道，某种意义上也是养生之道。

　　善于团结合作是一个领导者最重要的本事，而不能团结合作说明你没有本事。搞好团结是一件很不容易的事情，它需要顾大局、讲原则，有修养、有气量，能服众、能宽容、能吃亏，有时还要委曲求全。而要搞不团结则是再容易不过的事了，精心营造的团结局面、多年积累的友谊，也许一句话就把它毁掉了。

　　就主观愿望来讲，人人都希望和别人和睦相处、团结共事，问题在于怎样才能做到呢？

　　团结的基础是共识，共识的前提是沟通，沟通的关键是相互理解。你不是我，我也不是你，彼此有不同看法是很正常的。重要的是通过沟通达成共识，通过协商找到平衡点。沟通起来会有些麻烦，但殊不知，如果不沟通，小麻烦会变成大麻烦，更大的麻烦还在后头呢！

　　正确的沟通必须平等相见，相互倾听，学会尊重，换位思考。在沟通中需要有必要的让步、妥协、变通，"退一步，天地宽"，而居高临下、以势压人是不会成功的。你要想得到别人的尊重就必须首先尊重别人，真正自尊的实现是以他尊为前提的。"两点之间，直线最短"，这条几何定理在处理人际关系时是不适用的。在人与人的沟通中，常常需要迂回，需要耐心和等待。在沟通中，不仅需要摆事实、讲道理，更要有真情。情感决定着思考的方向，而理性决定着思考的结果。只有当对方感到你是出于诚心、真正与人为善时，沟通才能达到预期的效果。

用人导向是最重要的政策导向

　　为政之要，莫先于用人。知人善任是领导者最重要的职责，用人导向是最重要的导向。

　　干部选任，尽管有组织人事部门专门去做，制定了许多规章制度和程序，但一把手往往决定着干部的命运。现行干部制度的根本弊端是权力过分集中，规定的民主程序常常是走过场，最终还是一把手说了算。在世上一切事物中，人是最难捉摸的。因为思想无形、智慧无状、变化无常，正所谓"知人知面不知心"。简单地以貌取人，或以辞取人，或以行取人，或以功取人，都是不合适的。如果一把手对人知之甚少，知之甚浅，仅凭着一两次工作汇报，或是道听途说留下的印象，便决定干部的选任、去留、调配、升降，那是非常危险的。

"德才兼备，注重实绩，群众公认"，这是选拔干部应当遵循的基本原则。这些原则说起来很简单，但操作起来却很不容易。

如何处理德与才的关系，这是选择干部中最基本又最不容易把握的问题。《资治通鉴》中对德才关系作过精彩的论述：才是德的基础，德是才的统帅。德才兼备者叫做"圣人"，无德无才者叫做"愚人"，德胜于才者叫做"君子"，才胜于德者叫做"小人"。一般选取人才的办法是首选圣人，若选不到圣人就选取君子。与其选小人，不如选愚人。从古至今，国之乱臣，家之败子，因才智有余而德行不足，以至于颠覆朝政、衰败家业的事情屡见不鲜。

选拔干部必须把住政治品德这一关。在政治品德合格的前提下，唯才是举。才是硬指标，无才必然干不成事。如果一个干部立场很坚定，品德也很好，但没有领导才能，把事情搞糟了，把队伍搞散了，那何德之有？

"政者，正也。"衡量干部的政治标准会随着形势的变化而调整，但一个人的基本品行是相对稳定的，是可以看清楚的。选拔干部必须重人品，弄清楚是正还是邪，是忠还是奸，是公还是私，是真还是伪。既要知道什么人适合当干部，也要知道什么人根本不适合当干部，守住一条底线。多年的经验教训告诉我们，那种政治上见风使舵、喜欢追风跑的人，那种对个人利益斤斤计较、从不肯吃亏的人，那种喜欢拉帮结派、搞小圈子的人，那种心胸狭隘、报复心很强的人，那种刻薄寡情、不讲信义的人，那种小肚鸡肠、喜欢拨弄是非的人，不适合当干部，尤其不能当一把手，否则，后患无穷。

在当今以经济建设为中心、发展市场经济的情况下，在选取干部中最容易发生的偏向，就是重利轻义、重才能轻人品、重经济本领轻政治水平。这种倾向在平静时期还看不出它的危害，而当风暴来临的时候，它的不良后果就会显现出来了。

善任的前提是明察，明察的关键是核真，核真的难点是如何对待实绩和公论。古人在谈论这个问题时曾讲过，如果注重毁誉（即公论）就会爱憎竞进而使善恶混淆，如果注重功状（即政绩）则会巧诈横生造成真伪混杂。毁誉参半则难用褒贬，虚实相蒙则难以核真。核真中最忌讳的是"文具实亡"，搞繁琐哲学，拘泥于那些繁杂空洞的形式，而忽略了那些最重要、最本质的东西。这就要求上级领导者和组织部门要善于透过现象抓住本质，真正做到公正廉明、实事求是。要知道，识别干部只凭耳朵是不行的，必须用心、用情、用眼睛、用双脚，深入地了解，辨证地分析。否则，制定再好的考核办法也会给营私舞弊、弄虚作假、投机钻营者提供可乘之机。

善于欣赏是最高明的领导艺术

一个高明的领导者，应当善于发现别人的优点，乐于欣赏别人的优点，最大限度地把大家的积极性调动出来，有效地加以组织和整合。领导者不仅本人要善于欣赏，而且要在自己的团队中营造一种相互欣赏的氛围。当人们彼此看到优点时，这个团队就是优点的集合体；当人们彼此盯着缺点时，这个团队就变成缺点的集合体了。

学会欣赏，这是做人的美德，是领导的艺术，是以人为镜的学习过程，是营造和谐人际关系的一门艺术。

欣赏是真诚的流露，是尊重的体现。它在把慰藉给予别人的同时，自己也受到了激励。它播种的是关爱，收获的是友谊。

心理学研究表明，人都有感知别人对自己看法的能力。当欣赏别人或被别人欣赏时，当感谢别人或被别人感谢时，一个人的心情总是愉快的，情绪总是高涨的。正如欣赏良辰美景可以愉悦你的心灵、欣赏精品佳作可以提升你的境界一样，欣赏别人的才能和美德也可以陶冶你的情操。一个人的爱心是从学会欣赏开始的。一个人的上进心，就在于他能从别人身上发现自己身上所没有的优点和长处。当一个人受到领导和周围同事的欣赏时，他的自信心和积极性就会被大大激发出来，并会进一步去展示和发展自己的优点。领导的艺术，就在于善于发现和调动部下的优点。所谓知人善任，最重要的是了解别人的优点，善于发挥别人的长处。当一个领导者身居高位时，身边总难免有一批阿谀奉承之徒，歌功颂德的赞誉之词不绝于耳。久而久之，他便飘飘然起来，以为自己真的那么英明、那么伟大，逐渐变得只会自我欣赏而不会欣赏别人了。其实那些赞美之词，并非都是真实的，有的出于真心，有的属于假意，有的是因为偏爱于你，有的是因为畏惧于你，有的是因为有求于你。如果只是顺着掌声的方向走，总有一天会跌进陷阱。当一个领导者再也看不到周围人的优点时，说明他的进取心已经丧失了。当他认为周围的人都不行时，正说明他自己已经不行了。

过去长期以政治运动为中心形成了一种识人哲学，就是"看人先看短"，动员人们去深挖细找别人的缺点，并且把这些"问题"无限上纲，延伸夸大，然后开展"斗私批修"，发动思想改造。"文化大革命"中把它推向极端，发动群众公开地、全面地、自下而上地揭露黑暗面，并且无情斗争，残酷打击，弄得人妖颠倒、是非混淆、黑白难分，给人们带来巨大的精神伤害。

改革开放以来，我国转向以经济建设为中心。搞建设就必须把过去那种"看人先看短"的逻辑颠倒过来，转为"看人先看长"。一个领导者应当把大部分精力用在研究和发掘别人的优点上，而不要花很大精力去研究别人的缺点。要把大部分时间用在同优秀人才、先进群众交往上，以便随时吸取他们的经验和智慧，而不要把大部分时间用在改造个别"问题人物"的身上。

有些人的头脑仍然在过去那种陈旧的思维轨道上运行。我曾见识过这样的领导者：他非常善于发现别人的缺点，对别人缺点的记忆远比对别人优点的记忆深刻得多。他习惯于用缺点去概括一个人，说到张三，他认为"政治上不坚定"；说到李四，他认为"考虑个人太多"；说到王五，他认为"做事责任感不强"，等等。他常常抓住别人的缺点加以批评、攻击，以显示自己的高明，陷别人于不义。周围的同事和他的部下，几乎没有一个人喜欢他，对他采取"惹不起，躲得起"的办法，希望离他越远越好。在这种氛围下，人们怎么可能愉快工作、放手干事呢？

助人成功是最大的成功

如果你是一个商人，一心只想着自己赚钱，而从不为合作伙伴着想，甚至去算计别人，多捞好处，是没人愿意与你合作的。

如果你是一个领导者，一心只想着自己成功，从不关心部下和同事的成功，只是把部下和同事当作实现个人成功的工具，这是不会有人愿意为你效力的。

孔子说："己欲立而立人，己欲达而达人。己所不欲，勿施于人。"

美国著名企业家韦尔奇说："在你成为领导之前，成功只同自己的成长有关。当你成为领导之后，成功都同别人的成功有关。"

孔夫子和韦尔奇说明了一个共同的道理，自己的成功与他人的成功是密切相关的。立己必先立人，达己必先达人。帮助别人就是在帮助自己，周围人都能成功才是领导者最大的成功。

教师最伟大、最无私的品格，在于他总是把最好的东西教给学生，像蜡烛一样燃烧自己，照亮别人。教师从不嫉妒学生的成功，而是希望学生个个成功。教师把"青出于蓝而胜于蓝"作为自己的价值观，从不担心学生超过自己。相反，学生成功越早、名气越大、水平越高、超越自己越多，老师就越高兴。

领导者应当学习教师的这种品格和胸怀。如果你像一个太阳，源源不断地发光发热，让周围的人都沐浴在你的光芒和温暖中，那固然是一件很光荣的事情。如果你能使周围的人都变成太阳，人人发光发热，交相辉映，自己像月亮一样，靠借光而生晖，靠反光而生活，那不也是一件很高尚的事情吗？

如果一个领导者只想自己成功而从不想别人成功，甚至想把自己的成功建立在别人不成功的基础上，以别人的不成功为代价来换取自己的成功，那是很糟糕的。如果一个领导者的成功带动了周围一群人的成功，形成了一个人才辈出、群星灿烂的群体效应，那才是真正英明的领导者。一个领导者手下能不能源源不断地产生人才、输送人才，是衡量他是否真正成功的一个重要标准。

一个领导者怎样才能使周围的人取得成功呢？

第一，满腔热忱地对部下"传、帮、带"，为他们学习提高、充实完善提供各种必要条件。

第二，敢于压担子，放手加以使用，给他们施展才能的机会。当一个人感到责任重大、力不从心的时候，恰恰是进取心最强、创造力最大、成长进步最快的时候。

第三，在公众场合，主动介绍部下的优秀品质、特殊才能和工作业绩，表达对部下的赏识和信任，帮助他们树立群众威信，不断增强他们的自尊心、自信心，尽量避免当众批评他们。

第四，在部下为流言蜚语所困、受到恶意诽谤和不公正待遇时，要敢于挺身而出，仗义执言，为他们讨回公道，即使自己受伤也在所不惜。决不能明哲保身，一看"情势不妙，拔腿就跑"，更不能落井下石。

第五，抓住机会，大胆提拔。积极举荐部下中的佼佼者到更重要的岗位去锻炼提高，千万不能因为这个人使用很顺手、工作很得力而舍不得放手。只要有更大的舞台、更广阔的前途，宁可暂时工作受点影响也要舍得输送。不要怕后继无人。越是大胆输送人才，越会有其他优秀人才补充进来。

亲和力是最重要的影响力

一个受人拥戴的领导者，应当有声有色地工作，有滋有味地生活，有情有义地交往。

一个领导者，不但要有鉴别力、决断力、组织力、执行力，而且应当有亲和力。这种亲和力是一种人格魅力，它可以产生巨大的凝聚力，转化为强大的影响力和行动力。领导作风中最可贵最难得的就是平易近人。只有平易近人，才谈得上群众观点、群众路线，才能做到"从群众中来，到群众中去"。一个令人望而生厌的人，即使天天下基层，照样脱离群众。领导的力量，不是建立在部下敬畏、恐惧的基础上，而是建立在部下信服、亲近、主动靠拢和追随的基础上。彼此有了感情，一句话能顶十句用，甚至一个暗示、一个眼神都能把事情办成。彼此没有感情，十句话也不顶一句用，对于不想听的人来说，你说得再多也不管用。一部管理机器，如果没有感情的润滑剂，运转起来将是非常艰难的。

一个人的爱心首先是从爱父母、爱家庭开始的。一个领导者应当孝敬父母、关爱家庭、热爱生活，模范地践履中华民族的优秀道德传统。

在中国的传统文化中，认为做人处事的原则应当是亲亲为大，孝悌为本，本立而道生，然后再把这种爱心推衍放大到整个社会。一个人的忠和孝是相通的，亲亲方能仁民。在多数情况下，忠孝是可以兼顾、可以两全的。在汉代以后，两千多年中一直提倡"孝治天下"，这就是以德治国，以仁施政，视天下人为父母，以一种知恩图报之心对待百姓。如果一个领导者像对待自己父母一样对待天下百姓，心甘情愿、尽心竭力地去为他们服务，不讲价钱，不图回报，那无疑就是一个好领导、好公仆了。家庭和谐是社会和谐的缩影，如果一个领导者连亲情关系都处理不好，连自己的家庭都治理不好，怎么可能处理好社会上复杂的人际关系，怎么做到"治国平天下"呢？一个领导者，如果对自己的父母不孝敬，对亲人不关爱，而在公众场合却摆出一副亲民的姿态，那十有八九是在作秀。

领导者要善待身边的工作人员。尽管世界很大，但你每天打交道的人就是周围这些人。他们是社会的一部分，是群众的一部分，同周围的人关系理顺了，小环境搞好了，天下就太平了一大片。以天下为己任，应先从身边做起。

领导者的工作水平在很大程度上取决于身边工作人员提供的信息、文稿、建议和各种后勤保障，领导者的形象和威信也需要身边工作人员细心地加以维护。"善用人者，为之下。"所谓"为之下"，就是把别人高看一眼，把自己放低一些。高看别人未必降低了自己，低看别人未必抬高了自己。你地位越高，事业越大，依靠的人越多。如果高高在上，谁愿意听你使唤？如果只会处上，不会待下，对上对下两副面孔，肯定搞不好人际关系。领导者和身边工作人员是一个合作团队，彼此只是分工不同，在人格上是平等的，没有高低贵贱之分。那种凭借自己的职务、地位、权力来驱使别人为自己干事的领导是最令人讨厌的领导。领导不能把身边工作人员看作是"下人"，看作是自己的附庸，更不能把部下当成自己的"出气筒"，喜怒无常，动不动就批评呵斥，让部下"伴君如伴虎"，整天处在担惊受怕、战战兢兢的氛围中。你要求部下忠诚于你，那你也应当善待部下，因为忠诚总是相互的。你希望部下认真地为你服务，那你也应当为部下多着想一些，关心他们的进步前途，关心他们的利益需要，关心他们的妻子儿女，关心他们的喜怒哀乐。在工作场合，领导者和身边工作人员应当上下有序，没有规矩不成方圆。在日常生活中，领导者应当是一个真实本色的自我，多一点亲切平和，多一点轻松幽默，讲一点人情世故。孔子讲："近者悦，远者来。"管子说："招远在修近。"只有让自己周围的人能够安居乐业，生活得更快乐、更幸福、更有前途，远处的人才会被吸引过来。

人是社会关系的总和，领导者也不例外，也有父母兄弟、妻子儿女、同学朋友等。每一种社会关系都是权利和义务的统一，都有特定的角色定位，都有一定的交往方式。不管你地位多高，名气多大，在父母面前你永远是孩子，在老师面前你永远是学生，在同学面前永远的法则是"序齿不序爵"，只论长幼，不论尊卑。一个好领导，也应当是一个好儿女、好父母、好丈夫、好妻子、好朋友、好同学，等等。如果你把官气、官腔、官架子带到日常的生活交往中，那必定会使整个生活变得枯燥乏味、黯淡无光。

在苏联解体前夕，有一篇苏联小说曾经辛辣地讥讽了一些像机器人一样的官僚干部：

这种官员没有任何个人想法，他的一切想法都来自上级文件，上级的想法就是他自己的想法。

他们除了打官腔没有任何个人的语言。他所有的讲话都是和自己的身份相符的，在什么场合该讲什么话他就讲什么话。

他没有任何个人的喜怒哀乐，思想情绪完全随着工作状况而波动。当工作有成绩、受到上级表扬时，就高兴；当工作出现问题、受到上级批评时，就愤怒，就发火。

他像自动生产线上的一个部件，一切都在按部就班地运转着，既不会快走半步，也不会慢走半步，小心翼翼地不同其他部件发生任何碰撞和摩擦。

如果干部都变成这个样子，苏联能不亡党亡国吗？

在我们的生活中也会见到这种官僚化的领导。他被"官本位"意识支配了所有生活空间，整天板着面孔，装腔作势，摆出一副居高临下的姿态和公事公办的模样，除了"官交"没有"私交"，除了工作没有爱好，除了打官腔不会说别的语言。他走到哪里，哪里的空气就变得紧张起来，这种领导当然不会受到群众拥戴，只会损害党在群众心目中的形象。

※ 一把手的艺术

要办好中国的事情，关键在人，关键在党，关键在领导班子，关键在一把手。

在领导班子中，一把手是核心，是灵魂。一把手的主要任务是出主意、用干部、定政策、抓典型。一把手应当是一个贤者，德行能够服众。一把手应当是个帅才，具有统领队伍、统揽全局的能力。一把手只靠小聪明是不行的，要有大智慧、大谋略、大手笔。

一把手的强弱，在很大程度上决定着领导班子的整体水平和本单位的工作面貌。一个原本后进的单位，如果一把手选配得好，就能很快打开局面，由弱转强，后来居上。原来的先进单位，如果一把手没有选强配好，工作也会很快衰落下去。因此，上级对一个单位的关心支持，最重要的莫过于选好配强一把手。

想全局，抓大事

一个单位的工作千头万绪，一把手要弄清自己的角色定位，应当分工负责，分层管理。在领导班子中，比较理想的工作状态应当是：

副职各司其职，分管局部。一把手则把握方向，统揽全局，协调各方，解决副职做不了的事或是局部完不成的事。

副职负责常规性工作。一把手则适当超脱一些，集中力量抓大事，解决那些能够带动全局的重大问题和关键环节，抓两头，带中间，用典型和案例推动面上的工作，处理某些非常规事务。

副职维护好现存工作秩序，确保正常运转。一把手则应当面向未来，考虑如何寻找机遇，超越现状，改变困境，不断打开通向新道路、新生活的大门。

人们常讲细节决定成败。其实对一把手来说，善于不善于抓大事才是决定成败的关键。

一把手不能是一个事务主义者，不能碰见什么事就干什么事，谁找你你就为谁办事。一把手的工作日程不能只是由秘书和办公室安排，而应当自主选择，主动出击，牢牢把握工作的主动权。

站得高，看得远；睁只眼，闭只眼

只有登高望远，才能一览群山，了解全貌，从宏观上把握全局。看人看事，首先要宏观把握、总体判断，然后再由远及近，进入微观层面。你要想看得远，就不可能看得太细致；如果看得太细致，也就不可能看得远了。

所谓"睁只眼，闭只眼"，就是要学会抓大放小，大事不糊涂，小事不计较，紧要问题把得住，无关紧要的问题放得开，有时故意糊涂点，清醒地过一些糊涂日子。如果一把手二十四小时两只眼睛都睁着，大事小事都认真，不仅自己活得太累，部下也受不了。

寻找共识，凝聚合力

一把手所以高明，不在于他垄断了一切智慧，而在于他善于集中大家的智慧。一把手的拍板权，并不意味着独断与专权，而是一种择善而行的选择权。

一把手要善于从众说纷纭中找到共识点，并努力放大这种共识；要善于从各种意见中选取最有价值的成分加以吸纳和改造，集思广益，形成系统的工作思路。这种工作思路是共同参与、集体智慧的结晶，是领导班子共有的"公共知识产权"。一把手不能把所有好主意的发明权都记在自己头上。如果某人的意见和自己的意见不谋而合，你不妨把发明权记在他的头上，他必定加倍努力，确保意见的成功。如果某人的意见和你的意见"小同大异"，你不妨把"小同"的部分挑选出来，予以认同，然后再细心地加以放大和修补。这样，每个领导成员都从这个思路中找到了自己的点滴心血，都得到了一种似是而非或似非而是的满足。

在领导班子中意见分歧总是有的。要设法淡化分歧而不要强化分歧，搁置争论而不要展开争论。有分歧要设法在桌面下解决，不到万不得已，不要公开讨论分歧。公开讨论的结果往往会把分歧公开化、系统化、严重化。人们为了要面子而不要真理的事情是常有的，其结果往往是：有争就有辩，变成争辩；有争就有斗，变成争斗；有争就有战，变成争战。

一把手最重要的职责是把握目标，掌控全局，不必事事亲力亲为，更不要把大量的精力花费在无意义的琐碎事务中。对于副职，要善于分工、授权、委任、交办，使他们各司其职、各负其责、各行其权、各得其利，把职、责、权、利有机地统一起来。有职有权、责权统一是履行职责必备的条件。分工、授权是一种信任和激励，在分工和授权的同时也把责任分摊到了每个人身上，增加了他们工作的主动性和责任感，以及对组织的认同感和忠诚感。如果只分工不授权，只有责没有利，那么副职就会认为是领导对自己不信任、不尊重，从而失去责任感，敷衍了事，得过且过。我们见过不少这样的一把手，他们总喜欢大权独揽，对副职只分工不授权，对别人干事总是不放心、不放手，一个人包打天下，结果自己忙得团团转，而其他领导成员却无所适从。自己干得很辛苦，但别人并不领情。

既要管事，更要管人

一把手不但要会做事，而且要会管人，学会带队伍，善于做人的工作，千万不能"见物不见人，见人不见思想"。要知道哪些事该管，哪些事不该管，哪些事你不管自有别人管，你只要把管事的人管好理顺就行了。摊子越大，地位越高，责任越重，越要花费更多的时间与人沟通交流，改善人际关系，深入细致地做人的思想工作。人是有思想有感情的动物，思想统一了，步调才能一致；感情融通了，积极性才能调动起来。

近年来，社会上流行急功近利和浮躁、浮浅、浮夸之风。做生意的想一夜暴富，做学问的想一举成名，做官的想一步登天。有些领导者也沾染了这种风气，不愿意再做埋头苦干、深入扎实的工作，总担心自己一觉醒来赶不上班车，在一个岗位上屁股还没坐热就等着提拔。有的领导者热衷于搞"批发政治"，"大轰隆"式地开展工作，整天开大会、作报告、造舆论。大众传媒是现代社会的重要支配力量之一，就连资本的力量、政治的力量也不得不畏它三分。作为政治家，应当搞好同媒体的关系，善于借助大众传媒来推动工作，争取人心，但切忌利用大众传媒的狂轰滥炸、连篇累牍来树立自己的形象。那种在媒体上天天露面的人，往往会造成公众的逆反心理。聪明的政治家、科学家或企业家都应当懂得，大众传媒对他们事业的干扰可能远大于对他们事业的造就。你越想获得更大的成功，越要学会在媒体面前保持低调或沉默。如果你想多干事，那就要少宣传。一旦你成为记者追逐的对象，那就被捆住了手脚，很难有大的突破、大的作为了。一个高明的领导者，应当多搞些"零售政治"，花更多的时间和精力去做深入细致的思想工作，同干部群众进行面对面的接触、推心置腹的谈心，在无拘无束的交流中去了解他们真实的工作、生活、思想情况，在无障碍的沟通中听取他们的意见要求，有来有往，共同切磋。只要把思路理清了，关系理顺了，什么事情都好办了。

调查研究是干部的基本功。没有调查研究就没有发言权，就没有决策权和指导权。毛泽东说：搞好调查研究，必须有满腔的热忱，求知的渴望，眼睛向下的决心和放下臭架子、甘当小学生的精神。那种观光旅游式的调查是一种很不好的作风，它不可能了解真实的情况，体察真正的民情，也没有给基层干部提供一个倾吐自己心声、反映基层苦衷、展示工作成绩的机会。

胸怀宽广，豁达大度

大有大的难处，一把手有一把手的烦恼。树大招风，位高权重的人最易受到非议，任重道远的人最易受到攻击。

你想为大家做好事、办实事，但人们未必理解和满意，可能好事没办成反而惹出一堆麻烦，结果是"好心不得好报"。世界上再没有父母对孩子的爱更伟大更无私的了，然而孩子们未必理解和感谢父母。在今天的社会中，有多少父母因为管教不了孩子而苦恼，因为好心不得好报而伤感呢！

你想对上级说真话、报实情，但上级领导未必就高兴。按理说，一个干部对组织和上级的忠诚首先应当表现为说真话、报实情，这是忠诚的起码标准。然而在现实中，人们常常把讨好谄媚、溜须拍马视作是忠诚的表现。作为领导者，总是希望听到真话，了解实情，如果下面全都说假话欺骗你，你会高兴吗？然而真话实情并不总是令人愉快的，人性的一个弱点就是喜欢听好话，报喜则喜，报忧则忧。在一种歌功颂德、报喜不报忧的氛围中，敢说真话、敢讲问题的人常常是令人讨嫌的。就像在《皇帝的新衣》那个寓言中，首先喊出"皇帝没有穿衣服"的人，可能不仅触怒众人，而且可能惹恼皇帝，招致祸殃。

你想改革创新，却触犯了旧观念、旧体制的维护者和既得利益者，可能在改革举措尚未到位、新体制的好处尚未展现之前，已经举步维艰了。

你想超越前人，开创新局面，却无意中破坏了祖辈的规矩，伤害了前任领导的自尊，被人攻击为狂妄自大、爱出风头。

因此，一把手一定要有健康的心理，好话坏话都能听，经得住批评，受得了委屈，"大肚能容容天下难容之事"。人们所以议论你、怨你、骂你，是因为你举足轻重，人家看得起你。当人们懒得理你、周围鸦雀无声时，说明人们对你彻底失望了，你已经是个无足轻重的人物了。

正像不要被掌声牵着走一样，也不要被骂声所牵制。坚持既定目标，不要左右摇摆。在争论中保持主见，在骂声中继续前进，不要被争议和批评捆住了手脚。当领导不同于当演员，不能以讨人喜欢、赢得掌声为目标。如果不想冒犯任何人，试图让每个人都喜欢你，这只会把自己引向碌碌无为的道路。你可能做不到闻过则喜，但也不必闻过则怒，别跟自己过不去。对误解、批评甚至诬蔑不实之词，最好的办法是少解释、少争辩、少纠缠，不要企图事事找平，相信是非自有公论，公道自在人心。

不争功，不诿过

一把手不能与部下争功邀宠，不能贪天之功据为己有，更不能把一切功劳归于自己，把一切错误推给别人。

老子的一条重要管理思想，就是"功成事遂，人皆谓我自然"。一件事情成功了，应当让所有的参与者都能分享成功，一把手切不可沾沾自喜，风光独占。当工作中发生失误时，一把手应当首当其冲，做一块挡板，让上面的锤子首先落到自己身上，以分减下面的压力，而不能把部下当作"钉子"伸出去，被一锤敲死。

在外界看来，在上级领导眼里，一个单位所有的工作成绩都是一把手正确领导的结果，即使这件工作不是你亲自干的。同样，一个单位所有的失误都有一把手的责任，即使这个失误不是你直接造成的。因此，一把手与人争功是没有必要的，向人诿过也是徒劳的，只不过是自欺欺人，反而暴露出自己人格的低下。

※ 大学管理的误区

自由与民主的混淆

自由和民主，这是现代政治生活中使用频率最高的字眼，是泛滥于政治市场经常贬值的"通货"，是大学中最为关注又争论不休的概念。

什么叫自由？哪方面的自由？怎样才能自由？对这些问题人们有着不同的理解。

在哲学家看来，自由就是对必然的把握，对客观规律的遵循。

在政治家看来，自由就是解放，不受压迫，不受剥削，自己当家做主。

在法学家看来，自由就是在法律规定的范围内行使权力和享有权利。

在佛家看来，自由就是超脱生死，不再轮回。

在大学看来，自由就是学术自由，兼容并包，百花齐放，百家争鸣。

在某些普通百姓看来，自由就是不受限制，不受约束，自主选择。

民主同样具有广泛的含义。民主是一种思想理念，是一种政治制度，是一种公众权利，是一种组织管理原则，是一种工作作风和工作方法。民主是与专制相对立、与独裁相颉颃、与集中相比较的。

我这里并不想对自由民主问题作广泛的理论探讨，只想就大学组织管理中容易发生的错位和混乱谈点个人看法。

一所大学，不过一二平方公里的地域、三五万人口，就其规模来讲不过是一个小镇子，但其管理的复杂性远不是一个小镇子所能比拟的。

大学首先是一个学术阵地，在学术运行中，正确的方针就是学术自由。所谓"学术自由"，就是思想不禁锢、研究无禁区，任何一种学术观点，只要持之有据、言之有理、态度认真，都允许存在，都可以发表。对于不同的观点、不同的流派、不同的风格，允许自由争鸣，公平竞争。

对于学术争论的问题，不能采取"少数服从多数"的原则，因为真理往往在少数人手里，尊重少数是创新的重要条件；也不能采取"下级服从上级"的办法，因为真理和地位、权力并不总是成正比的。在学术争鸣中，必须以尊重事实为前提，以服从真理为原则，以实践检验为唯一标准，以社会效益为根本目的。如果离开"事实"、"真理"、"实践检验"、"社会效益"这些边界条件和"游戏规则"，那么"学术自由"就会变得随心所欲、信口开河、不负责任、不管后果，完全乱套了。

大学是民主意识最高、民主参与和民主监督能力最强的地方。大学成员文化水平和总体素质较高，信息又比较发达，理应在管理科学化、民主化、制度化方面走在社会前列。这里且不去讨论"民主是手段还是目的"这类分歧，但应当明确我们发扬民主的目的是为了能办好事情，而不能"民主就是一切"，根本不管能不能干成事情、干好事情。民主的前提是因为有不同意见、不同利益，民主的过程就是兼听不同意见，兼顾不同利益，最终能找到一种共识。不管哪种民主形式，最基本的规则还是尊重多数人的意见。你的意见被采纳了，那是民主；你的意见因为多数人不赞成而被否定了，那也是民主。经过民主程序而形成的方案，应当共同执行，共同遵守，不能各行其是。

民主的结果不一定科学，但不科学也要执行，以后再经过民主程序去修改。理想的目标是，努力造成又有集中又有民主，又有纪律又有自由，又有统一意志又有个人心情舒畅、生动活泼那样一种政治局面。

在大学中，常常把管理民主和学术自由混为一谈，把彼此的适用区间和运行规则搞乱了。一方面，有些人把学术自由的原则无限制地延伸到政治生活和行政管理之中，不讲政治原则，不讲组织纪律，不尊重行政权威，造成了政治混乱、组织松散和行政效率低下。另一方面，有些人则把政治裁决、行政命令、组织处理等办法套搬到学术领域中，简单粗暴地对待学术争论，破坏了宽松自由的学术环境，挫伤了一些学者进行科学探索和理论创新的积极性。

行政权力与学术权力的交叉

在大学中存在着行政权力和学术权力并行的局面。行政权力是通过行政组织和领导职务来行使的，而学术权力则是以学术能力为资格、以学术评价为尺度，通过各种学术组织和学术人员来行使的。这种学术权力并不是软权力，而是一种刚性的、至关重要的特殊权力，诸如教师的专业技术职称评审、学生的学业成绩鉴定、科研成果的评审、学位的授予等，都需要通过学术组织来进行。这种学术权力在很大程度上主导和规范着各种学术事务，像学术委员会、专业职称评审委员会、教学指导委员会、学位评定委员会、毕业生答辩委员会等学术组织具有很大的权威性和调控力，其裁定结果关系到每个师生的前途命运，它们对师生的影响力并不亚于学校的行政组织。尽管这种学术权力需要行政权力加以确认和保证，但行政权力并不能左右学术权力。

在大学管理中，行政权力和学术权力应当合理划分、规范运行、相辅相成、形成合力，共同服务于学校的总体目标。

大学不是政府机关和行政组织，也不同于一般的企事业单位，它在本质上是一种学术组织。目前我国的大学，"官本位"色彩太浓，"学术本位"色彩太淡，这并非大学自身的过错，而是大环境、大体制使然。在学校的管理体系中，行政权力这只手太大太强，而学术权力这只手又偏小偏弱。两种权力的划分不科学、不清晰，相互交叉过多，二者的制度化、规范化和程序化水平都不够高。我们既要着力改变行政权力过于膨胀、越位较多的状况，又要注意防止学术权力偏离办学宗旨和政策导向的倾向。

大学是一个小社会，管理运行中涉及到行政、学术、政治、思想、文化、人事、财务、后勤保障等诸多领域，必须各按其轨，各行其道，相辅相成，并行不悖，这样才能建立起规范有效的运行秩序。

专家的高明与局限

大学的老师，可以说每个人都是专家。专家就是"深家"。对于自己的专业领域，他们有着高深的见解、独到的认识。专家也是"窄家"，博士也是"窄士"。他们的聪明才智往往聚焦在自己的专业方向上，对其他领域的问题并非样样精通。他们高深的专业背景有时会成为他们理解其他问题的屏障和陷阱。专家常常采用"打靶式"的思维方式，"靶心"就是他们的专业，瞄得很准，而"靶心"之外的世界常常不在他们的视野范围。专家们容易犯的一种思想方法错误就是"坐井观天"。

大学的领导者必须尊重专家，但不要迷信专家。专家都是很自尊、很自信的，有时也难免固执。越是名教授、大权威，越是难以融通。在学校工作中，如果不尊重专家的意见，不借助专家的智慧，那是很愚蠢的，然而要想集中专家的意见也是很困难的。专家意见的总和，往往是不伦不类，让人无所适从。清华大学的建筑学系以擅长搞"大屋顶"建筑而出名，然而他们的"大屋顶"建筑理念，却是在北京大学新图书馆实现的。而清华自己的新建筑系馆，既谈不上"至善"，也谈不上"至美"，比起老的"清华学堂"系馆来，大为逊色，这很可能是"专家意见综合"的产物。

在决策中常常遇到这种情况：越是简单问题的决策越是复杂化，因为大家都懂，都能发表意见；越是复杂问题的决策越是简单化，因为大家不懂，只能被少数专家所左右。有些专家学者不仅治学严谨，而且对其他事物也持严谨求实的态度，"知之为知之，不知为不知，是知也"。也有一些专家学者几乎对所有问题（不管懂或不懂）都提出意见，发表一些"言过其知"的见解，提出某些根本不具可行性的意见，这种出自大专家的"外行意见"令人非常难办。还有个别专家学者养成了一种学阀、学霸作风，唯我独尊，顺之者昌，逆之者亡，你若不赞同他的主张，他就不依不饶地同你作对到底。

在大学工作，最大的好处是有主意，最大的难处是主意太多。难怪有人说，在大学中唯一经常过剩的产品就是"主意"。对大学领导者来说，民主容易集中难。如果领导者自己没有"主心骨"，没有稳定的价值观，其结果必然越是发扬民主，越是乱了方寸，不知所以，"当断不断，反受其乱"。

凡是意见一致的决策，大多数是落后的决策。这如同带领一支队伍前进，不是设法让落伍者跟上来，而是把整个队伍都拉到落伍者的行列，谁走得慢向谁看齐。如果意见不一致就不决策，直到大家满意为止，那就等于放弃领导。凡是超前的决策，抢抓机遇、出奇制胜的方案，几乎都是在争论中拍板的。机遇只有在少数人意识到而多数人尚未意识到的时候，才是含金量最高的。领导者的高明，就在于他能够从七嘴八舌中选取最有价值、最有希望的方案，在争论中敢于当机立断，并且运用自己的智慧把更多的人引领到一个新的境地中来。

教师与校长的矛盾

大学的教师和校长也是一对矛盾。教师是在认识世界的层面上提出问题的，而校长是在改造世界的层面上解决问题的。教师考虑问题常常从"应当不应当"、"合理不合理"出发，而校长解决问题必须讲"现实不现实"、"可行不可行"。教师提意见"说到不必做到"，校长办事情必须"说到也要做到"。

在大学中，时常把办公会开成了学术讨论会，每人发表一通意见就完事大吉，至于谁来落实、如何操办，则没有下文了。在有的教师眼中，似乎认识世界比改造世界更重要。如果一件事办成了，他会说："我早就说过应当这么办。"而如果一件事没办成或没办好，他会责怪领导没本事，"连这么简单的事都办不了"。长此以往，就会造成一种风气：干事的人被批评，总是处于被动的地位；而不干事的人则批评别人，始终立于不败之地。在学校工作中，必须努力缩小校长和教师的思想落差，加强彼此的沟通和理解。

在各类人员中，最难带领的队伍可能就是学者教授了。对教授来说，除了上课是硬约束、不得随意更改外，其他活动有着充分的自由和自主空间。他们不迷信权力，很少有等级观念，也不愿受规章纪律的约束，书记、校长办公室的门想进就进，不管什么会议想说就说。

上述这些现象并不奇怪。如果说干部的职务是由上级任命或群众选举的，必须对上对下负责，那么教授的头衔则是由学术机构评定出来的，不必专门对谁负责。干部的"帽子"是泥做的，随时可能被打破；而教授的"帽子"是铁做的，一旦评上了，就是终生的，领导也无权摘掉。

因此，对教授的工作只凭权力是不行的。对教授的管理，与其说是"管"，不如说是"理"。"理"就是要看得起他们、尊重他们，以礼相待，以情感人，以理服人。"道是无形却有形"，对知识分子来说，用文化精神去"理"比用规章制度去"管"，可能更为奏效。古人讲："业之则不争，理之则不怨，礼之则不暴，爱之则亲上。"对他们身上的缺点要循循善诱，因势利导。任何教育只有转化为自我教育才能起到教育的作用，任何批评只有转化为自我批评才能达到批评的效果。"领导就是服务"，这句话用在教授身上是最合适不过的了。中国的知识分子有着"士为知己者用"、"士为知己者死"的传统，只要学校的领导在同教授的交往中去掉官气，不打官腔，礼贤下士，以诚相见，多结交一些直友、净友、博闻多学之友，就一定能够理顺同教授的关系，建立起来和谐的局面。

※ 思潮的困惑与出路

大学的精神使命

大学是一个国家的思想文化中心，是意识形态领域中极为重要而敏感的阵地，在构建社会精神文明中承担着重大的使命。

大学是追求真理、传播真理的圣地，是创新知识、发展科学的源头。它能够帮助人们在科学理论的基础上树立崇高的社会理想；能够引导人们形成对先进社会制度和正确决策的广泛共识，从而促进社会的团结稳定；能够通过传播新思潮、新文化推动社会的发展变化。

大学是社会文明的灯塔，是时代精神的缩影。大学历来引领社会潮流，倡导文明新风，在破除陈规旧习、创建新的生活方式中发挥着先导作用。

大学是培育民族精神、维系国家文化认同的堡垒，同时也是吸收世界先进文化成果、传承人类文明的窗口，是联结古今、沟通中外的桥梁和纽带。

大学是各种社会思潮的集散地。它总是敏感而迅速地反映着社会各个阶级、各个阶层的政治动向和思想倾向，成为多元思想文化相互交织、相互激荡的一个场所。

大学是公众的"意见领袖"。追求真理的天性和民主自由的空气使得它勇于慷慨陈词、直抒己见，说出别人不敢说的意见。理论思维的发达又使得它善于整合社情民意，使之具有系统化、理论化的色彩。因此，大学成为左右社会舆论的一支重要力量。

大学是社会的思想库和智囊团。它不仅能够在回答社会热点问题、为公众解疑释惑方面提供思路和答案，而且能够为政府的科学决策提供理论依据和优化方案。

大学最根本的任务是培养有理想、有知识、有文明教养的一代新人，并通过这些新人去创造民族的未来，影响国家的前途。

大学的力量不是权力的力量，而是精神的力量。一方面，可以说，大学是软弱无力的、不堪一击的；另一方面，也可以说，大学是坚不可摧的、不可战胜的。

鉴于大学的重大精神使命和巨大文化力量，因此大学中的思想文化现象就决不只是单纯的学术问题或是仅限于学校范围内的事情，而是关系社会、关系大局、关系未来的事情。政治家、执政者从社会政治的角度来看待大学中的思想文化现象是理所当然的，而作为大学的领导者也应当从学术和社会的双重视角，来审视学校中的思想文化现象，以对学校负责和对社会负责的一致性，来建设和治理学校的思想文化环境。

文化高地的风采与伤痛

自从上个世纪初北大领军新文化运动以来，在近一个世纪里，北大始终是中国思想文化领域中的一个高地、一面旗帜、一个风向标，一直走在思想解放、理论创新的前列，成为引领文化潮流、勇开时代新风的前哨阵地。北大这种独领风骚的地位，并不是自封的，而是在长期实践中形成的，是社会公认的。它为北大赢得了崇高荣誉，也使得北大命运多舛。当思想禁锢、文化专制被强力推行的时候，奉行"思想自由，兼容并包"的北大无疑就成为一个"危险的因素"了。

从上世纪50年代后期到70年代末的二十多年里，"左"的思想愈演愈烈，在思想文化领域中形成了一套以阶级斗争为纲，以政治运动为中心，以灭资兴无、斗私批修为基本方针的指导思想，把一切学术争论和观点分歧全方位地纳入阶级斗争、政治斗争的框架中。在"用阶级和阶级斗争观点"分析一切的思维方式下，任何理论探索和自由争鸣都难以展开。在个人迷信、本本主义盛行的环境中，现行的一切观点、说法和政策都被神圣化，任何异议和超越都被视为大逆不道。1957年马寅初和毛泽东关于人口问题的分歧，本来是正常的学术争论，而且后来的实践证明了马寅初的观点是正确的，但在当时马寅初控制人口的观点却被视为反马克思主义的观点和资产阶级的学术思想，不仅马寅初本人受到了不公正的待遇，而且产生了严重的社会后果。正如人们后来所说的："错批一个人，多了几亿人。"

在北大，文人相轻的习气和追求一鸣惊人的特点造就了一批两头冒尖的人物。毛泽东曾经用阶级斗争的语言描述过北大的这种现象："左派特别活跃，右派也在顽抗、破坏"，"凡是右派越嚣张的地方，他们失败就越惨，左派就越起劲"。一旦外部有风吹草动，两头冒尖的人就在内部争斗起来，互相上纲，互不相让，有时文人整起文人来一点都不手软。因此，在历次的政治运动、大批判运动和反倾向斗争中，北大都搞得比其他单位更激烈、更过火，伤害的人更多。

到了上世纪60年代，一些上层领导人对北大的政治偏见和不信任情绪更加强烈，认为北大是一个封资修势力"盘根错节"的地方，是被资产阶级知识分子把持的"反动堡垒"。翦伯赞、冯友兰等一批知名教授都属于资产阶级反动学术权威，应当打倒。一些上层人物暗中插手北大，鼓动北大内部起来造反。在1966年6月1日，毛泽东看到北大聂元梓等人造北大党委反的大字报后，认为这是"第一张马列主义大字报"，立即指令"由新华社全文广播，在全国各报刊发表"，并批示说："北京大学这个反动堡垒，从此可以开始打破。"在《人民日报》发表的《欢呼北大的一张大字报》的评论员文章中，又公开抨击北大党委说："你们的'党'不是真共产党，而是假共产党，是修正主义的'党'。你们的组织就是反党集团。"从此，一场从北大开刀殃及全国的十年浩劫拉开了序幕。

改革开放以后，北大才逐步恢复了创新的活力和学术的风采。

文化振兴的根本之道

世界的本质在于"多"，而不在于"一"。在自然界，单一物种会很快灭迹。在社会，单一文化也难以持久。正是文化的多样性、差异性，构成了生机勃勃、多姿多彩的文化生态系统。多元共生，这才是繁荣的标志、活力的源泉、强大而持久的保证。

历史上任何一种强盛而持久的文明形态都不是单一文化自我繁衍的结果，而是多元文化相互交融、有效整合的产物。中华文明所以奔流不息，绵延五千年而不断线，根本原因就在于中华文明以"和"为核心理念，和而不同，兼收并蓄，厚德载物，自强不息，形成了多元统一的基本格局。和而不同、多元统一，这是中华文明的精髓，是关系兴衰存亡之道。什么时候坚持了这个理念，中华文明就生机勃勃、繁荣兴盛；什么时候背离了这个理念，中华文明就失去活力、衰落凋敝。中国历史上几个太平盛世的出现，一个重要的文化原因，就在于奉行了这一理念。

"百花齐放，百家争鸣"，这是我国发展文化、繁荣学术的基本方针，是从文化发展的正反经验中得出的正确结论。

对于思想文化中的不同观点、不同意见、不同流派、不同风格，怎样判断其真伪、是非、优劣呢？地位高低、权力大小、人数多少，这些都不是裁判的标准，只有实践和时间才是最公正的裁判官。古今中外，昨是今非、昨非今是的现象屡见不鲜。有些文化艺术中的不同种类、不同流派、不同风格，本无所谓对错优劣，也用不着谁来裁判。比如京剧旦角中的梅、程、荀、尚四大流派，歌曲表演中的民族、美声、通俗、原生态四种唱法，究竟谁好谁不好呢？这完全取决于观众的审美习惯、兴趣爱好，用不着区分高下，也不必统一认识。

提倡"百花齐放"，就是坚持"真理面前人人平等"的原则，承认多元思想文化的生存权，给予其公平展示的机会。一花独放不是春，只有百花齐放才是文化艺术的真正春天。实行"百家争鸣"，就是给予人们独立思考的空间，追求真理的自由。争鸣的过程就是人们发现真理、接受真理、完善真理的过程。对于争鸣中的偏颇和探索中的失误，应当奉行"不打棍子，不扣帽子，不揪辫子"的"三不主义"。对于人民内部的思想问题，用禁止、压服的办法不能奏效，相反，往往是禁而不止、压而不服。你可以让人们不说，但不能让人们不想。对于不同学术观点，采用斗争、批判的办法更是有百弊而无一利。很难相信，一个人的观点靠七斗八斗就能改变过来。在"文革"中曾被扬言"批倒批臭，扫进历史垃圾堆"的孔孟之道、儒家学说，今天不是又恢复了它应有的地位和尊严了吗！

实行"双百"方针，需要有一种宽容、宽松、宽厚的社会心态和思想环境。宽容是多元共生的条件，是避免多元冲突、矛盾激化的缓冲地带，也是求同存异、最终达成社会共识的途径。宽容不是弱者对强者的乞求，也不仅是文人之间的包容性美德，更重要的是对强者、对当权者而言的。只有有权有势的人才有讲宽容的资格。作为领导者应当懂得，对待文化人，处理文化事，不要轻率地显示权力，动用权威，而应当尊重思想自由的价值，承认多元共生的权利，容忍异己声音的存在，慎用手中权力，避免强加于人。

当然，任何宽容都不是无原则、无边界的，它必须以合法为原则，以不伤害他人利益和公共利益为界限。正如伏尔泰所说：由于他们不是疯狂者，所以才值得被宽容。

我们见识过这样一类学者：他们自以为"世人皆浊我独清，世人皆醉我独醒"，几乎看不惯周围的一切，与现实社会格格不入。

他们以"思想者"、"批判者"自居，不愿去做任何脚踏实地的建设性工作，对行动者、建设者总是百般挑剔，对油盐酱醋茶等生活事务懒得理睬，对国家利益、社会大局也满不在乎，似乎是一种不食人间烟火的超人。

他们凭借着一点小才气、小聪明便傲视一切，天地之间唯我独尊，别人朝东他偏朝西，语不惊人死不休，处处显示与众不同。对过去的一切他们都要重新评价，而且专门喜欢挑战名人，以为只要和名人交火自己也便是名人了。

他们希望得到别人的尊重，而自己从不懂得尊重别人；他们希望别人宽容自己，而自己从不想宽容别人。

这种人实际上是学术队伍中的害群之马，是自由宽松环境的干扰者和破坏者。

在社会的多元意识形态成分中，并不是不分主次、平起平坐、各行其道、互不干涉，其中必定有一个占主导地位的主流意识形态，这种主流意识形态应当与社会的经济基础和上层建筑密切适应，应当具有先进性、普适性，对其他意识形态具有统领和整合的作用。

中国是一个大国，地域辽阔，人口众多，56个民族经过数千年的分分合合而整合成一个统一整体，再加上地区之间、民族之间、各种人群之间在发展水平、文化特点、宗教信仰、生活习俗等方面有很大差异，因此必须有一个统一的指导思想、共同的社会目标以及为绝大多数人所接受的公共价值观，否则，就会四分五裂，一盘散沙，纷争不已。

在当今中国，这种统一的指导思想和主流意识形态就是马克思主义。这种马克思主义不是外部力量强加的，也不是照抄照搬过来的，而是中国化的马克思主义。这种中国化的马克思主义必须适合中国国情，扎根中国文化，以能够解决中国的实际问题为目的。毛泽东思想、邓小平理论和"三个代表"重要思想，是马克思主义中国化的三大理论成果。这三大理论成果都紧紧围绕着"拯救中国"、"振兴中华"这两个近现代中国的头号问题，正确地回答了怎样进行中国革命、怎样建设社会主义、怎样建设中国共产党这些根本问题，以强国富民的实绩赢得了人民的信赖，并被以国家根本大法的形式确立为指导思想。在当代中国，只有这些理论而没有别的理论能够解决国家的前途命运问题，实现中华民族的伟大复兴。我们决不能轻信别人的诱惑或屈服于外部的压力，轻易地放弃自己的指导思想。

多元激荡的文化发展趋势

在实事求是的思想路线重新确立以后，随着思想禁锢的不断破除、思想解放的不断深化，我国的理论界、文化界、学术界打破了以往的沉寂局面，焕发出了前所未有的热情，理论探讨空前活跃，学术争鸣蓬勃展开，这是理论创新的广阔舞台，是马克思主义者施展身手的大好机会。尽管这种活跃中不乏混乱，存在着杂音和干扰，但总体上说，它适应了改革开放的需要，冲击了一切不合时宜的旧体制、旧观念，为深化改革、扩大开放开辟了前进的道路。

社会主义市场经济体制的逐步建立，造成了经济成分的多样化、就业方式的多样化、组织形式的多样化、利益关系的多样化，不可避免地带来了人们思想观念的多样性、自主性和选择性，思想文化多元化这已是一种不争的事实。

经济全球化和信息传播技术的迅速发展，把整个世界连成一片，它打破了文化的地域封锁，使"思想无国界"变成了真正的现实。一张"互联网"几乎把所有国家一网打尽，网在其中。跨国文化传播可以越过政府、越过海关、越过千山万水轻而易举地进行，形成了你中有我、我中有你的难解难分的局面。各国的实力有强弱之分，但各国的文明无优劣之别。不同文明之间应当对话而不对抗，交流而不封闭，兼容而不排斥，努力追求费孝通先生所说的"各美其美，美人之美，美美与共，天下大同"的理想境界。当前，某些西方强国凭借强大的经济实力、先进的科技手段和丰富的市场运作经验，强势推进西方文明，企图用自己的文明模式一统天下，我国民族文化的生存发展受到了严重挤压。有人曾经设想在打开门户时装上纱窗，只让新鲜空气进来，而把苍蝇蚊子挡在外边，其实这是一种很幼稚的想法，根本不具有可操作性。

党的十六大报告高度概括了当今世界文化发展的两大显著特点：一是文

化与经济和政治相互交融，二是世界各种思想文化相互激荡。这种多元思想文化相互激荡的过程，是一个先进文化和落后文化、民族文化和外来文化、健康文化和腐朽文化、现代文化与古代文化之间有吸纳又有排斥、有融合又有斗争、有渗透又有抵御的复杂过程。我们应当适应这种多元思想文化相互激荡的状况，不能企求回到过去那种舆论一律、一种观点畅行无阻、一种声音一呼百应的局面。不要一发现异己的意见就惊慌失措、随意指责、追究责任。在文化建设中，如果妄自尊大、封闭自守，拒绝学习借鉴其他先进理念和文明成果，那就意味着自我衰落。如果妄自菲薄、盲目崇洋、数典忘祖，那就意味着自取灭亡。根本的出路在于把中国自己的先进文化做强做优，不断增强自身的实力、活力和竞争力。

思想文化多元激荡的状况不是坏事，也并不可怕，它为理论创新、学术发展提供了肥沃的土壤。真正的科学理论和先进文化是不怕经风雨、见世面的。有多元才能筛选，有比较才能鉴别，有竞争才能自我奋进，有斗争才能提高自己的战斗力。

北大的讲座是校园中一道亮丽的风景线，它充分体现着北大的文化特点和精神魅力。北大有上百个学生社团，每年举办近千场各类讲座。如果说学生的课堂教学是严格按照教学计划、教学大纲，有组织有计划进行的，那么讲座则有很大的广泛性和自由度。只要在布告栏里发个海报，学生愿来就来，想走就走，完全是自主自愿，来去自由。在学生中流行着一种不成文的潜规则，这就是"课堂教学可以不去，但精彩讲座不能不听"；"听得懂要听，听不懂也要听"；"我不一定赞同你的观点，但尊重你的思想自由"。有些名师大家的讲座，学生常常提前几个小时去抢占座位。这些学生社团很有本事，官方请不来的一些名人、要员，学生却能请来。有些名人宁可不要报酬、不用招待也愿意前来北大开讲座，他们把在北大开讲座看作是一种荣耀。

这些讲座的突出特点是具有创新性、探索性、多元性、民主性，其中传达的多是一些新信息、新知识、新观点和新的研究成果，是处于科学文化前沿的东西。讲座的方式不是单向的灌输，而是互动的交流，有问有答，有来有往，相互切磋，平等讨论，教学相长。讲的东西新鲜生动，学生可以鼓掌；讲的东西陈旧乏味，学生可以鼓倒掌。鼓倒掌固然不够礼貌，但对演讲者来说是一种及时的现场反馈，促使他迅速改进，免得耽误时间。同时对后来者也是一种警示：北大的讲坛可不是好占领的，"没有金刚钻，就不要揽这个瓷器活"。

学校办讲座的目的，不是为了给学生提供现成的答案，而是为了启发学生思考问题；不是希望学生简单认同，而是为了使学生从多角度观察世界。总之，是"存心"要营造一种多元文化交织的环境，让学生开阔学术视野，接触前沿知识，学会筛选，学会吸收，学会拒绝，学会抵御，鼓励独立思考，启发创新思维，增强免疫能力。比如举办一个各国驻华大使的系列讲座，每个国家的大使都会宣扬本国的历史现状、风土人情、价值观念、宗教信仰、社会模式、对外政策等等。这样，展示在学生面前的就是一个多极化的充满着矛盾冲突的现实世界，这无疑是最生动具体的当代国际政治课。如果有人把这个讲座提升到意识形态斗争的高度来加以质疑，认为是"放弃社会主义思想阵地，为资产阶级思想大开方便之门"，那事情就麻烦了。学校对这些五花八门的讲座也是提心吊胆，唯恐出了娄子，惹出麻烦。要取消这些讲座比较好办，而要管理好这些讲座则非常困难。因为对这些讲座不可能事先审查，不可能现场调控，也难以事后追究，唯一可行的办法就是加强对学生社团的管理，教育引导好社团的骨干，对倾向不好、经常违规的社团加以必要的限制。

处理思潮问题的经验教训

在大学工作，你几乎天天都会遇到思潮问题，天天都会同思潮打交道。究竟什么是错误思潮？谁来裁定错误思潮？要不要集中力量加以整治？怎么整治？整治到什么程度？这些问题敏感度很高，政治性、政策性也很强。

改革开放以前，曾经开展过多次反对错误思潮的斗争，其中的是是非非、恩恩怨怨、经验教训，这里就不再讲了。改革开放以后，我们也时常受到思潮的困扰，在处理思潮问题上碰到过不少棘手的问题。

一 如何反对"左"、右倾向

对于改革开放中的错误思想，邓小平有过一个总体判断。他认为，在改革开放和现代化建设中，既有"左"的干扰，也有右的干扰，但根深蒂固、危险最大的还是"左"的东西。对于"左"和右要作具体分析，要有明确的界定。所谓"左"，主要是搞教条主义、本本主义那一套，固守僵化的社会主义模式，把改革开放说成是引进、发展资本主义，动不动就挑起姓资姓社的抽象争论。所谓右，主要是搞资产阶级自由化，主张中国"全盘西化"，走资本主义道路。不论"左"和右，都是干扰改革开放，阻挠中国特色社会主义建设，不存在"左"比右好或是右比"左"好的问题。反对错误思潮，既要旗帜鲜明，也要实事求是。有"左"就反"左"，有右就反右，要警惕右，但主要是防止"左"。

错误思潮的存在是个长期的现象，应当警钟长鸣，但不能天天围着错误思潮转而忘记了我们的中心工作。只有当错误思潮真正形成"气候"、造成严重的思想混乱、危及到社会安定团结时，才应当集中加以整治。纠正"左"右倾向，都不要随便上纲，不要人人过关，不要搞运动，尤其涉及人的处理要十分慎重。当错误思潮被控制，干扰被排除后，应当把注意力迅速集中到中心任务上来，一心一意搞建设，聚精会神谋发展，千万不要把排除干扰的斗争当成了正面作战的主战场，且战且走，渐行渐远，重新回到过去那种"以阶级斗争为纲"的思维方式和行为方式中去。

二 如何对待改革中的理论探索

理论创新很不容易，社会科学领域的理论创新比自然科学领域的理论创新更加艰难。在我国"官本位"意识很浓厚的情况下，来自民间的理论创新需要冒很大的风险。

理论的生命在于创新。任何组织，不管它曾经多么强大，如果不改革，势必走向衰败。任何理论，不管它曾经多么神圣，如果不发展，势必走向僵化。

对待理论创新，邓小平提出两条重要原则：一是老祖宗不能丢，二是敢于说老祖宗没有说过的"新话"。邓小平理论中最精彩、最管用的部分，正是他说出了老祖宗不曾说过的"新话"。比如关于社会主义初级阶段的论断，关于社会主义本质的论断，关于社会主义市场经济的论断，关于"三个有利于"的价值标准，关于"一国两制"的构想，等等。邓小平的伟大历史贡献，就是他赋予社会主义以新的内涵，大大改善了社会主义的形象，通过改革开放找到了一条更新社会主义的道路。

历史的经验告诉我们，外部政治强权的干涉、学界内部的权威压制、学校当局的行政管制，是影响理论创新的三个外在因素。而"信而好古"的传统观念和教条主义、本本主义的束缚，是妨碍理论创新的内在原因。长期以来，大学的理论研究受教条主义、本本主义的束缚太多，前人没说过的话今人不敢说，上面没讲过的话下面不敢讲，没有政治权威的推动理论创新很难进行。这种状况同改革开放的要求很不适应。

改革需要理论支持。任何体制和政策的突破都需要以理论突破为先导。一些超前性的理论探索和创新观点，由于它突破了传统说法和流行的正统观点，冒犯了现行体制和现行政策的权威，因而在开始阶段常常受到习惯势力的攻击，甚至遭到某些领导的批评，被当作错误思潮对待。面对来自上下左右的压力，学校领导如何对待这些创新观点和理论创新者，这是一个颇费脑筋的问题。

在上个世纪八九十年代，我国围绕经济体制改革的理论争鸣非常活跃。北大的一些学者提出了一系列大胆的创新观点，主张我国的经济体制改革应当以市场经济体制为取向；国有企业应当改制，实行所有权和经营权分离，进行股份制改造；应当支持发展私营个体经济；应当积极发展股票市场等。这些观点不仅在理论界引起很大争议，而且遭到某些领导部门的严厉批评，被认为是"瓦解社会主义的经济基础"、"鼓吹私有化"、"有自由化倾向"。他们把这些学者视为可疑人物，列入另册，予以冷遇和歧视。此一时，彼一时也。几年之后，这些曾被视为"错误思潮"的观点大为流行，其中不少观点为党和政府所采纳，被吸收到指导理论和方针政策中。如果当时学校领导屈从于社会压力，采取某些简单化的措施，那不仅会挫伤学者的创新热情，影响经济改革的进展，而且会造成长久的政治被动。在1998年纪念党的十一届三中全会召开二十周年座谈会上，厉以宁先生颇为感慨地说：如果不是邓小平提出的"解放思想，实事求是，实践是检验真理的唯一标准"的思想路线，如果倒退到二十多年前，我可能被再次划为右派。

对待改革中的理论探索，大学领导应当采取以下原则：

在任何情况下，要坚定不移地贯彻学术自由的方针，维护创新的环境。在学术问题和政治问题纠缠不清时，应当"就低不就高"，先作为学术问题对待。

对于理论创新人才，要敢于保护和善于保护，勇于为他们分担责任、缓解压力、减少干扰，使他们能够继续推进和完成理论创新。任何新生事物开始都是不完善的，不能苛求责备。任何创新活动都有两种结果：正确或错误，成功或失败。科学探索不能简单以成败论英雄。对大学来说，探索真理的精神比结果更可贵。

对待外部的压力和上级的批评，学校领导要沉着应对，不要跟风跑，不妨"一慢二看三通过"。"一慢"，就是对外不急于回应，对上不急于交账，对创新观点、创新人员不急于判断，不急于处理。"二看"，就是看发展、看变化、看长远，不为眼前的是非争论所左右。"三通过"，就是只有把事情弄清楚了，是非曲直心里有底了，政策界限把准了，才能有所行动。

三 如何对待纯学术研究

在大学中，总会有这样一些教师：他们埋头读书，潜心做学问，致力于纯学术研究，颇有一种"学海无涯苦作舟"的精神。他们唯一追求的是学术价值，至于学术成果如何转化、如何应用、如何服务，则不大关心。

对政治活动，他们采取敬而远之的态度，不过问，也不参与。既不为现实的政治服务，不为当局的政策注释，也不与现实的政治作对，不惹政治的麻烦。

对现实生活中的事情，他们采取超然的不偏不倚的立场，"用第三只眼睛看世界"，有时也会说一些不合时宜、不识时务的话。对于专业领域的事，他们很"精"；对专业以外的事，他们很"傻"。

这些教师如果在上世纪六七十年代，一定会被认为是"三脱离"（即脱离政治、脱离社会、脱离群众）的知识分子，是走"白专道路"。在今天，也会被一些人认为是思想政治上有问题的人。

我们大学中应当养一些这样的学者，让他们埋头去做自己的学问，不必强人所难，非要他们去参与政治活动，从事现实服务。一个国家、一个单位，人人关心政治、人人参与政治，并不一定是好事情，如果让不懂政治的人去参与政治，反而会闹出许多荒唐事，惹出很多不必要的麻烦。在当今商业味很浓、功利心过重的环境中，他们能耐得住寂寞，坐得住冷板凳，静心做学问，倒是很可贵的。这种"书呆子"，比那些急功近利、喜欢凑热闹的学者要好出许多。

对待大学的学术研究历来有两种态度：一种主张与社会经济政治紧密结合，一种主张与社会经济政治保持距离；一种主张为现行的国家战略服务，向社会提供即时的直接的利益，一种主张只要做好学问，发展科学文化，那就是在更高层次上实现了国家的目标，促进了社会的发展进步。这两种态度应当结合互补，不宜偏废。我们的大学，既应当鼓励多数教师关注社会需求，服务国家战略，也应当允许一些教师从个人的兴趣和爱好出发，超脱现实的功利，从事纯学术研究，去追求更加遥远的目标。

※ 学潮的风险与对策

学潮发生的原因是什么

学潮是各国共有的一种社会现象，只要有大学，只要有大学生，就避免不了发生学潮。

中国的青年学生历来有"天下兴亡，匹夫有责"的强烈责任感。自从汉代设立太学起，就开始有了学潮。东汉时期，曾有数万太学生讥讽时政，裁量公卿，成为左右舆论的一支强大力量，结果遭到朝廷的严厉镇压。此后的历代王朝，虽然都严禁学生干政，但学生"以天下为己任"的政治参与热情并未熄灭。从中国第一所现代综合性大学——京师大学堂建立以后，面对国势衰微、外强入侵、政权腐败的局面，青年学生奋起呐喊，英勇抗争，前仆后继，表现出可歌可泣的爱国精神。从1903年的拒俄运动，到1919年的"五四"反帝爱国运动，到1926年的"三一八"惨案，到1935年的"一二九"抗日救亡运动，再到1946年的"一二一"反内战运动等，在推翻帝国主义、封建主义、官僚资本主义这"三座大山"，创建新中国的历史进程中，爱国学生运动确实写下了辉煌的篇章。毛泽东主席曾经高度赞扬爱国学生运动在中国革命中起到了"先锋和桥梁作用"，"立下了伟大的功劳"。中国共产党在如何发动和领导学生运动方面也积累了丰富的经验。

学潮绝不是孤立的学生行为，也不只是因为学校当局教育无方造成的。从根本上说，大学是政治动向的"晴雨表"，大学生是社会生活的"扁桃体"，学潮是社会安定的"预警器"，它是社会矛盾积累到一定程度的爆发，也是社会思潮和群众情绪的外化表现。俄罗斯学者皮洛哥夫曾说过，大学集中体现了当时的社会，是社会的最佳晴雨表。如果你不喜欢这个晴雨表所指示的，那你也一定不要把它打碎或藏起来。对你来说，最好是仔细查看这个晴雨表，并且根据其读数行事。人的扁桃体所以发炎是因为受了外界病毒的侵染。要想防止扁桃体发炎，一是固本强体，二是清除外界的病毒。因此，化解社会矛盾，清除精神污染，疏导社会情绪，促进社会和谐，这才是防止学潮的根本之策。

学潮是青年学生关心国家大事、参与社会政治生活的一种群体行为，是他们表达自身政治诉求、维护自身权益、发泄对某些社会现象不满的一种有力武器。"春江水暖鸭先知"，在历来的社会变动中，青年学生往往都是最为敏感、充当先锋的一支力量。然而，学生运动并不总是进步的、正确的、有益的。正如毛泽东主席所说：中国青年运动历来有两股潮流，一股是革命的潮流，是代表着民族的前途、跟老百姓站在一块的；另一股则是反动的潮流，是逆流，是背离民族的前途、与广大老百姓对立的。有时候，学潮会成为社会变革的先导，推动历史的进步；有时候，学潮会成为社会动乱的信号，引发严重的社会危机。正是因为学潮的这种敏感性、两面性及其强大的冲击力，因此任何政治势力都非常关注学潮，绝不敢掉以轻心。能不能恰当地应对学潮，成为对执政当局政治水平和执政能力的严峻考验。

青年学生历来是社会中最敏锐、最活跃又最不稳定的一个群体。他们最肯学习，最少保守思想，最易接受新生事物，但也容易思想偏激，起伏摇摆。他们追求未来，富有理想，但也容易不满现实，愤世嫉俗。如果说成年人的行为逻辑是"三思而后行"，那么青年人的行为逻辑则是"三行而后思"。成年人为了事后不后悔，宁可事先不冒险；青年人则往往事先去冒险，碰了钉子之后又后悔。

某些大学生，特别是某些名牌大学的学生，常常自命不凡，以"社会精英"自居，自认为是真理的探索者、公众的精神领袖。一旦哪天晚上萌生出一个奇特的想法，便以为发现了真理，第二天就想去试一试，号召群众跟自己走。他们把自己的想法绝对化，认为这是唯一高明的治世良方，谁不接受这个方案谁就是无知、保守、僵化甚至反动。既然自己的理想如此伟大，当然就有权采取一切行动，至于会付出多大代价，造成什么社会后果，则不予考虑。殊不知，社会不是一个实验室，不能乱开药方，更不能随便把什么方子都拿来试一试。如果社会吃错了药，就会发生错乱、动荡、分裂、倒退、经济衰落、民不聊生，造成难以挽回的后果。苏东剧变的前车之鉴难道不足以发人深省吗？

当代大学生是青年中的佼佼者，又多是独生子女，是在一种优裕的环境和受人宠爱的氛围中长大的，这造成了他们天生的心理缺陷。一位哲人曾经说过，被宠坏的孩子长大以后很可能成为社会上危险的群体。一旦他们感到在别人心目中不再是最重要的角色了，不能轻易地得到自己想要的东西了，便会怨恨周围一切，盲目地同一切不赞成自己的人作斗争，而且会固执地坚持到底。学生的这种特点，是发生学潮的一个重要内在因素。

中国实行改革开放政策后的前十几年，是学潮的高发期，仅上世纪80年代，就发生了好几次波及全国的重大学潮。其中1986年秋冬时节发生的学潮持续了三个多月，从南方蔓延到北方，波及许多大中城市，最后导致了中央最高领导人的更替。1989年春夏之交发生的学潮更是旷日持久，愈演愈烈，在首都演变为大规模的政治动乱，最后不得不用非常手段加以平息。

就这些学潮的直接诱因来说，有的是涉及内政问题；有的是涉及外交问题，如抗议日本否定侵华历史，抗议美国轰炸我国驻南斯拉夫使馆，抗议某些国家的反华势力迫害华人华侨等；有的是涉及学生的切身利益问题，如社会治安、校舍纠纷、办学条件等；有的是表达对某些不良社会风气的不满，如官僚主义、干部的腐败行为等。在这几次政治学潮中，反映出的一个突出特点和政治倾向是"全盘西化"的倾向，即资产阶级自由化的倾向。不管参与学潮的学生是否意识到或者是否愿意承认，这种学潮本质上是关于中国发展道路、改革模式和社会制度选择的严肃政治较量，是国际政治斗争的一种表现，用邓小平的话来讲，这是国际大气候和我们自己的小气候所决定的。在历史转折中，青年学生容易产生混乱和偏激。外来的思潮令他们眼花缭乱，而他们对自己的东西又缺乏信心，对中国特色社会主义尚未形成定识。尽管参与学潮的绝大多数学生并不反对党的领导和中国特色社会主义，但学潮中成千上万的人所形成的汹涌澎湃之势，无疑给党和政府造成了巨大压力。在关系社会制度、发展道路、国家前途和人民根本利益的重大选择面前，党和政府决不会屈服于任何内外压力，也不会顺着西方国家的廉价掌声把自己送进坟墓。

这种以"全盘西化"为特点的学潮，在客观上也帮了"左"的势力的忙，使得他们更加理直气壮地固守僵化的体制模式，阻挠改革开放。每次学潮之后，都不同程度地出现"左"的思想的回潮。邓小平同志总是及时提醒大家，党的十一届三中全会制定的路线、方针、政策没有错，"一个中心、两个基本点"的党的基本路线没有错，"三步走"的战略目标没有错，要照样坚定不移地干下去。基本路线要管一百年，动摇不得。中国如果不坚持社会主义，不改革开放，不发展经济，不改善人民生活，只能是死路一条。

中国二十多年改革开放的成功实践，使中国特色社会主义日益深入人心。有关中国的发展道路和改革模式，不仅在国内形成了高度的共识，而且在国际上产生了广泛的影响。曾经困扰我们多年的学潮逐渐平息下来，但并不意味着从此天下太平，层出不穷的新矛盾、新问题以及某些积重难返的老问题，仍然可能导致新的学潮或其他不安定事端。

"月晕而风，础润而雨"，政治性学潮的爆发都是有先兆的。判断政治性学潮会不会发生，一般需要注意以下几个条件：

一是某些社会矛盾趋于激化，热点问题趋于集中，群众中的不满情绪聚焦在一两个突出问题上；

二是政治理论发生混乱，某些偏颇观点公开流行，错误思潮开始泛起，舆论导向发生严重倾斜；

三是公众对形势的判断信心不足，对政府和政策的信任趋于下降，浮躁不安情绪开始上升；

四是小范围的闹事不断发生，闹事的领头人物逐渐形成，地下非法组织浮出水面，某些敌对政治势力介入学校，同闹事的领头人物发生接触。

如果具备以上条件，再有某个突发事件做导火索，那就可能引发政治性学潮。

在1989年那场政治风波前夕，北京市对高校学生的思想政治状况进行了大规模的问卷调查和座谈访谈，调查的结果显示：前苏联总统戈尔巴乔夫关于民主人道社会主义的观点在高校学生中颇为流行；对于政治多元化、多党制和政治公开性等观点，有半数以上的学生表示认同；对于党和政府开展反腐败斗争、抑制物价上涨等取得的成效，三分之一以上的学生表示不满。当时的调查报告认为，大学生的信仰、信任、信心发生了危机，思想的混乱程度超出了社会稳定的警戒线，需要高度重视和警惕。果然时隔不久，北京就发生大规模的学潮和动乱。

学潮的风险在哪里

学潮一旦蔓延开来，便如同打开了"潘多拉盒子"，既缺乏内部的自控力，也很难从外部驾驭，其发展、演变和导致的结果都是难以预料的。

"文化大革命"初期，毛泽东主席大力支持红卫兵起来造反。他曾经设想用半年左右时间让学生停课闹革命，寄希望于在大风大浪中造就一批革命接班人。不料，红卫兵运动像脱缰的野马完全失去了控制。一些红卫兵为所欲为、无法无天，肆意进行打、砸、抢、抄、抓，后来发展到怀疑一切、打倒一切，无政府主义严重泛滥。他们从破"四旧"、斗"走资派"，转为打派仗、争山头、搞武斗，造成了全面内乱和空前浩劫。对此，毛主席极为失望。

1968年7月28日凌晨，毛主席在紧急召见首都红卫兵"五大领袖"时严厉批评说：你们一不斗、二不批、三不改。斗是斗，搞武斗。你们头脑膨胀，浑身浮肿，谁的话都不听，连我的话也不听了！随后，毛主席决定，派工人、解放军宣传队进驻大学并领导教育革命，从此开始了一个"工人阶级在上层建筑包括意识形态领域中对资产阶级实行全面专政"的特殊时期。广大青年学生则被派往工厂、农村，接受工人、贫下中农再教育。当年曾风云一时、不可一世的首都红卫兵"五大领袖"——聂元梓、蒯大富、韩爱晶、谭厚兰、王大宾，在"文革"结束后都受到了严厉惩处。

任何大规模学潮，都难免出现"泥沙俱下，鱼龙混杂"的局面。参与学潮的人群，本来就是一支松松散散、来去自由的队伍，既没有进行资格审查，也谈不上组织纪律。不论游行、示威、集会、静坐，靠的就是人多势众，越热闹越好，这就为各种面目的人加入学潮敞开了方便之门。绝大多数学生参与学潮，都怀着满腔热忱和忧国忧民之心，然而他们并不能左右学潮的方向，而真正主导学潮的力量，都是秘而不宣、隐而不显的。有些政治势力介入学潮，是为了把学潮纳入自己的轨道，他们不断寻找时机，以求得逞，企图借助学潮来达到自己的政治目的。有些社会渣滓和反社会分子混迹学潮，是为了趁火打劫，乱中取利，发"国难财"。这些不同背景、不同动机、不同追求的人混杂在一起，什么事情都可能发生。但不论发生什么坏事情，账都会记在学潮的头上。

学潮就像一根导火索，它会引发群众的不满情绪，把潜伏的社会矛盾公开化、表面化，许多人都想利用学潮的压力来解决自身的问题。学潮一方面会猛烈冲击政府部门的官僚主义习气，使得一些本来应当解决但久拖不决的问题迅速得到解决，但另一方面又会把各种积存的矛盾一古脑儿地推到政府部门面前。面对学潮中冒出来的种种短期利益压力集团，政府部门失去了从容应对的空间。人们一旦尝到了闹事的甜头，便会胃口大增，形成一种"什么都要，现在就要"的心理，从而引发社会的危机。

自发性学潮都是一哄而起、仓促发生的，学潮的指挥力量也是临时拼凑起来的，其成员参差不齐，内部派系林立，各路人马都是"绿林好汉"，野心勃勃，谁也指挥不了谁。这种状况，使得学潮就像一部只有加油系统而没有刹车装置的汽车，很容易失控，很容易转向，很容易打乱仗，也很难收场。1989年政治风波时，在天安门广场安营扎寨的数十万学生和民众中，并存着若干个临时"指挥部"，其中有首都"高自联"（首都高校学生自治联合会）的，有首都"工自联"（首都工人自治联合会）的，有"外自联"（外地学生自治联合会）的，有"绝食团"的，有"广场纠察队"的，还有许多名目繁多的自发组织。这些大大小小的"指挥部"，都是自封的，有名无实，领头人物像走马灯一样换来换去。他们既指挥不了广场的学生，彼此之间也很难协调沟通，完全处于混乱无序的状态。在"五二〇"戒严之前，绝食的学生情况比较危急，他们曾几次派人或带话出来，希望同有关部门对话谈判，找到一种比较体面的办法"下台阶"，尽快结束绝食。但不参加绝食的自发性组织却以绝食学生为人质，主张对抗到底，不达目的，决不罢休。当时首都一些高校的领导非常焦虑，为尽快结束绝食静坐进行了多次斡旋，但都无功而返，从而最终酿成了这一事件的悲剧后果。

学潮中的领头单位，一般都是知名大学。因为这些知名大学名气大，号召力、影响力也大。在历次学潮中，自然而然、约定俗成地形成了若干领头大学，如北京的北大和清华、上海的复旦和交大、江苏的南大、陕西的西安交大等。但是这些大学之间也互不服气，"宁当鸡头，不当凤尾"。如果北大的学生领头发动学潮，清华的学生不愿跟从；如果清华的学生领头发动学潮，北大的学生也不甘尾随。如果其他学校的学生发动学潮，北大、清华的学生不参与，一般闹不大。如果北大、清华的学生联手发动学潮，那事情就闹大了。因此，在北京地区发生的学潮，必须高度关注北大、清华学生的动向。在社会其他人员发动的闹事中，应当努力防止高校学生介入。一旦学生介入进来，闹事的政治色彩和组织动员程度就会大大增强，处理闹事的难度也会大大增加。

学潮的领头人物并不是经过民主程序推选出来的，而是在学潮中自发涌现出来的。在学潮初期打头阵的人往往是一些"勇敢分子"。在前台大轰大嗡的人未必就是学潮中的核心人物。在人心浮动、群情激昂的情况下，人们最需要的是理性的思考和现实的选择，而人们最喜欢听的恰恰是火上浇油的语言和推波助澜的主张。因此，一些偏激分子、勇敢分子和喜欢出风头的人常常成为学潮中的领头人物。

在学潮中，比较危险的是一些"勇敢分子"，真正难对付的是有较深政治背景的所谓"精神领袖"。

这些"勇敢分子"并不是学生中的优秀者。他们平时很不起眼，没有多少值得炫耀的资本，心情比较压抑。在和平环境和正常秩序下，这些学生很难出人头地。而学潮给他们提供了一个意外机会，他们希望在学潮的舞台上施展一下身手，出一出风头，改变平时不利的处境。对这种"无名小卒"来说，偏激口号使得他们一鸣惊人，"勇敢行为"使得他们一举成名。这些学生是人们常说的"二百五分子"，一旦闹起事来，便不顾利害，不知深浅，不管后果，"不撞南墙不回头"，经常会做出一些出格的具有较大破坏性的事情来。

还有些领头闹事的学生有着较深的政治背景，他们受到国内外某些敌对政治势力的支持，自觉地去充当这些政治势力的代言人，在学潮中扮演着"精神领袖"的角色。这些学生因为有人撑腰、有人指点、有人兜底、有人许愿，所以闹起事来有恃无恐。他们在学潮中常常发表比较系统的理论观点，提出一些纲领性的政治要求，热心于煽起敌对，制造怨恨，激化冲突，迷信于压力，执着于斗争，公开地与政府对抗、摊牌，用一些政府根本无法接受、无法办到的主张和要求，使谈判陷于僵局，把学潮引向极端，使得任何用和平方式化解纠纷、平抑争端的努力都不可能奏效。这些学生经历过不止一次学潮，闹事几乎成了他们的"第二专业"，越闹越会闹，越闹越敢闹。他们在学潮中的"名气"和在闹事中的"业绩"，最终成了向后台老板邀功请赏的资本和出国留洋的"通行证"。

在学潮的各种形式中，风险最大的是静坐和绝食。当成百上千的学生静坐在一起、聚精会神地闹事时，他们的要求会迅速升级，组织的严密程度会大大提高，随时都可能产生一些节外生枝的新点子、新主张。而且，在这种大庭广众之下，任何的教育、疏导、分化、瓦解工作都难以开展，难以奏效。绝食是学潮严重升级的信号，是孤注一掷、最后摊牌的行为。绝食所造成的"悲壮"气氛会赢得很多人的同情，造成强大的社会压力。处在饥渴困顿状态下的学生会进一步增长内心的激愤和对立情绪，任何意外事故都可能导致严重的后果。绝食静坐的现场就像一个大剧场，绝食静坐的学生如同演员，围观助威的人们如同观众。演员看到观众喝彩只好起劲地往下演，观众看到演员起劲地演出也不好退场，这种转不出来的"怪圈"使得学潮得以延续下去。

近年来，互联网的广泛应用为学潮增加了全新的动员方式、串联方式、传播方式和协调指挥方式。互联网的快捷性、互动性、自发性、随意性、匿名性、秘密性，使得学校和政府很难掌握学潮的真实信息，也难以进行有效的疏导和控制，使得学潮在神不知、鬼不觉中突然发生，搞得人们措手不及。在全球化、信息化、网络化的条件下如何应对学潮，成为一个更具挑战性的课题。

处理学潮应把握哪些原则

对于学校领导来讲，如何处理学潮，这是一个责任极大、困难极大、风险极大的事情，是一个很难逾越的"雷区"。

如果是因为校内事务引发了学潮，学校领导无疑要承担主要责任，同时也有必要的条件和手段自主地加以处理。即使处理有些纰漏，也对社会影响不大。如果是因为社会政治问题引发了学潮，学校当局夹在学生和政府中间，处境非常困难和窘迫。学生针对政府提出的种种问题和要求，是学校领导难以回答和解决的。而学潮的发展变化，也是学校领导难以调控的。一方面，学校作为政府管理的下属单位，必须坚决贯彻上级的指令，迅速果断地平息学潮；另一方面，学校作为教育机构，学校领导作为学生的师长，又必须关心爱护学生，立足于教育、争取每一个学生。如果对待学潮态度不鲜明，处理不得力，造成了大乱子，学校领导难辞其咎，势必招致上级的不信任。反过来，如果对学潮处之过急，对学生出手太重，势必遭到师生的反感，被指责为"镇压学生的罪魁祸首"。即使眼前这一关闯过了，以后学生也会存心和你作对。毛主席讲：凡是镇压学生运动的人都没有好下场。这句话耐人寻味。

对于如何对待少数人闹事，毛主席在《关于正确处理人民内部矛盾的问题》一文中提出了明确的思路：

"我们是不赞成闹事的，因为人民内部的矛盾可以用'团结—批评—团结'的方法去解决，闹事总会要造成一些损失，不利于社会主义事业的发展。

"我们应当注意的是：（一）为了从根本上消灭闹事的原因，必须坚决地克服官僚主义，很好地加强思想政治教育，恰当地处理各种矛盾。只要做到这一条，一般地就不会发生闹事的问题。（二）如果由于我们的工作做得不好闹了事，那就应当把闹事的群众引向正确的道路，利用闹事来作为改善工作、教育干部和群众的一种特殊手段，解决平时所没有解决的问题。应当在处理闹事的过程中，进行细致的工作，不要用简单的方法去处理，不要'草率收兵'。对于闹事的带头人物，除了那些违犯刑法的分子和现行反革命分子应当法办外，不应当轻易开除。在我们这样大的国家里，有少数人闹事，并不值得大惊小怪，倒是足以帮助我们克服官僚主义。"②改革开放以后，邓小平同志针对学生闹事有过多次谈话，阐述了处理的原则和方法：

（一）中国一定要坚持改革开放，这是解决中国问题的希望。要改革开放，就一定要有稳定的政治环境。中国人多，如果今天这个示威，明天那个示威，三百六十五天，天天会有示威游行，那么就根本谈不上搞经济建设了。

中国不允许乱，不能再折腾，不能再动荡。凡是妨碍稳定的就要对付，不能让步，不能迁就。这是大道理，要管许多小道理。

（二）处理学生闹事，领导要旗帜鲜明、态度坚决，这样，群众才能擦亮眼睛。

---

② 《毛泽东文集》，第七卷，第236～237页，人民出版社，1999年。

（三）对学生闹事，要以教育引导为主。不能只用拍拍肩膀的办法，要把是非讲清楚，要把利害讲清楚。是非是涉及我国根本利益的是非，利害是关系到我国社会主义发展能不能达到本世纪目标和下个世纪目标的重大利害。一切反对和妨碍我们走社会主义道路的东西都要排除，一切导致中国混乱甚至动乱的因素都要排除。要用这个道理教育人民，特别是青年学生。

如果破坏社会秩序，触犯了刑律，就必须运用法律手段坚决处理。

如果有人要制造流血事件，我们的方针是首先揭露他们的阴谋，尽量避免流血，宁可我们自己人被打伤。对为首闹事触犯刑律的要依法处理。不下这个决心是制止不了这场事件的。如果不采取措施，我们后退了，以后的麻烦会更多。

（四）在学潮之后，我们要首先清理自己的错误，着眼自己的问题。对群众的一些行动要谅解一些，处理要适度，涉及面不要太广。

基于改革开放以来处理学潮的经验教训，学校领导在应对学潮时应当把握以下十条原则：

其一，应对学潮的基本方针，应当是坚持疏导为主，严格依法办事，加强综合治理，把"晓之以理，动之以情，导之以轨，绳之以纪"很好地结合起来。

其二，处理学潮必须"快刀斩乱麻"，勇于负责，快速决断，及早处理，力求把学潮消除在萌芽，消化在基层。处理得越早越主动，付出的代价越小。但处理措施必须得当、适度，软弱无力难以奏效，过火过激容易反弹。如果见事迟，抓事慢，畏首畏尾，犹豫不决，那就会贻误时机。当学潮形成气势，不得不进行"两军对垒"式的谈判时，付出的代价就大多了。

其三，必须高度警惕地下非法组织的活动和外部政治势力的介入，制止跨地区、跨学校的串联，不能允许非法组织合法化。紧紧盯住闹事的领头人物，通过多种途径和方式，连续不断地开展说服教育、规劝制止、争取分化的工作，讲明是非、利害、政策、前途，争取使他们自己觉悟，回心转意。

其四，不但要大力开展思想政治教育，而且必须发挥党团组织的组织优势。对党员、干部、学生骨干，要及时通报情况，传达上级精神，明确任务要求，规范他们的行为。用政治统一性和组织纪律性保证上级精神的贯彻落实。

其五，必须以求真务实的态度对待学生提出的意见要求，分清情况，区别对待。对于学生的正当要求，能办即办，不要拖延。对于学生的批评意见，即使言词激烈，也要耐心听取，从中吸取合理成分，切实改进我们的工作。对于那些"全盘西化"的主张和各种无理要求，必须旗帜鲜明地加以反对，同时也要着眼教育，讲明道理，讲清利害。我们既不能穷于应付具体问题而放松了政治上的警觉性，也不能因为有人鼓吹"全盘西化"的主张而专注于政治斗争，看不到我们工作中的缺点，不去解决应当解决的实际问题。

其六，必须建立以学校党委为中心的统一高效的应对学潮的指挥系统。处理学潮如救火，必须信息畅通，政令畅通，统一指挥，统一行动，防止多方干预，政出多门，打乱仗。

上层领导对学潮应当有鲜明的态度，及早制定工作方针，为基层提供有力支持和坚强后盾。

1989年政治风波的一条沉重教训，就是某些高层领导态度暧昧、意见分歧、方针不明，在学潮兴起并迅猛蔓延的前一周内，高层几乎没有任何指令，也不曾直接听取大学党委和校长的意见和建议，甚至有的领导人想撇开学校党委系统去另外寻找途径，以致错过了解决问题的最佳时机。

在学潮发生时，许多上级领导部门都到大学去了解情况、观察现场、协助工作，这有利于领导机关掌握第一手资料，适时提出对策。但如果协调不好，可能不但帮不了忙，反而添乱。由于各个部门的职责任务不同，考虑问题的角度不同，对情况了解的深浅不同，因而看法也不尽相同。当遇到紧急情况需要快速决断时，因为有许多领导部门的要员在场，学校党委需要左顾右盼，多方请示，反复商量，常常因为意见不一或责任不清而延误决策，造成"三个和尚没水吃"的局面。

其七，上级主管领导对学校党委要"多支持少干预，多体谅少指责"；

学校党委对上级主管领导要"多汇报，少请示"。

学校党委处于应对学潮的第一线，面对学生的工作，要依靠学校的力量去做，这是任何其他力量难以取代的。上级的精神如果照本宣科地向学生传达常常难以奏效，需要学校党委经过理解消化后"翻译"成便于学生接受的语言；上级的指令也需要学校党委结合具体情况转化成可以操作的细则。学潮中碰到的许多新情况、新问题，需要学校党委随机应变，自主处理。

作为处理学潮的直接责任人，学校党委必须拥有必要的自主权和应变力，不仅校内力量应当由党委统一指挥，而且外面派到学校协助工作的人员也应由党委加以协调。

在学潮中，学校党委要和上级主管部门随时保持信息畅通，多汇报，讲真情，使领导部门及时掌握学潮动向和工作情况。为什么要"少请示"呢？一是因为学潮中许多应急处理方案来不及请示，只能"先斩后奏"；二是因为处理学潮责任重大，向谁请示就意味着请谁做主，由谁负责。在处理学潮的过程中，上面的信任和理解往往比批示和指令更可贵，对学校采取的某些变通性和探索性举措，上面的默认比明确表态更有利。学校党委作为学校的主要政治责任者，应当勇于承担责任，担当风险，主动为上级分忧解难，避免矛盾上交。作为一线的指挥员，不能用"请示"的办法来逃避自己的责任，遇到棘手问题便先请示上级"怎么办"，如果麻烦解决了，自己也有一份功劳；如果事情办糟了，便把责任推卸给上级。在处理学潮中，这种"聪明人"多了一定会出大问题。但是，"少请示"不等于不请示，对一些重大政策性难题，应当主动请示，不能擅作主张。

其八，必须组织一支精干有力的现场工作队伍。这支队伍应当由学生的辅导员、班主任、导师、基层党团组织和学生会干部以及学生骨干组成。他们经常生活在学生之中，熟悉人头，了解学生的特点，便于接近学生。在熟识自己的老师和同学面前，闹事的学生会有所顾忌、有所收敛。

现场情况千变万化，现场工作人员"身陷重围"之中，工作是最辛苦、最困难的。对现场工作队伍应当充分信任，适当授权，使他们能够放心大胆地工作，机智灵活地作战，"将在外，君命有所不受"。在快速反应中，他们说点错话、办点错事，是在所难免的，只要把准方向、守住底线，有利于息事宁人、缓解事态，那就是成绩，就应当肯定和鼓励。绝不能抓住他们在现场处置中发生的某些小差错说三道四、乱加指责，否则，就没有人愿意去做现场工作了。

在学潮期间，学校的党委书记和校长应当全力以赴坐镇指挥，运筹帷幄。但在学潮初始、学生情绪对立、气势很旺的情况下，作为学校的一把手不能轻易出阵，轻易到闹事现场去进行对话。因为在那种狂躁有余、理性不足的氛围中，书记、校长出面未必就能解决问题，反而可能引起哄闹，招致羞辱。正像下象棋一样，将帅不能轻易出马。学校的党委书记和校长是学校中最后的也是最重要的一张牌，如果这张牌打出去失灵，下面的棋就被动了。

其九，在涉外学潮中，应当注意保护和引导学生的爱国热情，促进学生行为与政府行为的良性互动。近年来因为涉外事件引发了多次学潮，今后这类事情也难以避免。在外交问题上，学生的立场与政府的立场基本上是一致的，为什么有时会引发学潮，甚至发生转向，从对外抗议转化为与政府的冲突呢？

在关系国家主权、民族尊严、国民利益的重大外交事件面前，青年学生不可能不闻不问，如果学生无动于衷那是令人悲哀的。他们要集会、要游行、要发声明、要搞抗议，完全是情理之中的事情。如果此时此刻学校领导要求学生"只要好好读书就是爱国，外交上的事相信政府会妥善处理的"，必然会引起学生的不满。学校和上级部门应当因势利导，留个"出气孔"，让广大学生合理合法地表达自己的爱国热情和正当要求。如果担心出事而把所有的"出气孔"都堵住，就会适得其反。没有合法渠道，就会产生非法渠道。官方组织不去组织引导，非法组织就会插手介入，从而导致矛头转向，失去控制。在过去的涉外学潮中，这样的教训不乏其例。在外交斗争中，民气可以推动政府，政府可以借助民气。官民配合、良性互动更有利于争取外交斗争的胜利。必须清醒地看到，外交上的冲突绝不是靠民众游行示威就能解决的，国际上强权霸权行为也绝不是凭赤手空拳就能抵抗的，归根到底，需要以国家的强盛作后盾，依靠政府有理有利有节的交涉才能奏效。国家的忧患、外部的刺激最终应当转化为广大学生自强不息、振兴中华的强大动力。

在1999年美国轰炸我国驻南斯拉夫使馆的事件发生后，广大学生义愤填膺，抗美浪潮一触即发。上级部门审时度势，允许学生进行合法游行。事发当晚，北大成千上万的学生在校内集会，上街游行。他们彻夜不眠，不辞辛苦，连续步行几十公里到美国驻华使馆前抗议示威，此情此景，确实令人感动和敬佩。在群众抗议浪潮持续了几天后，又适时引导学生回到校园。这样做，既让学生充分表达了爱国热情，支持了政府的外交斗争，又没有激化矛盾，引发冲突，这是民间外交和政府外交良性互动的一个很好的事例。

有些外国政府在外交斗争中，交替使用政府牌、议会牌、舆论牌、民间牌，目标一致，但扮演的角色不同，各有各的用途。我们应当研究借鉴这方面的做法。

其十，在对闹事学生的处理上，应当着眼教育、立足转化、放眼长远、宽大为怀。

在历来的社会动荡中，首先卷入的都是青年学生，在运动中最缺乏自控能力和自我保护能力的也是青年学生，而最终受害最多的还是青年学生。

对卷入学潮的学生，除了极个别严重触犯法律、造成重大破坏性后果的人必须依法处置外，对其他人都应采取教育挽救的方针，耐心细致，手下有情，多做思想转化工作，就像亲娘打孩子，吆喝得重一些，下手轻一些。即使那些思想偏激、行为出格的学生，真正对党和政府怀有深刻敌意、持有系统错误观点的人也极少。青年人来日方长，变化的余地很大，千万不要把他们看死了，更不要轻易开除，断了他们的前途和出路。如果草率行事，出手过重，不仅伤人多，而且后遗症大，为以后的学潮留下祸根。

要从根本上防止学潮，一是要切实改进马克思主义理论教育，在联系实际、回答问题上多下功夫。学习理论，必须遵照邓小平提出的"要精，要管用"的原则，既要讲马克思主义发展史，更要讲马克思主义中国化的最新成果，勇于引领社会思潮，敢于触及现实问题，大力提高马克思主义的引领力、说服力和战斗力。要大力纠正"党八股"作风，空洞抽象的调头必须少唱，教条主义必须休息，代之以新鲜活泼的风气和学生喜闻乐见的方式。二是要保持我国经济持续发展、社会和谐稳定的大环境，这种大环境的影响是任何课堂教育都难以达到的。三是对我国改革开放和现代化建设中面临的新情况、新问题以及党和政府采取的对策，高层领导和主管部门的负责人要直接到大学中向师生宣讲解释，听取意见，只靠学校的教师和思想政治工作人员是解释不清楚的。四是加强学校党团组织建设，提高党团员的政治责任感以及在群众中的威信，进一步发挥学生会、研究生会在学生"自我教育、自我管理、自我服务"中的作用。

※ 大学何去何从

大学的社会功能是什么

大学不是世外桃源，并没有一成不变的大学理念。大学的理念之争，核心是如何处理大学与社会的关系。大学作为一定社会历史条件的产物，她的理念必须随着社会需求的变化而变化，她的社会功能必须随着社会的发展而发展。

自从11世纪欧洲创立大学以来，大学社会功能的变化大体经过三个阶段。第一个阶段，中古时代的大学，承担着单一的教育功能，传道授业，培养人才。第二个阶段，以19世纪初洪堡创建柏林大学为标志，大学拓展为两大社会功能，即人才培养和科学研究。第三个阶段，进入20世纪以后，特别是近半个世纪以来，大学日益广泛深入地介入社会生活，承担起人才培养、科学研究和社会服务这三大功能。其中社会服务这项功能，正在成为大学功能中新的增长点，成为大学之间竞争的战略高地。

美国学者克拉克·科尔在《大学的功用》一书中指出：现代大学是一种"多元的"机构——在若干意义上的多元：它有若干个目标，不是一个；它有若干个权力中心，不是一个；它为若干种顾客服务，不止一种；它不崇拜一个上帝；它不是单一的、统一的社群；它没有明确固定的顾客；它标志着许多真、善、美的幻想以及许多通向这些幻想的道路；它标志着权力的冲突；它标志着为多种市场服务和关心大众。应当称它为多元大学。

第二次世界大战以后，依托斯坦福大学而诞生的硅谷的崛起，标志着大学与社会的关系发生了革命性变化。大学从社会舞台的边缘逐渐走向社会舞台的中心，成为推动经济社会发展的强大发动机。近年来，在著名大学周围兴起了许多科技园、工业园，如美国的硅谷、英国的剑桥工业园、日本的筑波工业园、印度的班加罗尔软件园，还有我国北京的中关村科技园区和台湾的新竹工业园，等等。这些园区，凭借大学和科研机构的学科优势、人才优势、创新活力和文化氛围，以科技企业为龙头，以产、学、研结合为特点，成为世界上最有活力的创新创业基地，成为知识经济的领头羊，源源不断地孵化出高新技术成果，孕育出许多明星科技企业。斯坦福大学没有因为硅谷的兴起而干扰了学术，反而声名大振。剑桥大学也没有因为工业园的创办而失去光辉，反而活力大增。

"知识经济"这一新型经济形态的诞生，第一次把"知识"和"经济"这两个彼此分离和独立的概念密切结合在一起。知识经济本质上就是高科技经济、高文化经济、高智力经济。知识经济化、经济知识化成为当代不可逆转的潮流。知识成了最重要的生产要素，知识密集型企业成了最有前途的主导产业，知识化劳动者成了创造社会财富的主体力量，知识创新成了社会可持续发展的动力源泉。大学和企业的边界变得越来越模糊了，彼此渗入到对方的传统领地，承担起对方的某些职能。大学不只是在创造和传播知识，而且把知识转化为现实的生产力；企业不仅在制造产品，而且成为技术创新的主体，担负起培训人才的职能。

在现代企业中，科技决定着产品的品质，文化决定着产品的品牌，产品中的科技文化含量构成了企业的核心竞争力。如果说，中古时期的大学必须处理好与教会的关系，工业化时期的大学扩张必须得到政府的强力支持，那么知识经济时期的大学则必须与现代企业结成密切的同盟。

当今世界的著名大学，都担负着多重社会功能：一是人才的摇篮，二是知识创新的前沿，三是推动科技成果转化的基地，四是社会的思想库和智囊团，五是民族文化的圣地和多元文化对话的平台。

现代社会的理念就是：结合才有活力，服务才有价值，双赢才是最佳结果。大学如果不与社会结合，不为社会服务，那就注定没有动力、没有压力、没有活力，也没有财力。那种所谓"纯粹大学精神"、"无条件大学"的设想，绝对的大学自治、自由、超然、独立的理念，过去一千年从来没有实现过,今后一千年也不可能成为现实,只不过是可望而不可即的"乌托邦"理想。

我国改革开放以后,邓小平提出:"教育要面向现代化,面向世界,面向未来。"这"三个面向"是具有远见卓识的教育理念,指明了我国教育改革发展的战略方向。按照"三个面向"的要求,大学应当处理好三个关系。一是同现代化建设的关系。大学必须面向国家现代化建设的主战场,为现代化建设提供可靠的智力支持和人才保证。二是同世界的关系。大学必须树立开放观念,具有世界眼光,善于学习借鉴国外先进的科技文化成果和办学经验,开展文明沟通,实行知识共享,发展对外合作。三是同未来的关系。大学首先要适应当前社会的需要,这是生存的前提。同时,大学又必须保持适度的独立品格和批判精神,勇于突破时代精神的局限,以引领社会发展。如果大学脱离社会现实,与世隔绝,就会被边缘化;如果大学一味迎合社会,随波逐流,过分世俗化,就会失去面向未来的品格。

科教兴国战略是我国现代化建设的长期而基本的战略,它既是大学施展身手的广阔舞台,也是大学发展振兴的难得机遇。这一战略的理论基础是"科技是第一生产力"、"人才是第一资源"。实施这一战略的前提条件是把教育放在优先发展的战略位置。这一战略的主旋律是实行教、科、经相结合,产、学、研相结合。我们的大学必须以科教兴国为崇高使命,大力提高自己的人才培养能力、科技创新能力和社会服务能力,在回答和解决我国社会主义现代化建设所面临的重大理论问题上和实际问题上有更大的贡献。

当前,我国的大学在办学思想上固然存在着前瞻性不够、超越精神不足的问题,但制约大学发展的突出问题仍然是与社会实际脱节,社会服务能力不强,在经济社会发展的主战场上作为不大。在人才培养上,应当以质量为生命,在提高学生全面素质的基础上,着重提高实践动手能力和创新创业精神。在科学研究中,应当以"顶天立地"为原则。"顶天"就是注重原创性、突破性,"立地"就是注重实用性、实效性,防止上不着天、下不着地。在科研导向上,应当以服务国家发展战略为第一选择,而不能被"SCI"

（科学引文索引）、"EI"（工程论文索引）牵着鼻子跑。如果不能为富民强国、民族振兴作出一流的贡献，那就称不上是中国的一流大学，如果连中国的一流大学都称不上，又何谈创建世界一流大学呢？

大学要不要多元筹资

中国的基本国情之一是穷国办大教育，经费短缺将是长期困扰大学的一大难题。

我国的公立大学，长期依靠单一的政府拨款维持学校的运行。在1995年以前，大学普遍面临着严重的财政困难。当时北大、清华每年只有一亿元左右的行政事业费，"养家糊口"都很勉强，建设发展没有资金，更缺乏机动经费去改善教师的待遇。当时北大从日本东京大学招聘到一名优秀年轻教师，当他第一个月去领取工资时，七扣八扣，所剩无几。他质问学校领导："这是我的薪水，还是发的小费？"

面对这种困境，我们的大学要不要多渠道筹措办学经费？能不能利用市场机制开展合法的经营创收活动？我认为答案应该是不言自明的。

在国外，大学多元筹资早已是名正言顺、习以为常的事情了。一些知名大学，都有强大的筹资中心、丰富的筹资经验和巨大的筹资能力。大学校长的主要任务之一就是筹措经费。学校董事会把有没有筹资能力作为聘任校长的一个重要条件，把筹资多少作为衡量校长业绩的一条重要标准。哈佛大学从1953年到2006年，历届校长几乎都是由社会名流、政府高官、筹款专家担任的。目前哈佛大学有300亿美元的基金，可谓"富可敌国"。即使这样，校长仍然花很多时间在国内外奔波，进行筹款旅行游说。密歇根大学校长柯曼上任之初就宣布，五年内要为学校筹资25亿美元，他为此发动了大规模的筹款运动。伯克利加州大学校长田长霖治校的一项重要业绩，就是提升了学校的筹资能力。我曾当面请教田长霖校长对多元筹资的看法，他说："大学筹款是绝对必要的。当我做校长时，筹款实际上占了我大部分时间。筹款不是要钱，筹款的秘诀是如何将自己学校的使命和贡献与公众和其他机构沟通，向社会开放，推进与社会的合作。如果沟通得好，人们就愿意给钱。企业家比校长更精明，如果大学不能为企业提供帮助、作出贡献，他是不会捐款给学校的。"

国外大学所以把筹款作为校长的重大职责，道理很简单：如果没有足够的资金，没有良好的教学科研条件，没有比较优厚的待遇，那就不可能请到"大师"，不可能产生高水平的成果，也不可能招收到一流的学生。

我国大学的财政困难，主要原因是投入不足，但大学自身管理不善、市场观念薄弱、经营能力不足也是不可忽视的因素。在大学中到处都能看到这种现象：一方面是资源短缺，另一方面却是资源闲置和浪费。许多社会和市场急需的资源如人才、科技、知识、信息等，被旧观念、旧体制束缚着，不能充分释放出来，以至于"抱着金饭碗讨饭吃"。因此，我们不但要善于建设大学，而且必须善于管理大学、经营大学，提高大学的综合效益。

我国大学的多元筹资活动最初是因困境所迫，被"逼上梁山"的，是在一片争论和指责声中起步的。长期的计划经济模式使大学养成了"等、靠、要"的依赖心理。"君子喻于义，小人喻于利"的儒家观念影响使许多教师认为，谈钱是不高尚的，赚钱是不光彩的，金钱、营利、市场、经营、创收这些观念应当拒绝在大学之外。其实，不谈钱不等于不需要钱。在现实的社会条件下，大多数教师可以"乐道"，但不可能"安贫"。"人往高处走，水往低处流"，优秀人才总会向着条件更好、待遇更高、更能实现个人价值的地方流动。作为大学领导，如果不千方百计去改善办学条件，提高教师待遇，那就不可能稳定队伍、吸引人才。在大学中，人人创收、系系创业、公司林立是绝不可取的。为了使多数教师安心从教，能够"上山"去攀登科学文化高峰，就需要分流一小部分人去"下海"，从事开发、经营、创收、筹款。为了让广大的知识分子能活得"体面"一些，"清高"一些，尽量减少"钱"的困扰，那么学校的领导就需要放弃一些"体面"和"尊严"，去四处找"钱"。这并非是"不务正业"，恰恰是为了"保住正业"。

大学多元筹资的现实途径有这样几条：一是多渠道争取政府投入，不论是中央政府还是地方政府，不论是教育主管部门还是其他政府部门，都有专项资金、机动经费或是具有含金量的政策措施，需要学校去努力争取；二是多方位争取科研经费，包括纵向的和横向的，政府项目或是社会民间项目；三是挖掘办学潜力，开展人才培训，合理收取学费，开拓办学收入；四是发展社会合作，加强社会服务，推动科技成果转化，兴办校办科技企业，盘活学校资源，努力把无形资产转化为有形资产；五是利用校友渠道，加强海内外沟通，积极争取企业、社团和个人的捐赠。

天无绝人之路，世上的路都是人走出来的。我国大学的多元筹资活动虽然起步晚，筹资能力和筹资规模同国外的大学还远不能相比，在筹资中也有不少弯路和教训值得反思，但重要的是这条路子已经蹚出来了。今天，人们对大学筹资的认识同十年前大不相同了，不只是少数大学在搞，而是几乎所有大学都在搞；不只是作为临时措施，而是成为长期行为。它不仅弥补了大学的经费不足，缓解了部分财政困难，而且有力地促进了大学与社会的密切联系，增强了大学的服务意识和服务能力。

产、学、研结合要不要实行

实行产、学、研相结合，或是官、产、学、研相结合，这是当今世界新型科技园地和工业园区取得成功的一条基本经验，是推动科技创新、促进科技成果产业化的重要体制保证，也是教育体制改革、科技体制改革和经济体制改革的一项重要内容。

我国在上世纪90年代初才开始使用"产、学、研结合"这一概念。然而对这一概念的内涵和产、学、研三方的功能定位，存在着不同的认识，更没有从国家创新体系的高度来认识它的重要价值。

产、学、研相结合，并不是就教育系统内部教学、科研和生产劳动的相互关系而言的，而是指在科技创新体系中企业、大学和科研机构的相互关系。是实行产、学、研相结合，还是学、研、产相结合，或是研、学、产相结合，这不是概念游戏，也不是简单的排序问题，而是关系到在科技创新体系中由谁来担当主体的问题。

企业、大学、科研机构，这是科技创新的三大支柱，过去由于种种原因，导致三者相互隔裂、定位不清、目标不一，造成了我国创新能力不足、创新效率低下。如何在政府的主导和推动下，促进三者的有机整合和良性互动，形成富有活力和效率的科技创新体系，这是教育体制改革、科技体制改革和企业体制改革中亟待解决的一个问题。

经过长时间的争论和酝酿，我国终于确立了科技体制改革的目标，理顺了产、学、研的关系。2006年1月《中共中央国务院关于实施科技规划纲要增强自主创新能力的决定》明确指出："增强自主创新能力，关键是强化企业在技术创新中的主体地位，建立以企业为主体、市场为导向、产学研相结合的技术创新体系。"实行这一体系，必须充分发挥政府的主导作用，充分发挥市场在科技资源配置中的基础性作用，充分发挥国家科研机构的骨干和引领作用，充分发挥大学的基础和生力军作用。

在我国，大学办工厂、办车间、办企业已有半个世纪的历程，经过了几起几落的曲折。1958年前后，在"教育与生产劳动相结合"的方针指导下，大学办了一批工厂、车间，主要是作为学生的实践教学场所和劳动锻炼基地。到60年代初，这些校办工厂和车间大多衰落了。在"文化大革命"中再次兴起了大学办工厂的热潮，这些校办工厂是在当时"校办工厂、厂带专业"的思想下兴办的，既是学生以干代学的场所，也是教师劳动改造的阵地。当时北大的电子厂、制药厂，清华的机械厂、电子厂，都形成了一定的规模和效益。在"文革"结束后，随着教师回归教学科研岗位，这些曾红火一时的校办工厂大部分瓦解了。

1985年以后，在改革、开放、搞活的社会背景下，在北京的中关村地区，大学和科研机构的一部分专家教授开始"下海"，领头创办科技企业。当时，这些企业受到计划经济和社会舆论的双重夹击，在夹缝中求生存，处境十分艰难。然而，由于这些企业具有自主研发的科技成果，采取公有民营的机制，按照市场体制运行，较之国有企业有较大的灵活性和自主权。它们在市场竞争中经受着严峻的考验，起起落落，不断更新，大浪淘沙，九死一生，终于成长起了若干个知名的高科技企业，如联想、方正、紫光等，锻炼出了一批优秀的科技企业家。在全国各地都有一批由大学和科研机构创办的科技企业相继问世。这些大学创办的科技企业，不仅促进了科技成果向生产力的转化，在不同程度上支持了办学，扩大了大学对社会的贡献和影响，而且推动了教育体制、科技体制和经济体制的改革，逐步探索出了一条以市场为导向的产、学、研相结合的道路，功不可没。尽管它们在探索中有许多缺点和失误，但都不能抹煞它们的体制创新价值和对现代化建设的积极贡献。

过去，我国的科技研发力量和科技成果主要集中在大学和科研机构中。绝大多数国有企业无研发力量，无研发活动，也无研发经费，创新能力严重不足。它们即使承接了一些科技成果，但由于自身缺乏消化吸收能力，不能面对市场变化从事后续的研发，要么这些成果不能成活下来，要么在市场竞争中很快落伍。因此，由大学和科研机构直接创办科技企业，这是中国的国情所决定的，有着不可替代的作用。那种以"外国大学并未创办科技企业"为由来否定中国大学创办科技企业是不能成立的，外国大学不办的事难道中国大学就不能办吗？

大学科技企业成活的关键，在于实行两种人才的密切结合，即有市场眼光的科学家与有科学眼光的企业家的密切结合。如同在产、学、研体系中谁应当成为主体一样，在大学科技企业中，科学家和企业家究竟以谁为核心呢？

不少大学和科研机构的科技企业常常因为科学家与企业家吵架而招致失败，他们从最初的同心同德演变为同床异梦，进而同室操戈，最终导致企业败落，同归于尽。其中的一个重要原因就是因为职责不清、角色错位。

　　先进的科技成果是科技企业安身立命之本，科技创新能力是企业保持活力的源泉，因此科技企业没有科学家的支撑是不行的。然而，企业是市场竞争的主体，企业家作为面对市场的一线指挥官，在企业中起着核心作用。以企业家为核心就是以市场为导向的同义语。只有企业家才能把各种生产要素有效整合起来，形成现实的生产力。如果说科学家的责任是实现科技成果向产品的第一次跳越，那么企业家的责任则是实现从商品到货币的第二次跳越，这一跳越是更加惊险的跳越。如果这一跳越不成功，企业的循环就中断了，那么摔坏的就不是商品，而是商品的所有者包括研发者。在大学中，教授科学家具有至尊的地位，而对企业来说，市场是第一位的，用户才是上帝。科学家追求水平，企业家讲求效益。科学家和企业家的价值目标和行为方式常常是不一样的，因此需要相互理解和尊重。企业就像大海中的一条船，在这条船上，只能有一个船长，那就是企业家。如果船上有两个船长，一个科学家，一个企业家，都想拥有指挥权，那就势必迷失方向，甚至翻船。

　　随着校办科技企业逐步发展壮大，必须及时进行现代企业制度的改造，建立健全的企业法人治理结构，形成对企业经营者的激励和约束机制，把独资经营的校办企业改制为股权多元化的股份有限公司或有限责任公司。否则，校方就会失去控制，校办企业也会失去活力。

※ 十年的记忆

　　人们常说："不想当将军的士兵不是好士兵。"这句话只能说说而已，不能当真。一个人做学问可以有明确的奋斗目标，比如奋斗个博士、当个教授等等。而一个人当干部是不能有个人奋斗目标的，因为当干部不是你想在哪里干就能在哪里干，想当多大官就能当多大官的，这只能是由组织决定，由人民选择。

　　人生的重大转折常常来自偶然。在我的工作经历中，几次重大的岗位变动都是突然降临，自己始料不及的。过去我从来没有想到过会去北大工作，更不曾想过做北大的党委书记。

　　我四十五岁进入北大，五十五岁离开北大。这十年来是我一生中自感责任最重、压力最大的时期，时刻有一种"如履薄冰，如临深渊"的危机感，但也是我精力旺盛、充满着创业激情的时期，能把这一段宝贵的年华贡献给北大是我莫大的缘分。这近十年的经历给了我许多美好的感受，留下了许多难忘的记忆。

沉重的使命

　　在1989年政治风波之后，中央对北大的领导班子做过两次重大调整。先是在1989年秋，委派吴树青、林炎志二同志分别担任北大的校长和党委副书记。一年之后，1990年11月，又决定委派汪家镠同志和我分别担任北大党委书记和副书记。

　　北大是一所极具精神魅力的著名高等学府，以引领思想潮流、勇开风气之先而享誉社会，是众多学者和学生向往的学术殿堂。然而对北大的领导者亲说，北大犹如风浪中行驶的一条船，很难驾驭，弄不好随时可能翻船。回想过去在北大任职的领导人，"凶多吉少"，进北大的门容易出北大的门难，最终能够体面地走出北大的人不多。在政治运动频繁、多灾多难的时期，北大的领导者留有许多"外伤"和"内伤"，有不少难言的苦衷。

对于去北大工作，我疑虑重重，信心不足，确有"诚惶诚恐"之感。

北大是一所很开放、很包容的学校，不欺生，不排外。随着对北大了解的增加，我愈加感到北大的可敬可爱之处，逐渐融入北大，全身心地投入到北大的事业中。

1993年秋，汪家镠同志调任中共中央党校常务副校长。在1994年7月举行的中共北京大学第六次党代会上，我被选举为北京大学党委书记，成为北大的主要领导人。

坦率地讲，在北大历届主要领导之中，我是资历最浅、最不成熟的。过去北大主要的党政领导人，远的不讲，就拿新中国成立后来说，要么是著名学者、社会贤达，像马寅初、周培源、丁石孙等，要么是资深的政治家，在教育界享有很高声望的人，或是在北大摸爬滚打、有着深厚群众基础的人，如锆平、周林、韩天石、王学珍等。汪家镠同志虽然是从外面派进的，但她是北大校友，解放前是北大地下党的骨干，二十岁就做了北大共青团的书记，后来长期在北京主管青年工作和教育工作，不仅经验丰富，而且以处事稳健、待人谦和、大度宽容为人称道。而我本人既非学者名流，也无政治资历，又是在特殊背景下从外边派进的，出任北大党委书记真是"阴差阳错"的结果。我想，北大的党员所以推选我做党委书记，或许正是因为我没资本也就没有包袱，可能更加敢想敢干，没有老本可吃只能奋力向前，说不定能冲出一个新局面来。在上任之初我接受记者采访时说过，我只是北大的一个"过渡性人物"，这句话虽然受到上级批评，但确实是我当时内心的真实想法。

我国大学实行的领导体制是党委领导下的校长负责制，党委是领导核心，党委书记是第一政治责任人，是主要决策者。清华大学的老校长刘达同志曾说过，清华、北大的领导人必须能"通天"，国家领导人的门能踢门就进，有话直说。北大的一位老领导也说过，做北大的党委书记，应当有省委书记的水平，有支部书记的作风。我"自惭形秽"，自己哪有这样的资格和水平！有些朋友劝告我，北大是个是非之地，在北大当头，不求有功，但求无过，最好的自我保护办法就是"优柔寡断"。优柔就是做事不能急，多一点柔性，多一些民主；寡断就是少断，这样犯错误的机会才少。而我的做事风格既不会优柔，也不想寡断。在北大的干部会上，我不止一次地引用毛泽东的两段话，一段是："多少事，从来急，天地转，光阴迫，一万年太久，只争朝夕。"另一段话是："什么是工作，工作就是斗争。那些地方有困难、有问题，需要我们去解决。我们是为着解决困难去工作、去斗争的。越是困难的地方越是要去，这才是好同志。"③这两段话正是我接任北大党委书记时的心态写照。我觉得，个人安危事小，北大兴衰事大。如果以不出事为原则，那就什么事也别干，这样的领导有什么价值呢？岂不辜负了上级的信任和北大师生的期望！

调整角色，转变形象

对于如何办好北大，我当时并没有系统的思路，只能"摸着石头过河"，但是有几点想法我是非常明确、非常坚定的。

其一，北大必须停止搞运动，制止闹学潮。

过去北大的政治运动太多了，而且一搞起来就很凶，来回翻烧饼，伤害的人太多了。在20世纪80年代中后期，北大几乎年年闹学潮。当时社会上流行着一种说法，"全国稳定看北京，北京稳定看北大"，闹学潮成了北大的一大景观，有些学生也把闹事看作北大革命精神的体现。频发的学潮不仅影响了大局稳定，而且使北大付出了重大代价，严重损害了北大的社会形象，

③《毛泽东文集》（一卷本），第1059页，人民出版社，1969年。

以致有些用人单位把北大学生与喜欢闹事划等号，毕业生的就业、晋升也受到了影响。如果说"五四"时期北大以发动学潮、引领反帝爱国运动而名声大振，那么在今天我国已转入以经济建设为中心的环境下，再去挑头闹学潮就是不识时务、不顾大局了。大学应当是社会的教育中心和科学研究中心，而不能去充当社会的政治中心。北大必须下决心不再搞运动，不再闹学潮，不再搞大批判。邓小平说"稳定压倒一切"，这对北大来说具有极大的现实意义。在新时期，北大必须重塑自己的社会形象，不能靠搞运动而出名，而应当靠搞建设而出名，安下心来，聚精会神、扭住不放地搞建设。实践证明，只用政治的思想的手段是解决不了稳定问题的，必须综合治理。对执政者来说，建设才是最大的政治，只有高举起建设的大旗，才能赢得政治上的主动，才能争取人心，团结最大多数人。

其二，北大必须调整自己的社会定位，转变自己的社会角色。

过去的北大总嫌过于自大、过于清高、过于图慕虚名了一些，在世人面前常常摆出一副与众不同的姿态、咄咄逼人的气势，为此吃了不少亏。今后的北大，必须摆正与社会的关系，不能总是以社会的指导者、旁观者、评论者的面目出现，站在社会之上去指点江山，激扬文字，以"北大之是非来论天下之是非"了，而应当努力消除北大与社会的鸿沟，贴近社会，贴近生活，更加平实，更加合群，在与群众结合、为社会服务的过程中去展现自己的优势，在科教兴国中去实现自身的价值。

其三，北大必须走改革之路，以改革求生存、促发展。

北大的优势和劣势往往都在一个"老"字上。"老"是财富，也是包袱。蔡元培先生作为现代北大的奠基者，为北大留下了许多永恒的精神，应当发扬光大，丢掉的应当拣回来。但新世纪的北大不能完全回到蔡元培，必须敢于发展和超越。北大面临的矛盾千头万绪，但基本矛盾是"不适应"，即现有的办学理念、系科布局、体制机制、政策措施，在许多方面不适应改革开放的形势，不适应世界教育改革的潮流。解决"不适应"问题，根本出路在于改革。对待社会问题，北大常常扮演一个"革新者"的角色，而对自身的积弊又往往囿于传统,不敢触动不合时宜的老观念、老机制、老办法。北大如果不下决心革新自我,必然失去活力,在安逸中走向衰落。人们不怕眼前的困苦,就怕苦尽而不能甘来。

其四,北大必须改善办学条件,让师生得到实际的利益。

北大的建设欠账太多,教师的待遇实在太低,学生的学习、生活条件更是说不过去,同一流大学的地位很不相称。外边的人到北大来,只要在未名湖周围转转,看到几乎所有的楼房都破旧不堪。有的学生曾上书学校领导,说在北大生活,吃一次饭、洗一次澡、占一个教室和图书馆的座位,都像是一场战斗。这些师生员工的切身利益问题是造成他们经常不满、引发学潮的一个重要因素。显而易见,北大面临的主要矛盾是"不满足"。办学投入不能满足学校生存发展的基本需要,办学条件不能满足师生员工日益增长的物质文化需求。解决"不满足"问题,当务之急是筹措资金,增加投入。不然,所谓吸引人才、发展学科都是空话。北大领导必须千方百计筹措经费,改善办学条件,除了积极争取政府的投入外,还要千方百计地开拓多元筹资渠道,盘活北大资产,把无形资产转化为有形资产,不能"抱着金饭碗讨饭吃"。君子生财有道,取之有方。

这些想法,简而言之,就是四句话:一要确保稳定,二要调整角色,三要大胆改革,四要筹措资金、多办实事。这四条不是空洞的宣言,而要实实在在地去做,一件一件地落实,力求做出实效来。

稳定才能搞建设,稳定才能想长远,稳定才能办大事。在上世纪90年代日趋稳定的环境中,在党和政府的支持下,经过广大干部和师生员工的共同努力,北大办成了几件具有长远意义的事情:

停止了对北大新生为期一年的军训,恢复了正常的教学秩序。

启动了"跨世纪人才工程",从校内外、海内外选聘了800多名博士补充教师队伍,扭转了师资队伍年龄老化、青黄不接、近亲繁殖的状况。

大规模开展学校基本建设,扩充校园,兴建校舍,使北大的教学科研用房和教工住宅在几年内增加了一倍。并通过人事分配制度的改革,初步改变了教师收入长期偏低的状况。

最值得一提的是成功地举办了庆祝建校一百周年的系列活动，为北大过去的一个世纪画下了圆满的句号，为新世纪的北大勾画了一幅美好的蓝图。从此，北大进入了一个大发展、大改革、大跨越的新世纪。

重要的里程碑

1998年北大的百年校庆，是北大发展史上一个重要的里程碑。

北京大学在戊戌变法中诞生，是中国第一所国立综合性大学。一百年来，尽管世事变迁，历尽沧桑，起落沉浮，但北大始终保持着在中国大学中的领军地位。相比其他世界著名大学，北大虽然在学术成就上并没有什么太值得炫耀的东西，但她作为中国新文化运动的发祥地和"五四"运动的策源地，作为中国最早传播社会主义思潮的基地和中国共产党最初活动的基地，对推动中国革命和社会的现代文明进步产生了巨大的作用和影响，这一点是其他大学难以企及的。有人说：如果没有北大，中国的现代史可能要重新改写。这句话不无道理。因此，北大的百周年纪念日，不仅是北大自己的盛大节日，也是中国高等教育的重大节日。北大的百年校庆，不仅是北大自己的行为，也应当是社会行为。

在如何举办百年校庆上，充分显示了北大人丰富的想象力和创造力，人努力，天帮忙，使很多美好的事情梦想成真。

近五万名北大校友从国内外返回母校，同在校的两万多名师生员工欢聚一堂。这种七八万人大聚会、大团圆的盛况是前所未有的。这不仅是北大巨大向心力的体现，也是国逢盛世、社会祥和的象征。

在人民大会堂举行一所大学的万人庆典，这是第一次。当时，200辆满载北大师生和校友的大客车一字排开，绵延数公里，一路绿灯，浩浩荡荡驶入天安门广场时，许多校友激动得热泪盈眶。众多国家政要、各界精英、中外著名大学校长参加了这一庆典。党和国家领导人江泽民、李鹏、朱镕基、李瑞环等全部出席。国家主席江泽民在庆典上发表精彩的演讲,他高度赞扬了北大百年来的巨大贡献,指出了面向21世纪高等教育改革发展的大趋势,第一次提出了中国将创建若干所具有世界先进水平的一流大学的宏伟构想。江泽民指出:必须坚持不懈地实施科教兴国战略,使科教兴国真正成为全民族的广泛共识和实际行动。我们的大学应该成为科教兴国的强大生力军。教育应与经济社会发展紧密结合,为现代化建设提供各类人才支持和知识贡献。这是面向21世纪教育改革和发展的方向。

江泽民满腔热忱地寄语当代青年:希望你们坚持学习科技文化与加强思想修养的统一,希望你们坚持学习书本知识与投身社会实践的统一,希望你们坚持实现自身价值和服务祖国人民的统一,希望你们坚持树立远大理想与进行艰苦奋斗的统一。

第一次举办了世界著名大学校长论坛。论坛的名称叫"21世纪的大学"。参加论坛的有国内外大学校长及其代表191人,特邀代表174人,共计365人。论坛围绕"21世纪大学的使命与作用"、"21世纪的教与学"、"21世纪大学与社会的关系"、"21世纪大学的管理与财政"这四大主题,展开了交流和研讨。美国的哈佛大学、伯克利加州大学、斯坦福大学,英国的牛津大学,德国的慕尼黑大学,日本的东京大学、京都大学,俄罗斯的莫斯科大学、圣彼得堡大学,以及中国的北京大学、清华大学、香港中文大学、台湾大学等40多位中外著名大学校长做了专题发言。李岚清副总理代表中国政府在论坛上致辞,他指出:高等教育发展的核心是学术和人才。大学在整合传统与现实、历史与未来、科学与人文、理论与经验、个人与社会的关系中,将起着十分重要的作用。知识包括科学和技术,在新世纪里将比以往任何时期发挥更大的作用。他强调,中国政府将实行"科教兴国"战略,力争在下一个世纪有一批大学跻身世界一流大学行列。

校庆前夕,国家主席江泽民还亲临北京大学视察。他讲:大寿之前先暖寿,我是专门为北大百年大庆来暖寿的。在北大百年历史上,这是中国的国家元首第一次正式访问北京大学。

这次百年校庆搭建了一个科教兴国的大舞台，向世人展示了中国领导人尊师重教的开明形象和实施科教兴国战略的决心。

这次校庆使北大恢复了应有的光荣和尊严，外树形象，内聚士气。百年校庆的最大收获，就是使"创建世界一流大学"这个北大几代人的梦想变成了现实，从一个口号变成了国家战略，促成了"985计划"的出台。"985计划"就是国家创建世界高水平大学计划，它是为纪念江泽民主席1998年5月4日在北大百年庆典上的重要演讲而命名的。随着"211工程"（即教育部"面向21世纪教育振兴行动计划"）、"985计划"等国家项目的相继实施，北大迎来了一个前所未有的发展高峰期，学校的面貌发生了历史性的变化。

向世界一流大学进军

创建世界一流大学，不只是循序渐进的积累，而且必须有大的跨越；不只是自然而然的生长，而且必须经历一番自我扬弃、自我改造的艰难过程。老子讲："孰能浊以静之徐清，孰能安以动之徐生。"原来面对混乱浑浊的状况，应当沉静下来，慢慢地澄清；而当安定之后，不应当懈怠、安逸，而应当除旧布新，再掀起新的生命的波澜。

"211工程"和"985计划"不仅是一项巨大的发展工程，而且是一项艰难的改革工程。实施这两大项目使北大在几年内新增了20多亿元的国家投资，这种投入力度是前所未有的。如果把这些资金注入到旧体制和旧结构中，不但达不到预期目的，而且会给今后的改革调整增加更大的难度。

随着"985计划"的实施，北大开始全面调整学科布局，重新配置资源，推进人事制度和分配制度的改革。从此，北大进入了一个风险水域，各种矛盾凸现出来。如同一切有着光荣历史的单位一样，北大这所百年老校也有着巨大的惰性，怀旧的情感渗透到学校的肌体之中，对昔日辉煌的留恋，对自身传统的陶醉，容易使人陷入一种"向后看"的思维状态。尽管现状有种种不尽如人意之处，人们也在经常批评它，但毕竟大家习惯了、适应了，要打破现状势必使所有的人一下子失去了安全感，不得不作出新的选择。就人们的心态讲，总是希望既保住旧体制下的利益，又能得到新体制下的好处。每个教师都熟悉和热爱自己的学科，要想从现有的学科中择优扶重，进行重新排序，那是何等艰难！特别是当实行竞聘上岗，把沿袭多年的以资历和身份为主的分配制度改为以岗位和效绩为主时，学校一下子失去了往日的平静。当时，首先实行人员分流，在职的6000多名教职工，一半人纳入人才激励范围，另一半人不能纳入，离退休的3000多人一律不享受岗位津贴。同时把现有岗位区分为三个级别、九个等次，最高的每月5000元津贴，最低的只有300元。然后实行公开的竞争上岗，高职可能低聘，低职也可能高聘。

"男儿有泪不轻弹，只因未到伤心处。"在利益和面子的重大得失面前，一些文化人也失去了往日的清高和斯文。有人拥护，有人反对；有人高兴，有人失望。写信的、上访的、告状的、网上发帖子的，陡然增多。事情就是这样，当人们看不到机会和希望时，心态是平静的；但当人们看到了机会和希望，而自己未必能得到时，情绪是最激动的。当时一些人对校方的指责并非出于个人恩怨，而是因为改革举措实施后人们受益不同，有人多得，有人少得，有人不得，有人先得，有人后得。但是，这种改革势在必行，一旦改革启动了，就必须迎难而进，硬着头皮挺住，一旦犹豫动摇，就会不可收拾。

这种改革并没有触动人们的既得利益，只是在增量中拉开了差距，它毕竟给多数人带来了好处，尤其给一些风华正茂、勇挑重担的中青年人才提供了脱颖而出的机会，使他们得到了更多的实惠。那些老教授、老学者是很不幸的，当他们处于创造力高峰时，吃的是平均主义大锅饭，干多干少一个样。而当今天实行岗位效绩工资时，他们又失去了竞争的优势，他们的失落不满是情理之中的。这并不是哪个人存心和他们过不去，而是旧体制造成的后果，这种历史的欠账是难以弥补的。

当时处于改革第一线、必须"蹚地雷"的是一些充满理想、锐气十足的中青年干部，他们厉行改革，奋不顾身。当改革就绪时，他们中一些人可能已经"遍体鳞伤"了。在历史上，凡是改革者大抵都没有好下场，但愿我们这个时代能把这个历史逻辑颠倒过来。

在北大百年校庆之后，我感到自己作为北大"过渡性人物"的使命应当结束了，如何领导北大向世界一流大学进军，是自己力所不能及的。一些朋友这时提醒我见好就收，急流勇退，适时离开北大。我向国家教育部和北京市委的领导同志汇报了自己请辞的想法，他们诚恳的挽留和充满厚望的鼓励使我不好意思再坚持己见。"恭敬不如从命"，我只好在北大继续干下去。

经过长时间的酝酿，北京大学和北京医科大学的合并已经水到渠成。北大和北医大同宗同根，有着亲密的血缘关系。世界上的著名综合性大学，都有一所好的医学院，而世界上好的医学院，也都依托一所好的综合性大学。北大和北医大一旦合并，学科更加优化，综合实力更强，北京大学将成为一所完整意义上的综合大学。两校合并，两套领导班子合二为一，原来的领导干部势必有进有出，有留有转。

2000年3月，中央组织部发文，调我去江苏省委工作，免去北京大学党委书记职务。

在匆忙离开北大、回首十年时，我悟出了几点道理：

北大是永远的，而北大的领导干部是暂时的。北大的事业是国家和人民的事业，而没有个人的股份，对个人的进退留转应当看得淡一些。北大的舞台应当永远由最精彩的演员来演。

一个人在一个地方待久了并不好，往往待疲了，看不到积存的问题，失去了创造的冲动。要知道，你在解决问题的同时一定也在产生问题，你在积德的同时一定也在积怨。

本想在北大"短期服役"，不料一晃干了十来年。这期间，有些事情想对了、干成了，有些事情想干没干成，有些事情没有想对或没有干好。如果让我重干一遍，可能会干得更稳妥、更细致一些，缺憾会少一些，但也许找不到当初那种胆量和勇气了，其中的是非、功过、成败留给后人去评说吧！

"一切成绩归功于党，归功于群众，一切错误应当由个人负责。"这句老话像是套话，其实是真正的大实话。如果没有中央、国务院以及教育部、北京市各级领导机关的信任、支持，没有北大干部和师生员工的努力奋斗，个人将一事无成。我先后同吴树青、陈佳洱、许智宏三位校长合作共事，非常感谢他们对我的支持和大度宽容。在这期间我也有许多大大小小的失误、失策、偏颇和不周。

在一个干部刚刚离职时，很难说他有多少成绩或犯了多少错误，只有过一段时间才能看清楚。在干部任职期间能把事业推进到何种程度，既有赖于自身的努力，也取决于以往的基础和现实的环境。在干部的任期内，最重要的是消化解决历史遗留的问题，使前任的正确决策开花结果，在自己任内能够开拓新天地、实现新目标，同时为后任打下良好的基础，播下收获的种子。

使我感到欣慰的是，在20世纪90年代中，北大没有再乱下去，也没有衰落下去，而是由动荡走向了稳定，从争论趋向了共识，重建了秩序，恢复了生机。在这十年中，北大没有搞运动，没有发生大的学潮，没有发动大批判，没有乱整人。

2000年4月，北大和北医大举行合校大会，我有幸被邀请参加。当会议主持人介绍我到会时，会场上响起了长时间的掌声，我三次站起来鞠躬致谢。这掌声，不是简单的礼貌，而是北大干部师生的一片深情厚谊，我非常感慨，深为感动。

在北大经受的锻炼、积累的经验是我终生的财富，在北大结识的一批知识精英使我受益无穷，在北大结交的一批朋友也成为我一生中可信可靠的至交亲朋。北大给予我的东西远比我给予北大的东西要多得多，北大成了我的第二母校。从此，我同北京大学永远联系在了一起，我为同时拥有清华、北大这两所母校而感到自豪，我将永远沐浴在清华、北大的阳光中。

后知后觉

书中讲述的主要是自己在江苏工作十年的体会以及对社会和人生的感悟，是作为一名领导者退岗后的"后知后觉"。

自序

三年前，我写了一本小书——《从清华园到未名湖》，不意引起不小的反响，居然成了一本畅销书，一连印了十多次。书中阐述的一些观点，如领导者应当"有声有色地工作，有滋有味地生活，有情有义地交往"，"培养人才，应当扬长补短；使用人才，应当扬长避短；保护人才，应当扬长容短，必要时敢于护短"以及"领导是最重要的成长环境"、"团结是最重要的成功之道"、"善于欣赏是最高明的领导艺术"等等，得到了众多读者朋友的共鸣。不少读者朋友给我写信、打电话、发书评，希望我继续写第二本书。正是在读者朋友和出版社的鼓励下，我才下决心写这本书。书中讲述的主要是自己在江苏工作十年的体会以及对社会和人生的感悟，是作为一名领导者退岗后的"后知后觉"。

我不是一个先知先觉有先见之明的人。许多事，当时干时不明白，事后明白了；身在其中不明白，超脱出来明白了。有些话，自己在位时不便说，现在说方便了，或是目前在职的同志不好说，自己不妨说出来。有些道理，对一个饱经沧桑的人或初出茅庐的人来说，其含义是大不相同的。

人的正确认识不是一次完成的，只有长期实践反复思考才能得出更加合乎实际、更加接近本质的认识。只有超脱自我淡泊名利之后，才能更加清醒，走向新的境界。总之，这本书是作为一个过来人，对过去40年职场生涯中所力所为、所见所闻、所思所想、所愿所求的一种总结反省和重新审视，希望和目前在职的同志进行一次真诚的对话和交流。写作的原则仍然遵循老学长刘吉同志嘱咐我的：要有痛有痒地写作，不要作官样文章，要力求把真实的想法和鲜活的经验教训写出来。

人生如同一台戏。当你处在精力和创造力的高峰时，应当唱主角，挑重担，把最好的年华奉献给社会；当你走出精力和创造力的高峰时，应当主动让贤，甘当配角，让更加年富力强的同志去唱主角，挑大梁；当你年高体衰、精力不济时，应当及时谢幕，走下舞台，去当一个文明观众，心平气和地回归群众，回归自然，享受一段属于自己的生活。"功成，名遂，身退，天之道也。""你方唱罢我登场"，这就是人生，再好的演员也不可能一直在台上演下去。社会大舞台应当永远由最有活力的演员去唱主角，这样才能好戏连台，精彩纷呈。如果明明精力不济了，还硬撑着唱大戏，那很可能赢得的不是掌声，而是倒彩。如果想把手中的拐杖当成指挥棒，那可能不是帮忙，而是添乱。

我到江苏工作整整十年了。江苏是不可多得的一块风水宝地，能到江苏工作是一种幸运。到江苏工作，首先要了解江苏的历史现状、风土人情和国民性格。我对江苏还知之甚浅，如果让我用一句话来概括江苏，那就是"水做的故乡水做的人"。抓住了水的特点，就找到了一条认识江苏的指导线索。

江苏是著名的水乡，全国拥有大江大河大湖大海的省区只有江苏。江苏因水而得名，因水而得势，因水而得益。水是江苏最大的特点、最大的优势、最大的发展潜力，也是最大的发展隐患。一方水土养一方人。如果说江苏是水做的故乡，那么江苏人就是水做的人，水的特点、水的性格决定了江苏人的文化品格和国民精神，江苏人聪慧、灵气、精细、柔韧、温顺、平和、适应性、可塑性、善变性、重实惠、讲实际、稳扎稳打、低调行事、不事张扬等性格，都源于水的特性。江苏人稠地窄，自然资源相对贫乏，它最大的比较优势，一是水，二是人。江苏的发展经验有千条万条，最根本的有两条：一是必须以水为宝，务必把江苏的水资源利用好，开发好，保护好；二是必须以人为本，务必把江苏的人力人才资源利用好，开发好，保护好。

在省委工作期间，自己分管过宣传文教、组织干部、统一战线等工作，这么多领域，自己哪能都懂呢？不过，领导并不是靠自己干事，而是带领推动大家干事，团结依靠大家干事，是把上级意图和个人想法通过大家来实现的人。作为领导者，重要的是保持一种学习进取之心，对所有的工作都要有一种兴趣。你不可能做到门门内行，但力求能迅速进入到"一知半解"的状态中，对各项工作"略知一二"。所谓"略知一二"，就是力求弄清本质，掌握政策，抓住大事。至于做好具体工作，要靠内行，靠群众，放手让那些比自己更懂行、更熟悉的人去干事。领导就是环境，要设法给别人创造一种想干事、能干成事的环境。

我的主要经历是从事文化教育工作，同各类人才打交道，这也是一种幸运。

自己最大的收获就是结识了一大批知识精英，从他们那里获取了许多知识和智慧，受益无穷。与智者为伍，自己也会变得聪明一些。

自己最大的成就感就是发现和起用了一批优秀人才，特别是大胆起用了一些暂未成名、前途无量的青年才俊。今天，看到这些人在各行各业成名成家，建功立业，比自己成功还感到高兴。

自己最大的安慰是保护了一批当时存有争议的开拓创新型人才，抵挡了世俗偏见和僵化保守势力对他们的歧视和挤压，避免了重犯过去压制学术自由、摧残人才的做法。曾几何时，一些当初受到非议的人才崭露头角，如今成为闪亮的明星。

识别人才不易，起用人才很难，而保护人才更具风险。识才需要智慧，用人需要谋略，而护才则需要勇气，有时需要付出代价。

干部人事制度千头万绪，归根到底就是四个字："知人善任"。衡量干部制度好不好，关键是看能不能源源不断出人才，不但要出合格人才，尤其要出杰出人才。干部制度改革的根本方向是民主、公开、竞争、择优，大力提高干部选任的科学化、民主化、制度化水平，其中第一要义是民主。干部制度改革的重点，是解决好邓小平同志提出的权力过分集中、兼职副职过多、党政不分、以党代政以及交接班等重大问题。如果不触动权力过分集中，"万品千群，俄折乎一面；庶僚百位，专断于一司"这一根本弊端，任何其他改革都难以到位。要全面地辩证地贯彻干部"四化"方针和"德才兼备，以德为首，注重实绩，群众公认"的原则，在注重人品的基础上讲政治，在注重实绩的基础上讲公论，在注重领导能力的基础上讲学位。选拔干部，关键是把好"两头"，一头是把好上线，择优录用，一头是守住底线，挡住小人。不能让说实话办实事的老实人吃亏，不能让改革创新者受过，不能让投机钻营、跑官要官者得逞。我国社会各行各业的优秀人才有的是，只要制度先进，思路对头，章法合理，就一定能形成一种群贤毕至、人才涌流的生动局面。

在江苏十年中，我结识了全省上上下下、方方面面的许多优秀领导人才。他们有理想，有思路，有干劲，想干事，会干事，能干成事，也比较懂事，充满着旺盛的创业创新、争优创先精神。有些地方，像江阴、昆山、张家港、常熟等，一直走在改革开放的前列，始终活力不减，常兴不衰，成为引领时代脚步的先锋。有些地方，像苏中、苏北一些县市，原来基础薄弱，由于有了一个好班子，好带头人，好思路，一年一个样，几年大变样，发展变化之大、之快令人惊叹。有些过去名不见经传的小人物，成为市场经济的弄潮儿，他们创办的企业从小到大，从弱到强，在短短一二十年里，创造出知名企业、知名品牌，连续跃上几亿、几十亿、几百亿甚至上千亿的台阶。这些人，是改革开放的开拓者，是富民强省的带头人，也是当今时代的志士仁人。

在工作中，我也深深地感受到了现行领导体制中的种种弊端，官场上的种种不良风气，看到了干部队伍中的某些平庸无能者、僵化保守者、官僚主义者、腐化堕落者。制度比人强，特别是领导制度、组织制度是带有根本性、全局性、稳定性和长期性的问题，正如邓小平同志所说："如果不坚决改革现行制度中的弊端，过去出现过的一些严重问题今后就有可能重新出现。只有对这些弊端进行有计划、有步骤而又坚决彻底的改革，人民才会信任我们的领导，才会信任党和社会主义，我们的事业才有无限的希望"（《邓小平文选》第二卷，第333页）。

当前，对领导干部来说，经常面临着一些基本的重大的抉择，比如做人与做官，说真话与说假话，当官与发财，现任与前任，对上与对下，照抄照搬与开拓创新，报喜与报忧，讲套话与讲新话，等等。在这些问题上如何选择，不仅是对领导水平、领导作风的重大考验，而且是对政治信念、官品人品的重大考验。

领导干部为政一方，其水平高低、工作优劣同当地的社会治安、事业兴衰、百姓福祉息息相关。一个领导者如果能把自己的权力地位与自己的崇高理想、聪明才智结合起来，可以干成一般人干不了的大事情，在振兴事业、促进发展、创新体制、革除积弊、起用人才、造福百姓方面创造出辉煌的业绩。相反，如果只想做官，不想做事，因循守旧，不思进取，虽然他没犯什么错误，但损害的是整个事业，殃及的是所有百姓，他所造成的耽误、带来的损失是无法估量、难以弥补的。对领导干部来说，无功就是过，占着位子不干事是最大的错误。

古代官员讲修身，今天干部讲修养，其中"修"的本义就是自我学习、自我反省、自我修正、自我改造、自我完善。领导干部应当把"活到老、学到老、改造到老"作为座右铭，始终保持一种学习进取之心，向书本学习，向实践学习，向他人学习。始终保持一种敬畏之心，敬畏天地，敬畏前贤，敬畏领导，敬畏群众。始终保持一种自省自律之心，战胜自己的弱点，战胜自己不良的天性，战胜自己的种种奢望和贪欲，不断去追求一种更真更善更美的领导境界。一个高水平、高智慧、高境界的领导者，应当具有远见卓识和战略头脑；应当善于审时度势，当机立断；应当助人为乐，宽厚包容；应当大智若愚，留有余地；应当以水为师，上善若水。学海无涯，学无止境。同样，仕海无涯，学无止境。一个人一旦走上领导岗位，就应当把自己的命运同整个事业联系在一起，把生命的激情融入到追求的事业中，用事业的辉煌来回报人民的重托，铸就人生的价值。

作为办教育出身的人，我对过去教育多灾多难、步履维艰的状况深有感受，对今天中国教育事业的大发展大跨越倍感欣慰。在科教兴国的战略下，经过30年的努力，九年义务教育已全面普及，高等教育跨入大众化阶段，各类职业教育、成人教育、特殊教育蓬勃发展。目前各类在学大学生达到2900多万人，全国拥有大学学历的人口达到近一亿人。尽管目前教育事业中还有种种不如人意的问题，但改革开放以来我国教育所取得的成就无疑是巨大的里程碑式的成就。

近年来，围绕大学精神的讨论非常活跃，这是大好事。中国高等教育发展的现状需要大学精神予以引导和规范，大学改革发展中发生的种种争论和偏颇，也需要对大学精神予以正本清源的梳理。

大学精神是大学的航标和灵魂，是大学生存发展的精神动力和思想保证，是奠定优良校风学风的基础。尽管不同时期、不同国家、不同大学对大学精神有不同的解读，但在大学近千年的发展历史中逐渐确立了一些举世公认或大同小异的精神理念，这就是求知、求实、求真、求新的精神，以人为本、以学生为本、以人才为本的精神，学术自由、兼容并包、多元共生的精神，服务社会、超越现实、面向未来的精神。这些精神不只是大学特有的一种思想财富，而且是社会共有的一种精神文明。如果大学不发扬和维护大学精神，就不可能健康发展，更不可能成为著名大学。如果政府和社会不承认、不尊重大学精神，那大学的生存发展就会困难重重，大学与社会就会处于不可解脱的冲突中。

文化是衡量社会进步的标尺。文化尊严和文化价值的实现程度，是同社会的文明进步水平成正比的。在经济贫困的社会里，人们很难领略文化的价值。在封闭专制的体制下，文化的价值必然受到扭曲。在急功近利的环境中，文化的生存空间必然受到挤压。只有在经济繁荣、政治开明、社会和谐、个性自由的条件下，才能绽放出灿烂的文明之花。

文化的本质是文明教化，以文化人，以文化物。文化建设的核心是人的建设、国民素质的建设。它不像物质建设那么硬，那么容易见效，那么容易衡量，因此不能指望所有的人都能充分认识文化的价值。但是，作为党和政府，作为管文化、办文化的人，应当对文化的价值有高度的自觉和自信。

对一个民族而言，文化是民族延续的血脉，是民族凝聚、民族认同的灵魂，是一个民族自立于世界民族之林的身份证。

对一个国家而言，文化是国家的软实力，是综合国力的重要组成部分。

没有硬实力，会被别人欺侮；没有软实力，照样得不到别人的尊重。

对现代化建设而言，文化建设既是方向旗帜和精神动力，又是重要内容和基本目标。在现代化建设一盘棋中，经济建设是中心，政治建设是保证，文化建设是灵魂，社会建设是目标，四者相辅相成，构成现代化建设的总体布局。

对城市而言，文化是城市的名片，城市的记忆，城市的形象和品位。没有文化内涵的城市永远不可能成为世界名城。

对人生而言，文化活动是人类区别于一般动物界的显著标志，文化修养是一个人步入现代文明社会的阶梯。文化对提升一个人的素质、能力、气质、品格起着决定性的作用。

在全面建设小康社会的进程中，人们对精神文化的需求会越来越多，社会生活中的文化含量会越来越高，文化的价值会越来越明显地展现出来。

当今世界，包括报刊杂志、广播电视、手机、互联网在内的各种媒体日新月异，快速扩张，无孔不入地渗透到社会生活的各个层面，无时无刻不在牵动着社会的神经，难怪有人把资本力量、政治力量和传媒力量称为当今社会三大支配力量。如果传媒失控或传媒与你作对，那会招来巨大的麻烦。

所谓大众传媒，顾名思义，一是面对大众，二是立足传播，三是充当媒介。一个重大传媒机构，一般都承担着信息中心、政策窗口、意见领袖、知识高地、娱乐平台等多重社会使命。媒体不仅是大众公器和社会公益事业，而且成为一种新型产业和商业机器；不仅是解决社会问题的重要手段，而且也成为产生社会问题的一大根源。这就要求媒体必须树立高度的社会责任感，统筹兼顾，协调发展，正确处理信息传播与舆论引导、服从大局与服务群众、紧跟领导与贴近实际、正面宣传与批评监督、新闻价值与商业利益等关系。

舆论宣传市场永远是买方市场，受众才是真正的上帝。大众传媒必须牢固树立以人为本的观念，贴近群众，贴近实际，贴近生活，以满足受众需求、尊重受众特点、为受众喜闻乐见为基本原则。你无法左右人们喜欢听什么，看什么，如果你宣传的东西人们不想听，不爱看，花再大的力气也白费。当前，舆论宣传中最突出的流弊就是文风不正，充斥着大话、空话、套话和正确的废话，存在着许多概念化、程式化、标语口号化的东西，缺乏新鲜性、生动性、知识性、趣味性、深刻性、启迪性，对此，不论干部还是群众都深感厌烦，到了非改不可的时候了。文风不正，不仅影响到媒体的收听收视率，而且影响到社会风气，影响到政府形象。当前，很有必要把整顿文风作为整顿党风政风的一个重要内容，进行一次专项治理。希望我们的领导机关和传媒机构，重读一下50年前毛主席发表的《反对党八股》这篇精彩演讲，认真对照，切实改进，使我们的文风、会风、话风有一个根本的转变。

※ 我观江苏

到江苏工作，第一课就是了解江苏的省情。而要了解江苏的省情，首先是了解江苏的水情。水是江苏的最大特点，水是江苏生存发展的命脉，水是江苏人的灵魂。江苏因水而得名，因水而得势，因水而得益。我在江苏工作十年，对江苏还知之甚浅。如果让我用一句话来概括江苏，那就是"水做的故乡水做的人"。抓住了水的特点，就找到了认识江苏的一条指导线索。

一、从乾隆下江南说起

在江苏，乾隆皇帝六下江南的故事几乎是家喻户晓。在江苏各地有许多乾隆下江南的文物遗存，民间也流传着许多乾隆下江南的趣闻逸事。康熙皇帝曾经六次巡幸江南，乾隆皇帝也效法皇祖，六次南巡。乾隆认为，自己一生干了两件大事：一件是"西师"，率军西征，平定西北；另一件是"南巡"，在前后30多年中，六次巡视江南。可见下江南在乾隆心目中意义非同小可。

在当时的条件下，皇帝下江南是一项浩大的工程。从北京到江浙，往返6000华里。那时没有现代化的交通工具，全靠车装船载，马拉人扛，来回一趟，至少需要三五个月的时间。每次出巡，皇帝带领的皇亲国戚、文武百官、卫队侍从有两三千人，动用五六千匹马，四五百辆车，上千只船，需要耗费一二百万两白银。乾隆第六次南巡时已是74岁高龄了，如此长途跋涉，也是一件不容易的事。那为什么皇帝却不辞辛劳连续南巡呢？

按照乾隆皇帝自己的解释，他下江南有四条原因：一是江浙官民诚心恭请；二是朝中百官一再建议；三是江浙人稠物丰，地位重要，应当亲自去考察民情戎政；四是恭奉母后，游览名胜，以尽孝心。这些说法不过是一种官样文章，其实乾隆心中有着更重大更深层的用意。

第一，上有天堂，下有苏杭。江浙一带是中国著名的鱼米之乡、丰饶之地、工商中心、财赋重镇，是清政府的主要"粮袋子"和"钱柜子"，维系着朝廷的经济命脉。在当时，江浙交纳的粮赋占全国的38%，税银占全国的29%，关税占全国的50%。当时盐课银是仅次于田赋的第二大财政来源，盐课银的60%以上来自江浙，仅扬州盐商每年上交的盐课银最多时达600万两。京城每年需要的400万石粮食，2/3从江浙漕运进京。如果没有江浙的巨大财力支持，就不可能造就乾隆盛世景象。每次南巡，除了确保这些正常的国库收入以外，皇帝和权臣还通过摊派、赞助、买官卖官、敲诈勒索、行贿受贿等手段，向江浙的官员和富商捞取许多私房银。可以说，牢牢控制江浙，充分调用当地丰厚的财力物力资源来支撑庞大的清朝帝国，是乾隆下江南的首要原因。

第二，江南出才俊，自古多风流。江南是一个人杰地灵、英才辈出的地方。在清代产生的114名状元中，江苏人有49位，占到43%。设在南京的江南贡院是全国最大的科举考场，考生达2万多人。清代的状元一半多出自江南贡院。乾隆下江南的一个重要目的，就是为安邦治国发现人才、培植士类、笼络人心。在六次南巡中，乾隆确实从江南物色了大批政界能臣、饱学之士、学界泰斗、书文大家。每次南巡，乾隆都要会见文人士子、名流缙绅，并亲自命题考试，对考试优秀者特批扩招"生员"名额，特赐"举人"称号，当场授予官位，以争取名士，宣扬圣恩。

在清代，江浙也是明末移民众多的地方，反清思想广有市场。乾隆南巡时，一方面对文人士子采取怀柔笼络手段；另一方面又严加思想控制，对持不同政见的知识分子严厉打击，大兴文字狱。清朝是历史上文字狱最盛的时候，而乾隆执政时又是清朝文字狱的最高峰，罪名之荒唐，株连面之广，手段之残酷，远远超过康熙、雍正。乾隆较高的文化修养助长了他的文化神经质和思想多疑症。其中最典型的一件文字狱，就是在乾隆首下江南后，有人冒充大臣奏稿，批评乾隆下江南时奢侈浪费、严重扰民、赏罚不公等问题，乾隆大怒，下令在全国追查这份伪奏稿的炮制者和传播者，被关押、撤职、杀头的人不计其数。

第三，江南是重要的水利水患之乡。尤其苏北地区是黄河、淮河、运河交汇之处，像洪泽湖、高邮湖等都是"悬湖"，一旦泛滥，淮安、扬州、泰州、南通、盐城等地则是一片汪洋。乾隆在《南巡记》中称："六巡江浙，计民生之要，莫如河工堤防，必亲临阅视。"清朝每年固定的河工"岁修银"占到全国财政支出的1/10，是当时最大的基本建设项目。每次下江南，乾隆必到洪泽湖流域巡察河防工程。六次南巡中，乾隆共发出数百条治水命令，实施了多项重大水利工程，动用了几千万两白银，对减少水患、保护田园生命起到了重要作用。

第四，江南是"花柳繁华地，温柔富贵乡"。山川风光秀美，人文资源丰厚，金粉佳丽众多，用明朝皇帝朱元璋的话来说是："佳山佳水佳风佳月，千秋佳地；痴声痴色痴梦痴情，几辈痴人。"在乾隆时期，长江运河两岸的都市商业繁华、人气旺盛。当时全世界50万人口以上的大都市有十座，江苏占据其三——南京、扬州、苏州。南京人称"江南佳丽地，金陵帝王家"，十里秦淮，九曲金波，六朝金粉，一帘幽梦。苏州园林，享誉天下；苏州刺绣，巧夺天工。再加上小桥流水，粉墙黛瓦，充满着诗情画意。扬州更是富商云集，美景、美女、美味，一应俱有。"腰缠十万贯，骑鹤下扬州"，可见当时的扬州是一个著名的梦幻之都、休闲之都、消费之都。皇帝来到江南，看得开心，玩得尽兴，吃得可口，购得满意，当然是乐此不疲、频频光顾了。

对江南的园林，乾隆更是情有独钟。每次下江南，他都带来一些画师，把江南的一些著名园林描绘下来；而后，在北京颐和园、紫禁城、承德避暑山庄中，对苏州狮子林、杭州西湖十景、无锡寄畅园、镇江金山寺等园林景观加以仿建。

第五，皇帝出巡，安全第一。江苏没有高山峻岭、荒蛮之地，盗贼流寇难以藏身。特别是江苏人禀性温顺，循规蹈矩，不狂不蛮，安分守己，加上日子比较富庶，属于那种"仓廪实而知礼节，衣食足而知荣辱"的地方，是少有的一个良民区、顺民区、治安模范区。皇帝到这里，凶险较少，安全可以得到保证。

对于乾隆六下江南，从古到今，人们都是毁誉参半，褒贬不一。即使在当时，朝野对乾隆下江南时好大喜功、追求奢华、讲究排场、劳民伤财的行为也多有质疑。乾隆在退位之前曾对大臣讲：我临御60年，并无失德，惟独六次南巡，劳民伤财，将来你们务必阻止皇帝南巡之事发生。然而，毋庸置疑的是，如果不是处在太平盛世，就不可能有皇帝六巡江南的盛举。这六次南巡，对于清政府安定江浙、聚集财力、吸纳人才、安抚人心、兴修水利、治理水患等，起到了巨大的作用。回顾乾隆六下江南这段历史，对于我们了解江苏的历史、认识江苏的省情是大有帮助的。

二、水做的江苏

江苏是中国不可多得的一块风水宝地，在天时、地利、人和等方面有着相对优势。在唐代之前，江苏的经济、文化、社会的发展还比较落后。唐宋之后，江苏逐渐崛起，在全国的地位影响节节攀升。近千年来，江苏的发展经历了三次大的跨越。

第一次大跨越发生在宋代。自隋唐时期京杭大运河开通之后，江苏的优势开始显现。宋朝时，北方和中原地区战事频仍，民不聊生，迫使宋朝政治中心南移，随之出现了大规模的移民潮。许多官宦世家、名门望族、商贾富豪、文化精英都到江南定居。中原地区先进的知识、技术、文化以及资金、人才涌入江南，形成了江苏第一次发展高峰期，并造成了此后近千年不衰的局面。

第二次大跨越发生在清代。随着明代后期资本主义萌芽的产生和世界海洋经济的兴起，江南又成为近代工业经济、商业经济和城市经济的发祥地。上海逐步成为全国的商业中心，江南也从以农业为主的传统经济过渡到以工商业为主的近代经济，江苏则成了全国近代工商业和城市发展的龙头地区。

第三次大跨越是改革开放时期。新中国的成立，推翻了百年来压在人们头上的"三座大山"，人民当家作主的新生政权极大地鼓舞了人民的政治热情和创造活力。特别是党的十一届三中全会后的30多年里，江苏成为全国改革开放的前沿地区，成为市场经济最富活力的地区，成为中国特色社会主义最有显示度和说服力的窗口地区，创造了一个又一个的人间奇迹。可以说这30多年间创造的财富超过了以往所有时代的总和，这30多年带来的城乡巨变使过去一切时代都望尘莫及。如今的江苏，以占全国1%的土地，5.7%的人口，创造了占全国1/10以上的经济总量，17%的外贸总额。

其实，江苏人稠地少，自然资源相对贫乏。它最大的比较优势，第一是水，第二是人。江苏的发展经验有千条万条，最根本的是两条：一条是以水为宝，因此务必把江苏的水资源利用好、开发好、保护好；另一条是以人为本，因此务必把江苏的人力人才资源利用好、开发好、保护好。

先说江苏的水。

江苏是著名的水乡。水是江苏最大的特点、最大的优势、最大的发展潜力，也是最大的发展隐患。

江苏拥有1.73万平方公里的水面。水域面积占全省总面积的17%，这一比例在全国各省、市、自治区中名列第一。江苏也是全国各省、市、自治区中唯一的大江、大河、大湖、大海全都具备的地区。长江、淮河横穿东西，大运河纵贯南北。大小湖泊290多个，星罗棋布，水面有6800多平方公里，全国五大淡水湖江苏有其二，太湖地处江南，洪泽湖位居江北，流域面积均有4万平方公里。全省大小河流2900多条，纵横交错，水网密织，内河航运四通八达。同时，还有近千公里的海岸线，使内河航运与海洋运输相互贯通。再加上四季分明、雨量相对充沛的气候条件，这些都为江苏的农业、工业、商业发展提供了得天独厚的优势。经过新中国60年来大规模的水利工程建设，过去对江苏威胁最大的洪水灾害已大大减轻。现在全国大多数地区都受到水资源短缺的困扰，相比之下，江苏的水资源优势更加难能可贵。

如果说，过去江苏最大的水患是洪涝，那么，今天最大的水患则是水质污染。2007年发生的无锡市太湖水源污染事件，造成了数百万人一度断水的困难局面。这个事件发生在无锡或是苏州具有偶然性，然而这种偶然性中却包含着必然性。太湖流域是中国人口密度最高的区域，每平方公里上居住着上千人，县乡以下的生活污水大都未经处理直接排放。太湖流域又是工业企业最密集的地方，每平方公里上有十余家企业，大量工业废水也未曾达标而排放。农业生产中大量施用化肥、农药带来了严重的面源污染，而太湖养殖的过度发展也成为一大污染来源。这些因素叠加在一起，使太湖水质一直在四类水和五类水之间徘徊，因此出现这种水源污染事件并不足为怪。太湖是苏南地区的母亲湖，关系着周围3000多万人的生计和安全。长期以来，人们一味地向"母亲"索取，很少给予她必要的关爱和回报。这次污染事件告诉人们，太湖这个"母亲"不堪重负，已经病倒了，难以承担起"母亲"的使命了。

由太湖污染想到了其他江河湖海。现在大多数河流、湖泊都受到不同程度的污染，有些已经干涸，有些虽然有水但却失去了水的功能。中华民族有两大母亲河——黄河和长江。黄河早已是泥沙滚滚、经常断流了；长江成了中华民族最重要的一条生命线，大半个中国把水的希望寄托在长江上。今天的长江是全国最大的取水口，也是最大的排污道。过度的工业化开发已使长江伤痕累累，数以万计的化工、冶炼、发电、造纸、拆船造船等企业堆集在长江两岸。假如像2005年11月松花江化工厂污染事件发生在长江上，那后果不堪设想。

江苏是一个典型的靠水吃水的地方。一旦水吃不上了，那就断了江苏的生路，毁了江苏的前程。所以江苏人应当像爱护命根子一样去珍惜和爱护江苏的水资源，那种只开发不保护、只索取不回报的时代应当结束了。欧洲莱茵河的治理给我们提供了一个很好的范例。莱茵河是欧洲的母亲河，流经瑞士、德国、奥地利、法国、荷兰等五个国家。40年前，莱茵河两岸是欧洲的工业长廊，大量的工业废水、生活污水向其中排放。莱茵河成了欧洲"最大的下水道"、"最浪漫的臭水沟"。1986年瑞士的一家化工厂爆炸曾使莱茵河一度成为死亡之河。之后经过20多年严格的治理，使莱茵河重新成为一条世界上最美丽的河流，成为一条著名的风景观光带，但愿明日的长江也像今日的莱茵河那样，清澈明亮，鱼游鸟翔，两岸飘香。

三、水做的人

一方水土养一方人。如果说江苏是水做的故乡，那么江苏人也是水做的人，水的特点、水的性格，决定了江苏人的文化品格和国民精神。尽管苏南人、苏中人、苏北人也存在着许多性格上的差异，但总体上说，水是江苏人的灵魂。

仁者乐山，智者乐水。水的最大特点是活性和灵性。江苏人天性聪慧，脑子灵活，不但爱读书，而且会读书，许多人似乎天生就是读书的材料。而且江苏尊师重教、好文兴学之风根深蒂固，世代相传，在子女教育上，特别舍得花钱，舍得花力气。从古到今，不知从江苏大地上产生了多少才子、文人、学者、名家，真可谓是英才辈出，群星灿烂。到江苏各地考察，当地人最津津乐道的，就是那里产生过多少个名人名家。仅苏州市，历史上就出过50位状元，1500名进士，产生了伍子胥、孙武、项羽、范仲淹、沈周、唐寅、文徵明、冯梦龙、蒯祥、顾炎武等名垂青史的著名政治家、军事家、思想家、文学家、书画家和工艺大师。宜兴一个县级市，走出了4位状元、10位宰相、385名进士，还有80多位大学校长、23位两院院士和8000多位大学教授和副教授。

今天，江苏仍然是全国教育最发达、人才最集中的省份。全省大部分地区已基本普及高中阶段的教育，高中阶段的毛入学率达到95%。拥有普通高等学校122所，在校大学生165万人，高等教育的毛入学率达40%，苏州、无锡等苏南地区高等教育的毛入学率已达到50%以上。江苏籍的两院院士目前已达300多名，在全国各省、市中遥遥领先。

江苏在教育文化和国民素质方面所具有的优势，成为江苏持续发展最宝贵的资源。

江苏人勤劳敬业，吃苦耐劳，认真仔细，心灵手巧，这是江苏成为制造业基地的重要原因。江苏人的富足首先归功于他们勤劳敬业，赚的多是辛苦钱。很多人富而不懒，不图安逸，日夜忙碌，终年不息，以至于双休日、节假日也不肯休息。当然，我们并不提倡节假日不休息，但这种勤劳敬业精神还是值得钦佩的。当初江苏在兴办乡镇企业时提出的那种"千山万水、千言万语、千辛万苦、千方百计"的口号正是江苏人精神的一种写照。目前江苏的建筑大军已是举世闻名了，他们拥有500多万人的队伍，足迹遍布全国各地和世界上百个国家和地区，每年创造的总产值上万亿元。江苏建筑队的质量信誉也是众口皆碑的。

江苏人做事决不是一味傻干，只卖苦力气。他们既勤劳又智慧，处事精明但不油滑，不怕吃苦又善动脑筋，拥有无数的能工巧匠。苏州有四大"发明"，即苏州园林、苏州刺绣、苏州昆曲、苏州评弹。这四种东西看起来互不搭界，但其中却包含着共有的一种苏州精神，即"小、精、灵"，也就是小巧、精微、精细、精致、精干、灵巧、灵活、灵气。有的外商说，看了苏州刺绣，就知道苏州电子信息业为什么能快速兴起。

江苏人的性格温顺、顺和，不急不躁，不鲁莽，不刁蛮，不狂躁，不冲动，以柔克刚，持之以恒，温文尔雅，讲究礼貌，颇有些"温良恭俭让"的风范。就像淮扬菜那样，以做工精细、平和清淡而出名。江苏人彼此之间如果有意见，有矛盾，底下咕咕嘀嘀也就罢了，很少公开挑明，死磕硬碰，他们似乎更相信"好汉不吃眼前亏"的信条，更少去干那种"一不做，二不休"、"为朋友两肋插刀"的鲁莽事情。江苏的男性多柔少刚，多文少武，识有余而胆不足，或许少了点男子汉敢说敢干、敢做敢为的气魄。江苏的女性温柔细腻、文静含蓄、勤勉贤惠、善解人意，颇具东方女性之美。如果让江苏男子作为中国男性的标志，可能不少人持有异议，但如果让江南女性作为中国女性的标志，估计多数人会同意。

如果你从北京来到南京，会强烈地感受到政治氛围和思维方式的不同。

北京不愧是全国的政治中心，北京人的政治思维发达，政治嗅觉灵敏，政治热情高涨，怀有"以天下为己任"的强烈社会责任感，一个普通市民也像个政治家，"风声雨声读书声，声声入耳；国事家事天下事，事事关心"。而江苏人则不同，他们经济头脑发达，建设意识和务实精神很强。江苏人对政治事务也关心，但主要限于一般性的了解，自己弄个明白也就是了，往往敬而远之，不会动心动情地去争论，更不会冒冒失失地去参与。他们的兴趣集中在对事业和生活的追求上，最关心的是平平安安过日子，一心一意奔小康，与当地发展和自身利益无关的事，他们不太会关心。任何新政策出台，他们总能很快找到与当地发展和自身利益的结合点，接过口号，为我所用，在政策变动中迅速找到自己的位置。江苏人这种重建设、重实际、重利益、重生活的态度，同北京人那种重政治、重思想、重民主的氛围形成了一种显明反差。北京人喜欢高谈阔论，争论不休；而江苏人不爱争论，不爱管闲事，埋头干自己的事。北京人为人处世比较豁达、豪爽、讲义气、重友情、不拘小节、洒脱幽默，在这些方面，江苏人欠缺一些。北京人观察事物的标准是多元的，政治标准常常作为第一位的考虑；而江苏人观察事物的标准更加务实，更加注重利益原则。

江苏和浙江都是商品经济比较发达的地方。江苏人擅长于搞制造，浙江人擅长于搞流通。江苏商人多为"坐商"，而浙江商人多为"行商"。江苏人爱家又恋土，对家乡有一种特殊的感情，尤其是苏南人认为哪儿都不如自己家乡好，故土难离，亲情难舍，喜欢在自己家门口办企业，并通过大力招商引资，把国内外客商都引到自己家乡来创业投资。他们对家乡的过分偏爱和自恋，有时会影响他们的视野，难以"跳出江苏看江苏"。而浙江人爱家却不恋土，他们走南闯北，四海为家，不求所在，但求所有。哪里有市场，哪里就有浙江人做生意；哪里暂时没有市场，哪里就有浙江人去开拓市场。浙江人经商，喜欢成帮结伙地干，一家一族、一乡一村联合起来闯天下。今天，国内国外到处都有浙江村、温州街、台州会、宁波帮。而江苏人则喜欢自己单干，很少成群结伙、联合行动，就是市与市、县与县之间也互相不服气，往往是你干你的，我干我的，这很容易造成产业结构的雷同，而要进行产业整合和布局调整也困难重重。

同广东人那种敢打敢拼、不怕失败、敢为人先的勇气相比，江苏人的风格更讲究稳扎稳打，少担风险、少出乱子、少犯错误、少吃批评方为万全之策。江苏人的行事逻辑是"领先但不想冒险，创新但不可乱来"。在许多领域中，江苏都是第一方阵，但很少挑头，是"高原"，但缺乏"高峰"。江苏人一般不去做"第一个吃螃蟹的人"，但是如果吃螃蟹确实安全、可口，那就会跟着去吃，然后想方设法去养螃蟹，进而卖螃蟹赚钱。江苏人的性格可以称为"亚军性格"而不是"冠军性格"。

江苏人做事中规中矩，力求合理合法稳妥正当。他们遵从现行的制度、规定、纪律、秩序，不抗上，不作乱。行政权威大，政令畅通度高，是江苏历来的特点。违法乱纪的事，坑蒙拐骗、伤天害理的事，他们不想干也不敢干。江苏是沿海沿江省份，有近千公里的海岸线，有许多沿海沿江的港口码头，但走私贩私的事情极少发生。江苏是乡镇企业的发祥地，工商企业众多，现有40多万户私营企业，有200万个个体工商户，制造假冒伪劣商品的事不能说没有，但也很少发生。

近年来，江苏成为全国吸引外资最多的地区之一。为什么众多的外商愿意到江苏来投资兴业？这其中有什么秘密？一些外商讲了其中的缘由。他们讲：江苏一是毗邻上海，滨江临海，有区位优势；二是教育发达，人才资源丰富，劳动力素质好，而且工作认真，比较稳定，不爱跳槽；三是政府服务比较规范，讲究诚信，虽然效率不是最高，但制度化和可信度较高，花的黑钱、冤枉钱很少；四是社会安定，风尚较好，安全一般能有保证。

江苏人处事低调，不爱张扬，不爱出风头。与人交往爱面子但不爱摆谱，过日子讲实惠而不求奢华，干事稳扎稳打而不瞎折腾。江苏富人不少，但他们不爱炫耀，不愿露富，不想出风头，不互相攀比着去建豪宅、购名车、买名表，去追求高档消费和豪华生活，不去干那种图虚名而招实祸的事情。

　　一个地方的文化特征和国民性格是由历史、地理、自然和人文等多种因素交织而成的，是日积月累长期积淀起来的。作为一种人文个性，不能简单地用优点或缺点来加以区分。作为一种传统和惯性，也不是一朝一夕可以轻易改变的。不过，它会随着社会的文明进步而不断地与时俱进。

※ 用人之道

组织工作,千头万绪,归根到底就是一句话:知人善任。所谓人事工作,说到底就是用人治事,用合适的人做正确的事。

知人善任,这是执政党治国兴邦的头等大事,是领导者最大的政治智慧和领导才能。一个大系统(包括一个县市、一个企业、一个学校)的领导者,特别是一把手,应当至少用三分之一的时间去做人的工作,只要把人选准了、理顺了、摆平了,一切事情都好办了。如果忙于做事,疏于管人,做事仔仔细细,管人粗枝大叶,那是最大的失职。如果识人不准,用人不当,分不清人才还是庸才,好人还是坏人,那是最大的昏聩无能。吏治清明是政治清明的首要标志,而吏治的腐败则是政治腐败的主要根源。

一、盛世明主的用人智慧

在历史上,那些奠定基业、开创盛世的皇帝在识才用人上都有着非凡的胆识。汉朝、唐朝是中国封建社会的两大鼎盛时期,汉高祖刘邦和唐太宗李世民是两个具有雄才大略的英明君主,他们在知人善任上提供了许多值得后人借鉴的宝贵经验,至今读起来仍令人赞叹不已。

汉代开国皇帝刘邦在夺取天下后,总结了自己战胜项羽的根本原因,他说:"夫运筹帷幄之中,决胜千里之外,吾不如子房;镇国家,抚百姓,给饷馈,不绝粮道,吾不如萧何;连百万之众,战必胜,攻必取,吾不如韩信。三者皆人杰,吾能用之,此所以取天下也。项羽有一范增而不能用,此所以为吾所擒也"。

刘邦这段话生动具体、朴实无华,深刻地概括出了几条最重要的领导哲学和用人经验：

第一，得人才者得天下，失人才者失天下。

第二，用人之道，关键是用人之长，避人之短。

第三，领导者既要有知人之明，更要有自知之明。

只有具有自知之明的人，才可能做到有知人之明。

刘邦作为至高无上的帝王，最难能可贵的是有敢于承认"吾不如人"的勇气和胸怀。一个领导者，只有看到"吾不如人"的地方，才能发现人才，取人之长，补己之短，才能调动大家的积极性，优势互补，形成强大的领导团队。我们看到一些领导者，一旦当了大官，成了一把手之后，听到的多是赞誉之词，久而久之，便失去了自知之明，只会被别人欣赏，而不会欣赏别人，处处觉得"人不如我"，很少看到"我不如人"。即使你本事再大，如果老子天下第一，一个人包打天下，其结果必然和项羽一样，落得个四面楚歌、众叛亲离、霸王别姬、一败涂地的下场。

在历代皇帝中，唐太宗或许是一位听到的批评建议最多、和大臣坦诚对话最多、总结执政经验最多的开明皇帝。他既能以武功建业，又能以文德治世；他既善于识才用才，又勇于保护人才，从而赢得了大臣们的赤胆忠心，在自己周围聚拢起了像房玄龄、杜如晦、长孙无忌、褚遂良、魏徵、温彦博等大批贤臣良将，从而开创了贞观盛世。对于在开国兴邦方面功劳卓著的元勋，唐太宗念念不忘，特别设立功臣阁，为他们树碑立传，以激励后人。

唐太宗在自己的著作《帝苑》中专门论述了他的用人之道，他说："智者取其谋，愚者取其力，勇者取其威，怯者取其慎，无智愚勇怯，兼而用之。故良匠无弃材，明主无弃士，勿以一恶忘其善，勿以小瑕掩其功。"这段论述可谓掌握了用人真谛，何等睿智，多么精彩！

唐太宗在去世前两年，又总结了他一生用人理政的五条基本经验：

一、自古以来的帝王，大多猜忌比自己强的人，而我却能看到别人的长处，并把别人的长处当成自己的长处。

二、人的品行才能，不能样样具备，我常能弃其所短，用其所长。

三、作为人主，往往招纳到贤能之士便想置为心腹，而对德才不济的人则予以罢退，推之于鸿沟。而我既尊重贤能之辈，又同情德才不济的人，使贤能之士与不肖之人各得其所。

四、人主多厌恶正直之人，对这些忠贞之士明戮暗诛，没有一个朝代不发生这种事。而我即帝位以来，正直之士，并立于朝，从未责退过一人。

五、自古以来的帝王都只是重视华夏，而轻视边远少数民族。而唯独我爱之如一，视华夷为一家，因此，各种族部落的人都像依靠父母一样地对待我。

正是采取了以上的做法，才使我取得今天这样的成功啊！

二、知人不易善任更难

善任的前提是知人，而知人又谈何容易？

世界上最难认识的莫过于人。人最看不清、说不准的莫过于自己。

老子讲，知人者智，自知者明。能正确认识别人的人是聪明人，能正确认识自己的人才是最高明的人。

孔子讲，他最担心的事情不是别人不了解自己，而是自己不了解别人。

司马光在《资治通鉴》中感叹说：为治之要，莫先于用人。而知人之道，圣贤所难也！

为什么知人如此之难呢？

人是一种高级复杂动物。人有外表与内心之别，现象与本质之别，片面与全面之别，一时与长远之别。人们看人，往往只看到表面而看不到内心，只看到现象而看不到本质，只看到一时而看不到长远，要想"一眼看穿"是不可能的。诸葛亮被国人视为智慧化身，他在谈到识人之道时说："善恶既殊，情貌不一。有温良而为诈者，有外恭而内欺者，有外勇而内怯者，有尽力而不忠者。"他也犯过因用人不当而遭致惨败的错误，因而感叹人性之难察。人是一种善变的动物，人与环境在互动之中，人能改变环境，环境也能改变人。七情六欲、生老病死，这些都会改变人的思想和心态。特别是在大风大浪、大利大害、生死考验关头，不少人都会起变化，变颜变色，变质变节，从君子变成小人，真正能做到"富贵不能淫，贫贱不能移，威武不能屈"的，世上能有几人呢？

1971年在"9·13"事件，即林彪出逃坠机事件发生后，唐代诗人白居易的一首诗在民间广为流传。诗中说：

> 赠君一法决狐疑，
>
> 不用钻龟与祝蓍。
>
> 试玉要烧三日满，
>
> 辨材须待七年期。
>
> 周公恐惧流言日，
>
> 王莽谦恭未篡时。
>
> 向使当初身便死，
>
> 一生真伪复谁知？

如果林彪不是在1971年出逃坠机而死，而是在三五年前自然死亡，那一定会被认为是毛主席"最亲密的战友"、"最好的学生"、"最可靠的接班人"，谁会想到他竟是一位企图抢班夺权、谋害毛主席的野心家呢！

白居易这首诗告诉人们，判断一个人的好坏优劣，不能只凭一时一事就下结论，不能道听途说就信以为真，只有经过较长时间的考验才能真相大白。你新到一地工作，有些开始印象很好的人，过了一段时间发现并非如此；有些开始印象不好的人，过了一段时间却发现是一个很好的人才。有的领导干部下去考察，只凭走马观花的印象和只言片语的汇报，便当场封官许愿，或就地免除干部。这种做法，看起来雷厉风行，作风果断，其实只是为了树立个人权威，它不但不符合用人制度，而且十有八九会选错人。

能不能识人，是个智慧高低问题；而如何用人，问题就复杂多了，它关系到权力的分配和使用，关系到个人的前途，关系到事业的兴衰。利益关系的复杂性决定了用人的艰难性。

在干部人事制度上，最常见的问题就是用人与治事相脱节，知人者不用，用人者不知，治事者不管人，管人者不治事，这就难免会发生"乔太守乱点鸳鸯谱"的现象。

在讨论干部任用时常常发生这种情形：越是处于要害部门、知名度越高、大家越了解的干部，争议越多，越不易通过；越是处于偏僻岗位、知名度不高、大家不熟悉的人，越容易通得过。越是酝酿已久、人们认为有戏的人，偏偏没戏；越是人们认为没戏的人偏偏有戏，这显然同知人善任的原则是相背离的。

用人中的最大难点是领导层意见不一。在干部选任过程中真正拥有提名权、决定权、否决权的只是领导层的几个核心成员。这些成员对某个干部的了解程度不同、观察角度不同、喜恶标准不同、亲疏关系不同，看法也不尽相同，正所谓"横看成岭侧成峰，远近高低各不同"。如果领导核心层存在着派系之争，在选人用人上的分歧意见就会更加明显。按照常规，领导层对提名人选存在争议，就会暂时搁置下来，一次有争议被搁置，两次有争议又被搁置，从此这个干部可能被长期搁置起来，很难再提到桌面上来，真是个人才也被埋没了。

选任干部一要受干部职数的限制，二是受论资排辈的影响。有些素质很好、公认度很高的干部，因为台阶站得满满的，只好等空位，一等二等，一个人才的最佳使用期可能就错过了。

三、如何辨别干部

在新时期，党和政府在选任干部上提出了一系列重要的方针和原则，包括"革命化、年轻化、知识化、专业化"的方针，德才兼备、以德为先、注重实绩、群众公认的用人标准，政治上靠得住、工作上有本事、作风上过得硬、人民群众信得过的选才原则等。如何全面辩证地理解这些方针原则？在贯彻执行中如何针对不同时期的倾向和不同行业的特点突出重点？在实际工作中有些什么经验和教训？

在注重人品的基础上讲政治

选拔干部，历来主张以德为首。然而德是一个非常宽泛的概念，包括政治态度、思想修养、政策水平、道德情操、人品人格、工作作风等多项内容。对德的认识，历来见仁见智，不同的人有不同侧重，不同时期有不同倾向。领导看干部，往往突出政治，首先考虑的是政治态度、政治站队，是不是听话，能不能同上级保持一致。而群众看干部，往往更侧重人品道德，看其对待群众的态度，是不是为群众着想，做好事，办实事。

人品是做人的基本品质，稳定的价值标准和一贯的行为准则，是一个人世界观、人生观、道德观等思想观念的综合体现。在人的所有素质中，人品是第一位的素质，相对于其他素质，人品更具有基础性、贯穿性、真实性、可靠性，更能说明一个人的本质。一个人知识能力不够，可以补充提高，而人品人格一旦定型定位了，改起来很难。如果人品靠不住，其政治立场、政治态度等都是不可靠、不可信的，随时都会起变化。

选拔干部，必须把人品放在第一位。在注重人品的基础上，再去讲政治、讲水平、讲业绩。一个干部良好的人品可以产生巨大的吸引力、感召力、凝聚力和影响力，不令而从，不怒而威。当前干部队伍中弄虚作假、吹牛拍马、以权谋私等不良风气的滋生蔓延，同干部考评中忽视人品有很大的关系。

有人认为人品是一种虚的东西，不好考评，其实不然。具体地说，人品就是人们在评价某人时所说的忠还是奸，真还是假，正还是邪，善还是恶，公还是私，美还是丑。一个人的人品必然会贯穿到做人做事做官的方方面面，反映在家庭生活、工作态度、社会活动等一切领域中，周围的人心知肚明，自有公论。

如果一个人很虚伪，不诚实，喜欢搞些作弊作假的事情，一旦当了领导，必然说假话，报假数，不可能坚持实事求是的思想路线。

如果一个人自私自利，唯利是图，处处为自己打算，一旦当了领导，不可能秉公办事，奉公守法，必然以权谋私，搞各种不正之风。

如果一个人处世油滑，见风使舵，两面三刀，一旦当了领导，不可能坚守信念，坚持原则，保持对组织的忠诚。

如果一个人对父母、亲人、朋友无情无义，不忠不孝不敬，一旦当了领导，不可能亲民爱民，全心全意为人民服务。

如果一个人思想古怪，不切实际，喜欢想入非非，一旦大权在握，必然乱提口号，瞎折腾，把社会当成自己古怪思想的实验室。

在历史上，选官用人不讲人品有过沉痛的教训。

北宋时期的王安石被列宁誉为"中国11世纪的改革家"，他推行的变法是中国封建社会中最波澜壮阔的一场变法，这场变法之所以失败的重要原因之一，就是王安石奉行"党同伐异"的组织路线，只讲站队，不讲人品，刚愎自用，排斥异己。像吕惠卿、曾布、蔡京等一批势利小人打着"拥护变法"的旗号混进革新阵营，占据要位，飞黄腾达。而一些像韩琦、富弼、司马光、欧阳修等人品、学问俱佳的名臣泰斗，因为对革新有疑义而遭到排斥打击。小人得势，必然结党营私；树敌过多，必然阻力重重，从而导致变法的失败。

在"文化大革命"中，把"路线对了一切全对，路线错了一切全错"、"革命无罪，造反有理"的口号引入到选人用人中，使得社会沉渣泛起，人妖颠倒，一些人靠造反起家，一些人靠出卖良心、出卖朋友得势一时，还有一批野心家、两面派、投机分子、风派人物窃取领导岗位，造成了祸国殃民的严重后果。

党的领导首先是政治领导、思想领导。作为执政党必须善于从政治上观察和处理问题。各级党委书记，首先是一个政治官员，是所在单位的第一政治责任人。作为党的书记，必须懂政治，讲政治，抓政治，有高度的政治敏感性和政治判断力，密切关注社会的各种思想、政治、理论动向，精心研究和处理各种社会矛盾，协调各种关系，善于开展思想政治工作，驾驭好政治局面。选择党委书记，不同于选择一般的公务员或事务官，必须把具有较高的思想理论修养、能够把握政治方向、具有丰富的政治工作经验以及善于抓大事、谋全局作为根本条件，不能认为现在以经济建设为中心了，只要会搞经济、抓项目，招商引资搞得好，就可以当党的书记。我们纠正了过去那种片面突出政治，搞空头政治，只算政治账、不算经济账等"左"的做法，但也不能矫枉过正，走向另一面。在党委的工作日程中，不但要议经济，而且要议政治，议文化，议社会，议党建，促进经济建设、政治建设、文化建设、社会建设、生态建设以及党的自身建设全面协调发展。千万不能把党委变成财经委，把党办变成招商引资办。对广大群众，不但要做好事，办实事，努力为群众谋利益，而且要开展各种切实有效的思想政治教育，不断提高群众的思想道德素质和文明水平，否则，即使经济上去了，生活改善了，群众照样不满意，天下仍然不太平。

在注重实绩的基础上讲公论

实践是检验真理的根本标准，也是检验干部的根本标准。一个干部的德、能、勤都应当体现在实践中，落实在实绩上。如果一个干部不会干事，干不成事，既不能发展事业，又不能造福百姓，那有何德何能？再"勤"也是做虚功，瞎忙乎！

考评干部必须把实绩作为最根本的标准。只有注重实绩，才能防止看人的主观任意性，才能有效抵制用人唯亲、跑官要官等用人上的不正之风。

干部的实绩，应当是实实在在、不含水分的实绩。应当是符合"三个有利于"标准，即有利于发展社会生产力、有利于增强我国的综合国力、有利于改善人民生活的实绩。应当是符合科学发展观的要求，有利于促进社会全面协调可持续发展的实绩。应当是得到广大群众认可、经得起时间检验的实绩。

考评一个干部的实绩，应当从三个方面考虑：一是同前任的关系。前任打下的基础如何，在多大程度上延续了前任留下的正确主张和优良传统，推进了前任开拓的事业，消化了前任留下的问题。二是自己任内的成就。提出了什么新思路、新目标，并在多大程度上得到实现，有什么新突破、新进展、新局面。三是给后任留下什么。是打下了一个好基础还是留下了一个烂摊子？是播下了收获的种子，还是埋下了祸根？如果干部轮换过快，在一个岗位屁股还没坐稳就调走了，那很难评价他的政绩。有的干部上任伊始，便捷报频传，那很可能是前任基础打得好，关系理得顺，"前人栽树，后人乘凉"。有的干部新到一地，暂时打不开局面，那也许是因为原来基础薄弱，前任留下的矛盾太多，一时难以扭转。有的干部搞短期行为，注水政绩，寅支卯粮，竭泽而渔，即使任内轰轰烈烈，能算是政绩突出的好干部吗？

"雁去留声，政去留名。"当一个干部在位时，人们说好说歹，并不足为凭。只有当他离任后，过了若干年，等浑水沉淀下来后，人们仍然怀念他，感谢他，那才是真正的政绩和口碑。

一般说来，一个干部实绩好也会有好公论、好口碑，但实绩和公论并不能直接划等号。那些勇于改革创新、敢于坚持原则的干部，在选举中总会丢一些票。因为改革创新就会触动旧体制、旧观念，打破旧的利益格局，从而引发一些人的疑虑和不满。而要坚持原则，敢于负责，就会得罪一些人。而我们的事业最需要的，恰恰是这种勇于改革创新、敢于坚持原则的开拓型干部。

目前在干部考评中流行大面积群众测评的方式，这是了解社情民意、扩大民主参与的一种积极探索，但对这种测评结果应当进行科学分析。如果让市委书记、市长对属下的几十位部委办局的负责人进行排队打分，也未必说得准，更何况"千人测评"、"万人测评"呢？这种千人、万人测评带有很大的随意性和不确定性，测评的范围越大，往往失真度越高，可信度越低，因此对民主测评必须做科学的分析判断，决不能以民主测评的得票多少为序来决定干部的选任。在这种大规模群众测评中，批评意见最多的往往是社会矛盾比较集中的热门领域和窗口部门，这种批评反映了群众对政府在这个领域工作的关注和不满，而并非只是对这个部门领导个人的意见。比如城市环境污染，群众就会对环保局有意见，其实真正污染环境的并不是环保局，环保局恰恰是治理污染的，它固然负有执法不严、整治不力的责任，但要彻底消除污染、扭转环境又决非环保局的力量所能解决的。

总之，考评干部应当以实践论高下，以实绩论英雄，在这个基础上再去谈论民意，民意才更加具有真实可靠性。

在注重领导能力的基础上讲学位

在选择大学校长以及科研院所、文化艺术单位的行政负责人时，如何处理领导能力和学术地位的关系是一个非常现实的问题。

大学校长是一所大学的领导者、组织者、管理者。大学校长的定位首先应当是一位教育家、教育管理专家，有没有领导管理能力是选任大学校长的先决条件。在这个前提下，学术水平越高，社会声望越大越好。

作为大学校长应当具有良好的科学文化素养，具有一定的从事教学科研工作的阅历，但最重要的因素并不在于此。一位合格的大学校长，第一，应当懂教育。具有先进的办学思想，掌握办学规律，尊重学术自由。第二，应当懂人才。具有正确的人才理念，善于识才、育才、用人、护才，懂得人才成长规律，能够正确把握知识分子政策。第三，应当懂管理。善于把学校的各种资源组织好、整合好、调配好，确保学校这部机器规范有序地运转，能够调动各方面的积极性，不断提高学校的整体办学效益。第四，应当懂政治。通晓党和国家的基本路线和大政方针，努力把大学发展与国家战略密切结合起来，妥善处理传统与创新、适应现实与面向未来、民族文化与外来文明等关系，从讲政治、讲大局的高度把握好学校的思想理论导向，驾驭好改革发展稳定的大局。

在大学领导中，所谓外行与内行是一个经常纠缠不清的问题。一所大学，有几十个、上百个专业，隔行如隔山，任何人都不可能是万能专家，门门内行。你是物理学专家，对经济学可能是外行；你是人口学专家，对地质学可能是外行。所以，任何专家都是内行与外行的统一。要当好校长，不仅在于他的专业背景，更重要的是具有跨专业对话的能力；不仅是个"专才"，更重要的是个"通才"；不仅善于处理学术问题，更重要的是善于处理公共事务，能够应对各种复杂的人际关系和乱七八糟的问题。

搞学问和当校长，是两个跨度很大的不同领域，在思维方式、行为方式上有显著区别。一个好学者，未必是一个好校长。世界上那些诺贝尔奖获得者和著名学者，担任大学校长的极少；同样，世界上许多著名大学，校长往往并非由著名学者担任，而是由社会活动家、筹款专家或退岗政要担任。在某些发达国家，大学基本上定格定位了，校长主要的事情是两件：一是网罗人才，设法把优秀教员聘来，把优秀学生招来；二是筹措资金，改善办学条件。只要有优秀的人才、优越的条件，大学就会兴旺发达。

在选拔大学领导者时要防止两种倾向：

一种倾向就是选派一些不熟悉教育规律和人才成长规律的人担任大学领导，他们很难适应大学管理的特点，也不易在知识分子中树立起威信。

另一种倾向就是只注重学术地位而忽视领导管理能力，把是不是两院院士、著名学者作为选任大学校长的首要条件。有些著名学者，既有很高的学术水平，又有较强的领导能力，他们担任大学校长无疑是最合适的。有些著名学者，正处于学术创造力的高峰时期，又不擅长做管理工作，与其让他们去做力不从心的校长工作，不如让他们集中精力去从事学术研究，这样他们的社会贡献可能更大。有些著名学者对行政管理工作既不擅长，又不热心，让他们担任校长工作，不仅影响了他们的业务成就，而且会耽误整个大学的工作。

四、提防小人得志

选拔干部，关键是抓住两头：一头是掌握上线，选贤任能；一头是守住底线，提防小人。既要知道什么人适合当干部，又要知道什么人不能当干部。

　　所谓"君子"和"小人"，是一种道德区分而不是法律裁定，是一种舆论评价而不是组织结论。走正道即为君子，违正道即为小人。

　　这个世界上有君子就有小人，这也是一种对立统一。究竟是君子多还是小人多，很难定论。对一个人而言，身上既有君子的成分，也有小人的成分，百分之百的君子或者说百分之百的小人是不多见的。究竟是君子因素主导还是小人因素主导，同社会环境、用人导向有着极大的关系。如果社会风清气正，就会造就君子；如果风教凋敝，则会产生小人。"用一君子，则君子皆至；用一小人，则小人竞进矣。"

　　翻开历史不难看出，君子得志和小人得势几乎旗鼓相当，平分秋色。即使是盛世明主，也会误用一些小人。

　　春秋时期齐国为五霸之首，齐桓公既重用了管仲、鲍叔牙等一批贤臣良将，也亲近了易牙、竖刁等一些奸佞小人。管仲临终前曾忠告齐桓公务必斥退这帮小人，但驱逐这帮小人之后，齐桓公食不甘味，寝不安心，活得很不开心，于是又将易牙、竖刁等调回身边并让他们掌控了宫中大权。在齐桓公病重不能理事后，易牙、竖刁等兴风作浪，大乱朝廷，齐桓公作为一代英杰，竟落得个死无葬身之地的悲惨下场。齐桓公为什么会宠信易牙、竖刁等卑鄙小人呢？因为这些小人能遂其所意，投其所好，满足其贪酒、贪色、贪玩的私欲。

　　武则天是中国历史上一位权谋出众、才智超群的女皇帝，然而她也重用了索元礼、周兴、来俊臣等一批心狠手毒、无恶不作的酷吏，因为她篡取皇位之后，需要有一批爪牙为她铲除异己，消灭政敌。

　　由此可见，有时小人得势并非只是因为皇帝的昏聩，而是皇帝想借助小人来达到不可告人的目的。

　　唐太宗在总结自己执政17年的经验时，特别讲到对付小人是件非常困难的事。他说，皇帝只有一个脑袋，而周围有一帮人整天琢磨如何对付你。有的靠勇力，有的靠辩才，有的靠谄媚，有的靠奸诈，有的靠投其所好，满足你的私欲，如此等等。他们无孔不入，像车轮一样轮番攻击，皇帝稍不注意，就会中了圈套。看来，皇帝也很难当啊！

清朝重臣孙嘉淦曾向乾隆皇帝递交过一份著名奏折——《三习一弊疏》，深刻地揭示了在盛世名主时期容易发生的不良社会风气以及在选才用人上可能发生的偏误。奏折中说，在盛世明主时期，容易产生以下三种不良风气：

一是"出一言而盈廷称圣，发一令而四海讴歌"，长此以往，皇帝听惯了歌功颂德之声，必然"喜谀而恶直"，不爱听真话、实话、直话了。

二是"上愈智而下愈愚，上愈能而下愈畏"，皇帝自以为是，唯我独尊，下面的人就会唯唯诺诺，温良驯服，习惯了这种状况，皇帝必然"喜柔而恶刚"。

三是当政通人和、国运昌隆时，皇帝就会"高己而卑人"，把一切功劳都归于自己的英明。不尊重人才，人才见之多而以为无奇也。不体谅下层官员的艰辛，认为底下的人做事都是很容易的。下面只敢报喜，不敢报忧，故意粉饰太平，久而久之，皇帝必然"喜从而恶违"。

一旦"喜谀而恶直，喜柔而恶刚，喜从而恶违"这三种不良风气形成后，必然造成一种流弊：喜小人厌君子也。

奏折进一步描述了小人采取的各种手段：

在语言奏对上，君子笨嘴拙舌，而小人巧言令色，曲意奉承。

在公共关系上，君子实实在在，而小人八面玲珑，奔走朝廷。

在上级考绩时，君子耻于言功，而小人工于显勤，善于吹嘘。

君子和小人各有自己的才干，君子把才干用于工作，埋头苦干，而小人则挟其所长，投人所好。

长此以往，皇帝的天平就会向小人倾斜，认为"其言入耳，其貌悦目，其才称心"，于是小人便得志升天了。

西汉学者刘向把官员分为"六正"和"六邪"，选官时应当扶"六正"，祛"六邪"。

"六正"是选官的标准，为政的准则：

一曰圣臣，即具有远见卓识，能洞察一切，防患于未然的人。

二曰良臣，即进善言，出良策，进退有节，没有野心的人。

三曰忠臣，即举贤任能、治国安民不辞辛劳的人。

四曰智臣，即明察善断，为主排忧解难的人。

五曰贞臣，即奉公守法，廉洁自律，忠于职守的人。

六曰直臣，即忠于社稷，敢说真话，在国家昏乱时敢于挺身而出、犯颜苦谏的人。

"六邪"是为奸的尺度，这类人决不得为官。

一曰具臣，即投机钻营，见风使舵，谋官贪禄的人。

二曰谀臣，即溜须拍马，曲意逢迎，偷合苟容的人。

三曰奸臣，即面善心恶，阳奉阴违，背后捣鬼的人。

四曰谗臣，即巧言善辩，挑拨离间，蛊惑人心的人。

五曰贼臣，即专权擅政，结党营私，假传圣旨，作威作福的人。

六曰亡国之臣，即颠倒是非，混淆黑白，蒙蔽主上，败坏主上声誉的人。

历史经验告诉我们，国家治乱的关键，在于君子小人之进退。而君子小人进退的关键，在于领导者的用人导向。"亲贤臣，远小人，此先汉所以兴隆也；亲小人，远贤臣，此后汉所以倾颓也。"（《出师表》）古人在提防小人上形成的这些认识和经验，对今人仍有着一定的警示作用。

五、干部制度的改革

改革开放以来，我国在干部制度上不断改进和完善，大批优秀领导人才和政治精英被选拔到干部队伍中来，使干部队伍的素质、结构和领导能力得到显著提高，我国改革开放和现代化建设事业所以能取得辉煌成就，一个根本原因就在于有一支坚强有力、奋发有为的干部队伍。然而，现行的干部制度中仍然存在着一些年久日深的弊端。

1980年8月18日，邓小平同志在中央政治局扩大会议上发表了《党和国家领导制度的改革》的重要讲话，在深刻反思过去经验教训的基础上，他一针见血地指出了我国领导制度和干部制度中存在的五大主要弊端，即官僚主义现象，权力过分集中的现象，家长制现象，干部领导职务终身制现象和形形色色的特权现象，为我国政治体制改革指明了方向。近三十年过去了，邓小平当年列举的那些弊端，有的得到了很好的解决，有的解决得还不太好，有的曾有所解决后又重新反弹，有的至今尚未解决甚至还有所发展。

当前我国干部制度中突出的弊端仍然是权力过分集中，少数人划圈圈，甚至个别人说了算。正像邓小平所说的那样："权力过分集中的现象，就是在加强党的一元化领导的口号下，不适当地、不加分析地把一切权力集中于党委，党委的权力又往往集中于几个书记，特别是集中于第一书记，什么事都要第一书记挂帅、拍板。党的一元化领导，往往因此而变成了个人领导。"

党管干部的原则是正确的，世界上任何执政党都会掌握住干部任用权。如果执政党不管干部，那就会大权旁落，所谓执政权就是空话。问题在于党如何管干部。

过去党管干部是通过党委的各个职能部门分口、分类进行管理的，在党委统一领导下，组织部主要负责地方党政机关干部的选任，宣传部主要负责宣传文化系统干部的选任，政法委主要负责公检法系统干部的选任，等等。而现在，在许多地方，不论党、政、事、企，所有干部的任用权一律由组织部统管。组织部门忙于应付各级领导班子的换届和干部的进进出出，而疏于对干部的日常教育和管理。面对着大批干部的考评配置，组织部门忙不过来，只好照章办事，采取标准化、定量化的作业方式。标准是死的，而人是活的。标准是统一的，而人是多种多样的。标准化的方式有助于保证干部的合格率，但却往往把一些杰出人才，有个性、有特色的人才拒之门外。选人用人只有不拘一格，才能人才辈出，优化结构，优势互补。定量化的考核看起来很科学，但可能忽视了干部素质中最本质的东西，要知道，一个人的本质、信念、人品等因素是无法量化的。

在以往的干部选拔环节中，书记办公会是一个核心环节。在取消书记办公会之后，一把手说了算的现象更加突出。

这种权力过分集中的现象造成的后果，一是管得太多、太宽必然管不细、管不好；二是用人与治事严重脱节；三是为用人唯亲、跑官要官、买官要官等不正之风提供了可乘之机。绝对的权力意味着绝对的腐败。古人曾指出过，选官制度上权力过分集中是跑官要官之风日盛的根本原因，只要"万品千群，俄折乎一面；庶僚百位，专断于一司"，其后果必然是"嚣风遂行，不可制止"，自谋官职者必能获得，从而造成"官邪国败，不可纪纲"。

现行干部制度中的另一个突出问题就是自上而下的委任过多，而自下而上的选举太少。

委任制的优点是有利于树立上级权威，保证集中统一，提高领导效率，但缺乏民主，不易监督，只是由少数人选人，在少数人中选人，不公开，不透明，大多数干部群众缺乏必要的知情权、参与权、选择权和监督权。有些干部虽然是经过选举程序产生的，但实际上候选人名单都是事先内部审定后才进入选举程序的。

这种委任制造成的后果，势必是干部只对决定自己命运的上级负责，设法讨好上级，而不对下负责。这种政治恩赐式的任命增加了干部对上级领导个人的感恩和敬畏，而减少了对组织的忠诚。在委任制下，用人唯亲、用人失察、跑官要官等现象是不可避免的。

干部制度改革的根本方向是民主、公开、竞争、择优，大力提高干部选任的科学化、民主化、制度化水平，其中第一要义是民主。

干部制度改革的前提，是总结我党用人的成功经验，借鉴国外的有益做法，吸取古人的用人智慧，正视现行干部制度的弊端，针对当今社会的流弊。

邓小平曾指出，改革干部制度应着力解决权力过分集中，兼职、副职过多，党政不分，以党代政以及交接班等重大问题。

　　现行干部制度最根本的弊端就是权力过分集中，不正视和触动这个弊端，其他的改革都难以到位。世界之大，贤才之多，决非一人一司可以掌握的。即使他再公正，再敬业，再辛苦，也会埋没众多人才，产生众多失误。试想，一个五六个人的处室，承担着几百名、上千名干部的考核评定、升降进退，怎么可能深入了解、过细工作呢？在党管干部、统一调控下，应当按照权责一致、人岗相适、用人治事相统一的原则，对干部实行分类管理，分层管理，适当分散权力，实行多部门参与和制约。分权是加强和改善管理的有效办法，多头负责总比一头负责好。只有适当分解权力，才能互相监督和制约；只有管得少，才能管得细、管得好。

　　民主选举是干部制度民主化的基本形式，是世界公认的弊端相对较少的民主形式。它有利于调动群众民主参与、民主监督的积极性，有利于广开贤路、发现人才，有利于防止用人的不正之风。通过选举产生的干部必须对选民负责，用自己的政绩取信于民。当然民主选举也会选错人，但选举本身也包含着一种纠正机制，选民不会一再被欺骗，这次选错了人下次一定会把他选下去。选举制产生的失误相对委任制产生的失误要少得多。在今后的干部选拔中，应当扩大选举制的比例，减少委任制的份额。

　　提名环节是干部选任中最初始、最重要的环节，它最具神秘性，也最容易掺进私心杂念和不正之风。干部一旦进入到提名名单，至少有80%以上的命中率。如果进入不了提名范围，一切都谈不上。改革干部制度必须首先从提名环节开始，解决由谁提名、怎样提名、如何确定提名人选以及谁来承担提名责任等问题。在提名环节中应当把少数人关门划圈变为多元化提名、多渠道推荐，把领导提名、组织提名、群众提名、个人自荐、竞争性提名等相结合，经集体研究决定提名人选。

　　在干部的提名、考察、酝酿、选举中，必须实行差额原则。只有差额，才有比较，才有竞争，才能选择，才能择优。等额选举只是形式民主，不过是"认认真真走过场"而已。在选举中应当尊重选举人的意愿，让他们自主选择，不能强行引导、暗示或施压。

　　干部制度改革的根本目标是建立起一种公平公正、竞争择优，广聚贤才、才尽其用，能上能下、能进能出的富有生机活力的用人机制。衡量干部制度优劣的根本标准，就是看能不能多出人才，快出人才，出杰出人才，形成一支坚强可靠、奋发有为的浩浩荡荡的干部队伍，确保国家长治久安，各项事业兴旺发达，中华民族伟大复兴的目标早日实现。

※ 干部选择

人生充满着选择，几乎无时无刻不在进行选择。大到人生道路、政治态度、求学求职、恋爱婚姻，小到衣食住行、生活琐事，都需要做出选择。

人生的道路是漫长的，但十字路口只有几个。人生的选择成千上万，但影响一生、决定命运的选择只有几次。选择正确，可能受益无穷；选择错误，可能抱恨终身。因此，在重大选择关头，必须仔细权衡，慎重行事，防止"一失足成千古恨"。

选择是一种自由，是一种自主，是一种权利和责任。选择的机会越多，余地越大，说明你自由度和自主权越大。当你无可选择或被迫选择时，说明你已经失去了自由和自主，陷入了被动。然而，选择机会过多，也会带来更多的困惑、更多的错乱，需要承担更多的责任。

对领导干部来说，经常面临着一些基本的选择。这些选择不是可有可无的选择，而是必须做出的选择；不是无关紧要的选择，而是关系国家大局、关系党和政府形象的重大选择。如何选择，这不仅是对领导水平、工作作风的衡量，而且是对政治信念、价值标准和官品人品的考验。

一、做人与做官

注重做人，这是中国特有的一种社会文化现象，是中华文明的一个核心内容。这里讲的做人，不是生物学意义上的概念，而是社会伦理学意义上的概念。

在中国人看来，人生在世第一位的问题是学会做人。一个人做人、做事、做官都是相通的，做人为本。只有首先学会做人，才能做好事、做好官。做人决定做官，人品决定官品。一个人品不正的人不可能成为好官，即使官职再高、权势再大，也缺乏人格的力量，不能为人信服。一个领导干部，做事应当精明一些，做人应当糊涂一些，做事总会有得失成败，但做人应当经得起时间的考验。

在中国五千年的文明史中，逐渐形成了一套为人处世、待人接物的准则和规范。这些准则和规范世人皆知、约定俗成、代代相传，已经成为人们的一种交往方式、行为习惯、生活态度，成为一种乡规民约和舆论力量，对社会秩序、文明风尚起着巨大的引导、监督和规范作用。许多人可能没有文化，不懂法律，但却知道如何做人处世，这种以德治国与依法治国相结合的方式，成为具有中国特色的社会治理方式。

做人之道是一门大学问，有许多经典，有许多实例，有许多楷模。我们的先哲制定了一套循序渐进的做人标准。

第一步，做好人和善人，不要做坏人和恶人。

第二步，做君子，不做小人。所谓君子就是有道德有学问，又具有一定社会地位和社会声誉的人。

第三步，做志士仁人。所谓志士仁人，就是志向远大、胸怀天下、任重道远、意志弘毅，为了实现伟大的理想抱负不惜杀身成仁、舍生取义的人，也就是我们今天所说的英雄模范人物。

第四步，做圣人贤人。所谓圣人贤人，就是具有大智大德、大义大勇，足以担当大任、成就伟业、治国兴邦、造福天下，成为能立德、立功、立言，流芳千古的伟大人物。

我们的领导干部，应当在做人上有高于常人的目标和追求，为群众树立榜样。不但要做一个好人、善人，而且应当努力成为当今时代的仁人志士和圣人贤人。

人是社会的动物，必然要在一定的社会关系中生活，任何人都是多种社会角色的统一体。做人的道理，主要体现在能够正确处理上下左右、父子夫妻、同事朋友等各种社会关系，营造一种和谐的人际关系环境。领导干部的社会定位不能只是做官，还应当模范地履行自己其他社会角色应当承担的道德义务和社会责任。在履行公职中，应当像个领导干部的样子，不该说的话不说，不该做的事不做，不该去的地方不去，注意维护干部的良好社会形象。而在日常生活中，应当去掉自己的官气、官腔、官架子、官威风，像普通人一样，懂人情世故，知礼尚往来，树立一种真实自然、亲切平和的形象。任何官员都是从老百姓中来，最终还要回到老百姓中去，如果只会过官场生活，不会过平民生活，那是一种很不幸的事。官场之交，多为市道之交。有的干部在位时前呼后拥，门庭若市，甚为风光；而一旦退出官位，则完全是另一副景象，成了孤家寡人。

西方一些政客，在公众场合故意摆出一副热爱生活、重视家庭、关爱亲人的姿态，以显示自己的人情味和亲和力。英国首相布莱尔在其夫人生小孩期间，要求休"父亲产假"，在家照顾夫人和孩子。当时媒体大肆炒作，为布莱尔赢得了不少人气。我们一些媒体在宣传优秀干部时，常常人为地加以拔高，片面地把他们描绘成"只顾大家，不顾小家"、"只要事业，不要生活"、"只能尽忠，不能尽孝"的人，使得这些模范人物可爱而不可亲，可敬而不可学。其实，一个受人崇敬的优秀干部，应当是最有爱心，最懂亲情，最有情有义、有血有肉，最能体现中华民族优秀道德传统的人。

二、说真话与说假话

一个人应当说真话还是应当说假话，这是一个最简单明了的道德问题，连儿童也知道正确答案，然而在实际生活中这却是一个最难解决的"老大难"问题。

孔子在《论语》中几十次谈论诚信问题，他把"为人谋而不忠乎，与友交而不信乎，学而时习乎"作为自我修养的三大基本问题，每天几遍进行自问自省。可见，诚信问题是多么重要，要做到又是多么不易！

诚信，是做人之本，人无信不立。

诚信，是企业的生存之道，失去诚信就会失去顾客，失去市场。

诚信，是政府对公民的最大尊重，是取信于民的首要品质。对政治家来说，失去诚信等于政治上的自杀。

诚信，是社会的道德基石，一旦失去诚信，就会社会失序、道德沦丧，一切法制、行政都无能为力。

美国著名领导学专家库赛基和波斯纳围绕着"领导人的特质"这一题目，对数千家企业和政府部门进行了连续的跟踪调查和20年研究，在列举的20多项领导人特质中，位居前四位的是诚实、有远景、能鼓舞人心、能力卓越。这四大特质被认为是领导人的四大先决条件，或称领导人"四大支柱"。其中"诚实"始终是第一选项，是部下的第一需要，是领导的最高法则。部下最期待的莫过于领导者真心待人，信守承诺，言行一致，说话算数。

个别人说假话，或是有时说假话，这在任何时期都难以避免。如果弄虚作假成为一种流行病，形成一种社会风气，那就不只是个人的过错，而主要是社会大环境的原因，首先是领导者的责任。群众不讲真话，不怪群众，只怪领导；下面不讲真话，不怪下面，只怪上面。

现在，领导干部说真话、听真话、了解真实情况越来越难了。领导下基层调研考察，往往警车开道，前呼后拥，采取走马观花、观光旅游式的考察方式，一天要跑五六个点。所去的地方都经过事先踩点，汇报的情况也经过精心准备，这种调研考察，能了解多少真实情况呢？有的领导召开座谈会，与会人员的发言稿、发言时间、发言顺序都要经过事先审定。会上，每个人都照稿宣读，缺乏坦诚对话、平等交流和有来有往的讨论。这样，又能听到多少心里话呢？即使上级对文件草案和领导讲话初稿征求意见，听到的也多是随声附和之词，征求意见会往往变成了谈学习体会的会。

这种风气到了非改不可的时候了。

在说假话问题上，我们是有过沉痛历史教训的。

1958年我国曾发生过吹牛浮夸风盛行的状况。1959年在庐山会议上，又发生了彭德怀因为说真话而遭致横祸的事件。由此造成党内和社会上弄虚作假成风，造成祸国殃民的严重后果。

在1962年中央召开的七千人大会上，刘少奇同志曾经尖锐指出：由于一些领导人作风不正，是非不分，造成党内主观主义滋长，弄虚作假成风。有些说老实话、做老实事，敢于反映真实情况、敢于实事求是地说出自己意见的人，不但没有受到表扬，反而受到不应有的批评和打击；有些不说实话、作假报告、夸大成绩、隐瞒缺点的人，没有受到应有的批评和处分，反而受到不应有的表扬和提拔。这就必然在人们心目中造成"谁老实谁吃亏"的不正常印象，有些人甚至把作假当作聪明，把老实当作愚蠢。要改变这种不良风气，首先由领导做起。周恩来总理也指出："要大家讲真话，首先要领导上喜欢听真话，反对说假话。"

在历史上所以出现魏徵这样敢说真话的"诤臣"，关键在于有唐太宗这样主张兼听则明的"明君"。毛主席也曾鼓励干部、党员要敢讲真话，要有一种"五不怕"精神，即不怕撤职，不怕开除党籍，不怕杀头，不怕坐牢，不怕老婆离婚。但如果说真话需要付出撤职、开除、杀头、坐牢的代价，世界上敢说真话的人可能没有几个了。

如何对待说真话问题，孔子提出一个很有智慧很讲策略的办法，他说："忠告而善道之，不可则止，勿自辱矣。"他还讲："可与言而不与之言，失人。不可与言而言之，失言。知者不失人，亦不失言。"也就是说，一个聪明人，说话要看环境，要看对象，既要忠言相告，良言相劝，又要讲究方式，把握分寸，适可而止。对值得说的人就说，对不值得说的人不必啰嗦，没完没了地唠叨就会自找没趣，引来羞辱。

其实一个人说真话很不容易，不说假话并不难，环境不好你不说就是了。2007年教师节时，温家宝总理去看望北京大学季羡林教授。季先生讲，他一生最大的优点是说真话，不说假话，他奉行的原则就是"假话全不说，真话不全说"。这是一个饱经沧桑的世纪老人总结出来的人生箴言。

当前，诚信缺乏是我国社会风气中一个突出的问题，假政绩、假新闻、假文凭、假广告、假名牌、假账目、假药、假奶等现象屡见不鲜，严重干扰和破坏了市场秩序、道德风尚和政府形象。要改变这种风气，必须从领导干部做起，从党和政府做起，首先打造一个诚信政府。一个诚信政府，应当言必信，行必果，说老实话，办老实事，不虚报政绩，不掩盖问题，不粉饰太平，不说大话空话，不订不切实际的指标，不乱开空头支票，不朝令夕改，不做那种口惠而实不至的事情。在党内，必须始终坚持实事求是的原则，勇于发扬"批评和自我批评"的作风，营造一种"说真话、说实话、说心里话"的良好氛围。一个人说真话可能会吃亏上当，但不能因吃过亏上过当就去说假话，变成一个虚伪的人。越是高层领导，越要带头讲真话，敢于听真话，引导别人说真话，以真换真，以诚换诚。讲真话不是随心所欲，个人想说什么就说什么，重要的是反映真实情况，反映老百姓的心声。你可能不喜欢直言快语、敢说真话的人，但应当坚持"言者无罪，闻者足戒"的原则，千万不能排斥打击那些敢讲真话、敢报实情的忠贞之士。一个领导者的身边，不能只有"和珅"，没有"魏徵"；只有一群"喜鹊"，没有几只"乌鸦"。如果你身边都是一帮察言观色、见风使舵、溜须拍马、阿谀奉承的势利之徒，那就离垮台不远了。

三、当官与发财

当今社会，机会很多，诱惑很多，漏洞很多。一个领导干部，要想以权谋私，是很容易的事；要想洁身自好，则需要时时警惕，严防死守，倒是件不容易的事。特别是那些处在实权部门、要害岗位的干部，只要想要，几乎能得到自己想要的任何东西。因此，领导干部必须管好自己，时时自警、自省、自戒、自律。任何教育都代替不了自我教育，任何法律纪律都代替不了自律。对干部来说，最关键的防线是自守。

当干部必须明白一个道理：想当官就别想发财，想发财就别想当官。君子生财有道，取之有方。"道"就是合理，"方"就是合法。不能利用职权，巧取豪夺，发不义之财；要见利思义，不可见利忘义。在利益面前，要想想自己该不该得，该得的未必就得，不该得的千万不能得，绝不能发不义之财。一旦你得了别人的好处，就得给人办事，就会受制于人，或许从此你的命运已经掌握在别人手里了。

《道德经》讲："名与身孰亲？身与货孰多？得与亡孰病？是故甚爱必大费，多藏必厚亡。知足不辱，知止不殆，可以长久。"一名领导干部应当懂得，名声与生命、生命与财富、得到与付出的利害关系。过分地追求名利势必付出更大的代价，过多地聚敛财富势必遭到惨重的损失。只有懂得满足才不会受到屈辱，懂得适可而止才不至于遭致失败，才能长治久安。

《礼记》讲："敖不可长，欲不可从，志不可满，乐不可极。"一个人傲气不可滋长，欲望不可放纵，意志不可自满，快乐不可过度。名利犹如美食，谁都喜欢吃，但不能贪食，否则，一定会吃出毛病来。

干部最大的特点是有权，但这个权是公权而不是私权，必须慎用手中的权力，公权公用，公事公办。不能私事公办，公私不分，更不能以权谋私，搞权钱交易、权色交易、权名交易。

一个领导干部应当"广交众，慎交友"。尽可能扩大交往面，同社会各界、三教九流、各个层面的人接触，特别要多同普通百姓接触。如果你同官员交往，谈论的多是"官本位"的话题；如果你同学者、名人接触，关注的更多是成名成家；如果你同宗教人士接触，探讨的是如何淡泊名利，超脱红尘；如果你同普通老百姓接触，最关心的莫过于就业、升学、看病、住房，如何过上好日子。只有同社会各层各面的人保持广泛接触，才能真实了解社情民意，寻找到社会公认的公共价值观，也有助于自我心理平衡。如果只同富人、名人、贵人打交道，你的价值观就会发生倾斜，心里也会产生不平衡。"心理不平衡"这正是干部犯错误的开始。领导干部切忌拉帮结派，搞自己的小圈子，千万不要同那种心术不正、投机钻营、唯利是图的人搞在一起，否则，很容易被人利用，落入圈套，被拖下水。不要迷信那种只有天知、地知、你知、我知的神话，"要想人不知，除非己莫为"，只有不做亏心事，才不怕半夜鬼敲门。

干部是安邦治国的重要人才，是千里挑一、万里挑一选拔出来的。党和国家要培养一名能镇守一地、主管一方的领导人才是很不容易的。一个干部要在激烈的竞争中脱颖而出、取得成功，也需要日积月累，付出巨大的心血。尽管当干部挣不了大钱，但日子一般也不比别人差，还有地位、权力、声誉等别人所没有的东西。因此，要珍惜来之不易的职位，自重自爱，好自为之。如果贪图眼前利益，为一套房子、一批"外财"，断送了自己一生的美好前程，甚至弄得身败名裂，家破人亡，那是很不值得的。一个干部一旦走上领导岗位，就如同上了秋千架，务必时时小心，千万不要放松自己，否则一松手就甩出去了，弄不好会跌得粉身碎骨。

四、现任与前任

铁打的营盘流水的兵。我们的事业是长期的，而干部总是暂时的，新老交替、干部轮换是正常的事情。在干部的经历中，必然会遇到如何处理现任领导与前任领导的关系问题。

在干部交替中，我们常见的一种现象就是"新官上任三把火"。第一把火，就是匆匆忙忙否定前任领导；第二把火，就是匆匆忙忙颁布新政，提出一套新目标、新口号、新政策；第三把火，就是匆匆忙忙动组织手术，搞大换班或采取"杀鸡儆猴"的办法。这"三把火"的背后是一种浮躁心理作怪，有哗众取宠之心，无实事求是之义，反映了这种干部政治上的不成熟和为人上的不厚道。

在外国多党制或两党制的政体下，一旦执政党更迭，原来的在野党上台，自然会搞"三把火"，否定前任，发布新政，搞一朝天子一朝臣。我国的政治体制同国外不同。我国是中国共产党长期稳定执政，党的基本路线、大政方针是连续的。一项伟大的事业需要几代人继往开来地奋斗。这就像是一场长跑接力赛，需要一棒接一棒地跑下去。等到你接棒的时候，如果你认为前一棒跑得好，那你应当再接再厉，继续领先。如果你认为前一棒跑得不理想，那就应当快马加鞭，追赶上去。只有傻瓜、笨蛋才会宣布，前几棒跑得不好，统统不算数，自己要推倒重来，从零开始。

一代胜过一代，后人超越前人是自然规律，不然事业怎么发展，社会怎么前进？因此在干部交替之后，新任领导者不能一切照旧，而应当力求有一种新气象、新局面，在思路、政策、人员安排上做一些调整是正常的。前任领导应当欢迎后任领导对自己的做法进行必要的改进。然而，新任领导应当清醒地意识到，当务之急是集中精力干好自己的工作，而不要首先在挑剔前任的毛病上花很多心思。如果说，当你不在位时靠评头论足、批评当局还能显示自己的某种高明、动员起某些群众的话，那么当你主政之后，靠批判前任并无助于提高自身的威信。指责别人不行容易，而要证明自己行并不容易。这时，群众不看你怎么说，而看你怎么干；不在你想法多，而在你有没有办法；不在你许了多少愿，而在你兑现了多少。

没有调查研究就没有发言权。即使本事再大的人，刚到一地，在情况不明、心中无数的情况下，也很难抛出什么高明的方案。那种下车伊始，便哇喇哇喇，到处发议论、作指示的人，只会使人反感，一开始就给人留下不好的印象。

新官上任，切忌进人太锐、谋事太急、气焰太盛。上任之初，最要紧的是稳定人心、稳定干心、稳定局面。团结面越大越好，树敌越少越好。切忌自己的位置还没坐稳，就开始搞人事调整，以人划线，弄得人心惶惶。这样人为地树立了很多"政敌"，增加了领导的阻力，削弱了执政的基础。某些在原有秩序下不得意、不得志的人，在新官到来时往往表现得很活跃，整天围着你转，说三道四。他们想通过批评前任领导的无能、歌颂现任领导的英明来讨得你的欢心，以便得到某种好处。而前任领导所器重的骨干也会在

一段时间内冷眼观察，保持沉默。新任领导这时听到的可能是倾斜的舆论和
"一边倒"的声音，千万不要为这种声音所左右，凭一时的好恶而决定人事
的去留。如果你能把前任依靠的骨干变成自己依靠的骨干，把怀疑者变成拥
护者，那是最高明的。

五、对上与对下

各级领导干部是党和国家领导体系中承上启下的重要环节，是上情下
达、下情上传的重要渠道。如何处理对上和对下的关系，这关系到组织原则
和政治纪律，也反映了党风、政风和干部作风的状况。

处理对上和对下的关系，根本原则就是坚持对上负责和对下负责的一
致性，干部的水平就在于能不能找到并坚持这种一致性。这种一致性的基点
就是实践，就是群众。实践是检验一切政策正确与否的根本标准。为群众服
务，对群众负责，这是一切政策的出发点和归宿点。政策的好坏、干部的优
劣，归根到底要看实践效果，看群众是否满意。

在任何一个有效的组织体系中都会实行"下级服从上级"的原则，下级
应当维护上级领导的权威，保持政令的畅通。如果各自为政，各行其是，就
会一盘散沙，一事无成。中国经济体制改革取得成功的一个关键组织因素，
就在于有一个强有力的执政党，有一个有高度权威性的政府调控体系。

下级对上级的忠诚、负责、服从，并非只是建立在单纯的组织纪律的基
础上，根本的原因在于上级领导机关站得更高，看得更远，更了解全面，更
顾全大局，因此下级对上级的服从，与服从真理、服从大局、服从长远利益
是一致的，是建立在自觉的基础上而不是建立在盲从的基础上。对待错误的
领导、错误的决定，不但不应当盲目执行，而且应当敢于抵制。正如毛主席
所说："共产党员对任何事情都要问一个为什么，都要经过自己头脑的周密
思考，想一想它是否合乎实际，是否真有道理，绝对不应盲从，绝对不应提

倡奴隶主义。"（《整顿党的作风》，《毛泽东选集》第三卷，第829页）

在我国封建社会时期，就存在官员"公忠"还是"私忠"之说。公忠，就是忠于国家，忠于社稷，忠于百姓，而非只是就君臣个人关系而言。社稷意识应当超越君臣关系，不论君臣上下均应忠于江山社稷。只有臣忠于君，君忠于民，方能天下为公。一个真正的忠臣，应当对上尽言于主，对下致力于民，对己修义从令。私忠，只是忠于君主个人，愚忠愚孝，绝对服从，君臣之间是一种人身依附的主仆关系。今天，我们对上级领导的忠诚、负责和服从，是建立在立党为公、执政为民的基础上的，是公忠而非私忠。健康的组织生活，不是下级对上级的完全依顺，而是上级和下级的平等交换和相互依赖。上下级干部之间是平等的同志关系，而绝非封建时代的人身依附。

我国现行的民主集中制原则是民主与集中的有机统一体，它本质上是一种民主制度，而不是一种集权制度。民主集中制一方面体现了民主选举、少数服从多数、集体领导、会议决定、尊重多数人的利益和意志等重要民主内涵，另一方面也作出了"个人服从组织、下级服从上级、全党服从中央"等纪律规定。在解读民主集中制时，人们往往忽视了上面的民主内涵，而侧重于下面的"三个服从"。民主集中制的基本要求是"民主基础上的集中"和"集中指导下的民主"，其中民主是前提，是本质，是目的。而集中是手段，是过程。如果不讲民主，只讲集中，必然导致官僚主义、主观主义，助长个人崇拜和个人专断，发生苏联斯大林时期和我国"文革"期间的悲剧；反过来，如果只讲民主，不讲集中，就会造成无政府主义的混乱。在实际操作中，上级机关应当侧重保证"在民主基础上的集中"，防止权力的异化和变质。下级单位应当切实注意"在集中指导下的民主"，防止各自为政。在中国这种封建专制传统根深蒂固的国情下，尤其要防止个人独断专行的发生。

六、照抄照搬与开拓创新

对待上级指示，最流行的说法就是"原原本本地传达，不折不扣地贯彻"。其实，这并不是对待上级指示的科学态度和正确做法。一个奋发有为的干部，对待上级指示应当遵循四条基本原则：

一是吃透精神。在认真学习理解的基础上，弄清本质，掌握要领。"不惟明字句，重在得精神。"原原本本、照抄照搬是最简单不过的，只要识字，谁都会做。只有掌握了精神实质，才能解放思想，守住底线，从心所欲而不逾矩。

二是弄清下情。在调查研究的基础上，搞清自己单位的实际情况，摸准群众的脉搏，了解社情民意，做到心中有数。

三是搞好结合。把理论与实际、上情与下情结合起来，找到贯彻上级指示的结合点、切入点、突破点。结合才能落实，结合才有实效。干部的领导水平就在寻找结合点上。

四是开拓创新，创造性地贯彻执行。上级政策是针对面上一般情况制定的，各地情况千差万别，实践发展千变万化，对上级指示只讲"不折不扣"是远远不够的，切不可生搬硬套搞"一刀切"，没有区别就没有政策。一个负责任的干部应当把握政策原则，守住政策底线，在贯彻执行中审时度势，该坚持的必须坚持，该变通的适当变通，该修补的适当修补，对某些不合时宜的地方，该突破的要敢于突破。

江阴市华西村是中国农村发展的一面旗帜。华西村的带头人吴仁宝是真正的农民英雄，他在农村工作了一辈子。吴仁宝在总结基层工作经验时说了一段发人深省的话，他说：华西村是一个村级单位，上面至少有五级领导——中央、省、市、县、镇。各级领导都对华西村做过不少指示，都应当贯彻执行。可是各级领导的要求未必一致，全部执行就很难办。上级精神也在不断调整变化中。上世纪六七十年代，上面强调"一大二公，以粮为纲"，多种经营、私营个体砍得越光越好。到80年代推行包产到户，似乎集体的东西都分掉才对。现在，苏南地区又在推行"三集中"，即耕地向规模农业集中，农户向居民社区集中，乡镇企业向工业园区集中。如果不从自己的实际出发，盲目地赶潮流，事事都想当排头兵，政策一调整就被动了，也不可能有华西村今天的局面。

吴仁宝感慨地说：千难万难，一切从实际出发，做到实事求是最难啊！

相信群众，依靠基层，尊重基层干部群众的首创精神，这是群众路线的基本要求，是我们的事业永葆生机活力的源泉。

我国改革开放的一条根本经验，就是务必把基层干部改革创新的积极性发挥好、保护好、引导好；务必把广大群众劳动创业的积极性发挥好、保护好、引导好。只要把基层搞活了，把群众的手脚放开了，让人们放心放胆地去劳动、去创业，去创造自己的美好生活，那政府的包袱就减轻了，我们的事业就大有希望。哪个地方放得开、搞得活，哪里就生机勃勃；哪个地方管得死、统得多，哪里就死气沉沉。过去在高度集权统一的计划体制下，折腾来，折腾去，人们劲没少使，汗没少流，但江山依旧，面貌未改，人们一直过着缺衣少食的穷日子。改革开放后的30多年，还是这方土地，还是这些人群，却呼风唤雨般创造出了巨大财富，奇迹般地改变了城乡面貌，这是为什么？根本原因就是把基层放活了，把群众放开了。改革开放中许多具有划时代意义的创举，如联产承包、乡镇企业、特区的试验、个体民营经济的发展等，并不是首先由上面设计出来的，而是首先由基层的干部群众闯出来的。邓小平同志的英明伟大之处，就在于他总是满腔热忱地鼓励基层干部群众解放思想，振奋精神，大胆地试，大胆地闯，大胆地冒。他始终密切关注着下面的改革尝试，及时总结经验，突破一点带动全局，用典型推动工作。

基层出经验、出政策，实践出真知、出人才。我们不要总以为上级一定比下级高明，干部一定比群众高明。现在，各级领导机关中增加了许多高学历、高文化的知识分子干部，大大提高了干部队伍的知识化和专业化水平。但值得注意的是，有些人属于"三门"干部，从家门到校门再到机关门。他们书本知识多，实际知识少，缺乏基层锻炼和群众工作能力，对国情民情知之不深，对基层干部缺少体谅，他们制定出的一些条条杠杠，往往不切实际，在实践上很难行得通。

在上级机关定政策、发文件、作指示的时候，一定要弄清下情，不耻下问，先当学生，后当先生。多数基层干部持有异议的东西，不要匆忙决定，强行下发。"治大国若烹小鲜"。在一个法治社会里，不能政出多门。如果既要依法治国，依政策治国，依文件治国，又要以讲话治国，以批示治国，那就必然造成许多交叉和混乱，弄得下面穷于应付，无措手足。现代社会信息很发达，在领导干部的案头上，围绕一个问题会有各条渠道提供的信息：有机关报送的，有记者采访的，有群众上访反映的，有网络流传和街头议论的，真真假假，五花八门。领导干部在没有核实之前，不宜随意表态，轻率批示，防止"批示满天飞"。在工作中有时会发生这样的情况：在一个失真的信息上，领导却做了"正确的批示"，弄得基层左右为难。如果不传达，封锁领导批示，违反了组织原则；如果传达，会影响领导的威信；如果贯彻，可能会造成不良的后果。

七、报喜与报忧

"报喜不报忧"，这是古今中外常见的一种官场病，也是一种常见的社会流行病。近年来，这种报喜不报忧的风气日渐增长。分析形势，只讲有利面，不讲不利面。总结工作，对成绩津津乐道，夸大其词；对问题轻描淡写，遮遮掩掩。向上汇报工作，只讲好事，只说好话，不谈矛盾，不提意见。到下面考察调研，只去先进单位，不去后进地方，喜欢"访富问甜"，很少"访贫问苦"，如此等等。

报喜不报忧虽然不等于弄虚作假，但片面性也是一种不真实，同样违背了实事求是的原则。它使得领导机关难以掌握全面情况，准确判断形势，进行科学决策。使得工作中的矛盾和问题不能得到及时解决，以致贻误时机，铸成大错。这就像一个医生给患者看病一样，如果医生报喜不报忧，只讲血压正常，而对血糖、血脂、心律等不正常的指标一律隐而不报，这样做虽然可以使患者高兴一时，但最终必然延误治疗，害了患者。

报喜不报忧的问题所以久治不愈，蔓延滋长，根本的原因在于上级领导"闻喜则喜，闻忧则怒"。下级干部"报喜得喜，报忧得忧"。上有好焉，下必甚焉。上面喜欢歌功颂德，下面就会大讲丰功伟绩；上面希望"形势大好"，下面就会大讲"莺歌燕舞"。

前些年，片面追求GDP的政绩观助长了报喜不报忧的风气，各地之间围绕数字展开激烈的竞争。每到年底向上报告经济发展数字时，干部左顾右盼，颇费脑筋，担心报低了影响政绩，影响形象，自己吃亏，甚至出现了"干部决定数字，数字决定干部"的奇怪现象。有些人就是靠虚假数字、注水政绩而升官受奖的。

开展批评和自我批评。这是中国共产党的三大优良作风之一，是党克服自身错误、正确解决党内矛盾的有力武器，也是检验党内生活是否民主化、正常化的试金石。正如邓小平所说："不犯错误的党，不犯错误的人，不犯错误的领导是没有的。问题在于及时总结经验，用批评与自我批评的精神检查工作。这样，就可以不使小错误发展为大错误，发展为路线性的错误；就可以使党员和干部从正确经验中受到教育，也可以把错误变成肥料，将坏事变成好事。"（《邓小平文选》第一卷，第346、347页）现在，党内批评和自我批评的风气越来越淡薄了，一些领导干部丢掉了批评和自我批评的作风，取而代之的是表扬与自我表扬、吹捧与自我吹捧的庸俗风气。对于一个长期执政的政党来说，没有批评和自我批评是非常危险的。

任何时候，形势都有两面性，既有有利因素，也有不利因素。任何地区，既有光明面，也有阴暗面。任何工作，既有成绩，也有问题。因此，分析形势，总结工作，必须实事求是，一分为二。成绩要讲够，问题要讲透。肯定成绩有利于团结鼓劲，找出问题有利于改进提高。对外宣传应当正面为主，考虑社会的承受力；而关起门来则应当多找问题，多看差距。有的干部从对上和对外报喜不报忧，发展到在领导班子内部也掩盖问题，封锁消息，担心揭露问题会影响威信，承担责任，致使小问题变成大问题，小事端演变成大事故。

毛主席有一段名言："什么叫工作，工作就是斗争。哪些地方有困难、有问题，需要我们去解决。我们是为着解决问题去工作，去斗争的。"领导的责任就是解决问题。一个有远见的领导者应当具有高度的敏感性，始终保持忧患意识，善于见微知著，未雨绸缪，及时发现和解决潜在的或处于萌芽状态的问题，这样才能保持工作的主动权。一个优秀的干部不是抹平问题，而是在事故发生前把问题挑出来。在处理报喜和报忧的先后关系上，人们通常的做法是先报喜后报忧，其实正确的办法应当倒过来，先报忧后报喜。成绩晚报一些也跑不了，恰恰是问题、隐患应当及早发现，及时报告，以便迅速采取补救措施，把事故消灭在萌芽，消化在基层。现在不少突发事件、重大灾难的发生，并非事先没有苗头，而是发现了苗头隐而不报，使劲捂住，最后事情闹大了，盖子捂不住了，才不得不向上报告，可惜为时已晚，已经来不及补救了。

八、讲套话与讲新话

对于"文化大革命"中那种"假、大、空"的文风，人们早已是深恶痛绝了。经过拨乱反正，重新确立了实事求是的原则，文风大有好转。现在，讲套话之风又开始流行。在一些讲话、文件和宣传文章中，一些新套话、新八股司空见惯，四处流行，内容空泛，言之无物，不讲修辞，缺乏文采。一篇讲话，洋洋万言，人们能听得进、记得住的没几句，大部分都是空话、老话、套话和"正确的废话"。这不仅影响了一些领导干部的形象，也损害了党风政风和民风社风。

在文化大革命中，人们迫于政治高压，不得不违心地去讲套话。而今天，社会政治环境比较宽松，没有人强迫你讲套话，也没有哪个人因为不讲套话而受到追究，那为什么套话依然流行呢？

一是因为缺乏读书学习、深入思考，脑子里没有知识武装，缺乏独立见解，只好抄书抄报。

二是因为缺乏调查研究，脱离实际生活，不能从火热的群众实践中吸取鲜活的材料和丰富的营养，只靠自己拍脑袋哪能产生出生动活泼的东西呢？

三是会议太多，忙于应酬，整天像演员赶场子一样到处赶会，逢会必讲，来不及认真准备，只好照本宣科，念别人写好的稿子。

四是因为思想不解放，担心讲新话、讲自己的话会踩线，不如讲老话、讲套话保险。

关于转变文风、会风、话风的问题，近年来不知写了多少文件，发了多少号召，但并不见好转，这个问题已经成为一种风气，一种时弊，人人头痛，看来不狠下决心集中进行一番专项整治是解决不了问题的。

在延安时期，我们党曾经以加强学习和自我批评为手段，展开了一场历时三年的整顿"三风"运动，即反对主观主义以整顿学风，反对宗派主义以整顿党风，反对党八股以整顿文风。毛主席发表了《改造我们的学习》《整顿党的作风》《反对党八股》这三篇精彩演讲。在《反对党八股》一文中，毛泽东淋漓尽致地列举了党八股的"八大罪状"，即：空话连篇，言之无物；装腔作势，借以吓人；无的放矢，不看对象；语言无味，像个瘪三；甲乙丙丁，开中药铺；不负责任，到处害人；流毒全党，妨害革命；传播出去，祸国殃民。毛主席号召全党要像"老鼠过街，人人喊打"一样扫除党八股，使它没有藏身之地，并大声疾呼："洋八股必须废止，空洞抽象的调头必须少唱，教条主义必须休息，而代之以新鲜活泼的、为中国老百姓所喜闻乐见的中国作风和中国气派。"今天，重读一下这三篇著作，对扭转时下的不良风气无疑会起到巨大的作用。

《易经》认为，世上万物不离三大原则：一是变易，万物皆变；二是不易，事物的本源和规律是不变的；三是简易，简易才是事物发展的最高原则。尽管万事万物奥妙无穷、变化无常，但只要找到了规律，掌握了原理，就会由繁而简，由难而易。任何伟大的真理都是简单、平实、易懂的。有些人所以啰里啰嗦，是因为不得要领；所以含混不清，是因为思维混乱。

一个优秀领导者，必须抛弃官僚主义、繁琐主义、文牍主义的作风，不论讲话、做报告、写文章，都应当追求"简约为美"的原则。"文则数言乃成其意，书则一字已见其心。"在学风、文风、话风方面，邓小平为领导干部树立了典范。他坚持讲真话、讲实话、讲短话、讲新话、讲自己的话，旗帜鲜明，要言不烦，实实在在，一语中的。一篇南方谈话，只有八千多字，对于困扰改革开放的许多思想理论问题和举棋不定的政策举措，给予了深思熟虑、一锤定音的回答，起到了振聋发聩的作用。这篇谈话，浓缩了邓小平理论的精华，把他的创新思维推向了新的高峰，成为中国特色社会主义理论的经典之作。

领导者的本事就是善于将复杂问题简单化，能够从杂乱的信息中选取最有价值的内容，从纷繁的意见中理出清晰的思路，然后以简洁有力的语言说明自己的意图。越是简单明了，人们越容易记住，越不易发生误解，越便于操作执行。凡是喜欢开长会、讲长话的人，大多是不受群众欢迎的人；凡是喜欢讲套话、讲空话的人，讲得越多，威信越低。

※ 领导境界

　　一个干部的领导水平并不是天生就有的，也不是只靠读书就能得到的，更不是由地位和职务派生出来的。提高领导水平的最有效办法，就是把勇于实践、善于总结、勤于学习、不断思考紧密结合起来。

　　领导工作是一种最有个性特点、最具个人创造空间的岗位。怎么当领导并没有万能的药方，没有可以照抄照搬的模式，别人的领导经验也是很难复制的。同样一个岗位，不同的人会有不同的干法。同样一种政策，不同地方执行下来会有不同的效果。领导与其说是一门科学，不如说是一种智慧，一种艺术。领导工作是一种实践性很强的学问，岗位锻炼、实践经验对提高领导水平至关重要；但阅历本身并不能变成智慧，必须不断总结，不断思考，才能上升到理性认识，去指导今后的工作。两个在同一起点起步的干部，一个善于学习思考的人同一个不善于学习思考的人，几年下来在领导水平上会形成巨大的落差。一个干部，如果满足于辛辛苦苦地工作，必然是日功有余，年功不足，年复一年地在同一水平上反复；如果只局限于自己的狭隘经验，不去借鉴前人的智慧和别人的经验，也不可能成为卓越的领导者。

　　一个干部，当他地位不高、权势不重、根基未稳的时候，权力的行使会受到方方面面的制约和监督，也会不断听到批评的声音，这时，一般态度比较谨慎，注意学习提高。而一旦地位高了，权势重了，工作中说话算数甚至可以说一不二了，权力的行使很少受到外部的制约，再也听不到也不想听到批评的声音了。这时，往往失去了学习提高的外部压力和内在动力，原来受到压抑的不良天性和种种奢望贪欲就会显露出来，犯错误的机会也大大增加了。越是拥有高度权威的领导者，越有可能犯常人犯不了的大错误。

　　做官当干部，是最具风险的职业，是最难把握自己命运的职业，也是未来最不确定的职业。干别的事情，如读书做学问或做生意，你可以有明确的奋斗目标，而做官当干部是不能有个人目标和个人野心的。因为做什么官，在哪里做官，或是做多大的官，并不取决于自己，而是取决于选民的态度和上级领导的安排。所谓领导局面，就像是一张三条腿的桌子，如果三条腿都落实，就能保持局面的平衡。如果不小心使一条腿悬空了，顷刻之间，就会形势突变，局面颠覆。因此，做官当干部，要始终保持一种"战战兢兢，如履薄冰"的态度，切不可得意忘形，忘乎所以，你决定不了别人的态度，但可以管住自己。

人生如同一场数学游戏。如果你是一名学者，那是在做"加法"。不论开辟了一条路或是堵死了一条路，不论是证实了一个命题或是证伪了一个命题，那都叫学问。

如果你是一名商人，那是在做"加减法"。经营中可能有赚有赔，但只要最终赢利了，那就是一个成功的企业家。

如果你是一名领导干部，那是在做"乘法"。如果政策对头，方法得当，发动群众，你可以作出高于常人几倍几十倍的业绩，创造出改天换地的奇迹。但如果政策失误，方法失当，那就会造成严重的社会后果，等于"乘以零"或"乘以负数"，就会前功尽弃。对领导者来说，功是功，过是过，功过是不能相抵的。做学问，搞研究，可以说"失败是成功之母"；而搞政治，做领导工作，应当稳扎稳打，确保政策的成功，绝不能说"失败是成功之母"。对一个领导者来说，政治的失败和政策的破产，后果是难以预料的。

一个地方、一个单位的主要领导者，其水平高低、工作优劣同那里的社会治安、事业兴衰、百姓福祉是紧紧联系在一起的。一个领导者，如果能把自己的权力、地位与自己的崇高理想、聪明才智结合起来，可以干成许多一般人干不了的大事情，在振兴事业、促进发展、创新体制、革除积弊、起用人才、造福百姓方面创造出许多辉煌的业绩。相反，如果只想做官，不想干事，因循守旧，不思进取，不求有功，但求无过，虽然没犯什么错误，但他损害的是整个事业，殃及的是所有百姓，造成的耽误、带来的损失是无法估量和难以补救的。对领导干部来说，无功即是过，不干事是最大的错误。这种占着位子不想干事的干部，比那种虽然有错误但想干事的干部要差许多。

学海无涯，学无止境。同样，仕海无涯，学无止境。一个干部一旦走上领导岗位，就肩负起了组织的重托和群众的期望，把自己的命运同整个事业联系在一起，如同安徒生童话《红舞鞋》的芭蕾舞女一样，一旦穿上红舞鞋就要不停地跳下去，把全部生命的激情融入到追求的事业中，用事业的辉煌来回答"我为什么活着"的命题，铸就人生的价值。

不论是古人讲的"修身"，还是今人讲的"修养"，其中"修"的本义就是自我学习、自我反省、自我修正、自我改造、自我完善。领导干部应当把"活到老，学到老，改造到老"作为自己的座右铭，始终保持一种学习进取之心，向书本学习，向实践学习，向他人学习；始终保持一种敬畏之心，敬畏天地，敬畏前贤，敬畏领导，敬畏群众；始终保持一种自省自律之心，战胜自己的弱点，战胜自己的不良天性，战胜自己的种种奢望和贪欲，不断去追求一种更真更善更美的领导境界。

一、远见卓识

领导者是引领群众走向未来的人。具有强烈的方向意识、战略头脑、远见卓识、未来眼光，是一个优秀领导者必备的素质。

不畏浮云遮望眼，只缘身在最高层。

能够成就大事业的领军人才，应当有大智慧，大视野，大谋略，比常人站得更高，看得更远，善于透过眼前纷繁的现象而预见到未来的发展，在危机中能找到机会，在黑暗中能看到光明。

当年红军在井冈山斗争时期，面对大革命失败后的严峻形势，一些人发出"红旗还能打多久"的悲观论调，而毛主席却从当时中国社会矛盾的分析和敌我双方力量的比较中，作出了"星星之火，可以燎原"的论断，为陷入困境的中国革命指明了出路。

在上世纪90年代初期，面对国际上苏联解体、国内"八九风波"后思想混乱、经济低迷的局面，一些人被外有压力和内有困难镇住了，不敢解放思想，有所作为。邓小平在视察南方的谈话中，一改常人对形势的判断，提出了"抓住机遇，解放思想，深化改革，加快发展"的战略思想。以此为转机，党和政府迅速调整对策，从而使我国进入了一个连续十几年经济保持两位数增长的新阶段。

开拓型领导人才的一种特质，就是具有远大的理想追求，充满创造未来的激情。他们对自己的理想怀有高度的自信，充满着必胜的意志，坚信自己能够改变现状，创造出超越前人的业绩。如果一个领导者不能描绘出一幅美好的远景，不能勾画出一张充满吸引力和诱惑力的蓝图，那就无法动员和鼓舞人们加入自己的奋斗行列，组成一支浩浩荡荡的创业大军。任何挑战现状的尝试都会充满风险，甚至会带来失败，如果你不敢承担风险，那就不可能承当大任，成就大业。在创新创业的过程中，领导者应当以身作则、身先士卒地去奋斗、去献身。越是在困难和危急关头，越要发挥中流砥柱的作用；越是在人心混乱、军心动摇的时刻，越要头脑冷静，稳住阵脚，发出坚定的声音，始终给人以斗志，给人以鼓舞和信心。在过程没有结束之前，不要认为完了。最后的胜利往往存在于再坚持一下的努力之中。

最没有出息的领导莫过于急功近利、鼠目寸光，一遇困难就灰心丧气，一遇危机就六神无主。

二、当机立断

一个称职的领导者，应当具备的基本领导能力就是判断力和决断力。对杂乱无章的信息能理出头绪，对七嘴八舌的议论能理清思路。讨论问题时不能含含糊糊、模棱两可，而应当有一个明白的说法和鲜明的倾向。决定问题时不能拖泥带水、久拖不决，而应当明确发出"行还是不行"、"干还是不

"干"的指令。在提高判断力和决断力上，领导者追求的目标就是能够做到当机立断。

第一，当机遇到来时要紧抓机遇，抢占先机。

机遇是一种天赐良机，不可多得。对一个国家或一个单位来讲，属于你的发展机遇几十年难得一遇。机不可失，时不再来。抓住机遇或是丧失机遇，带来的后果大不相同。

在19世纪后半期，中日两国都面临变法图强的历史机遇。日本的明治维新取得成功，一跃成为世界工业强国。而中国的戊戌变法遭到失败，沦为半殖民地半封建国家，从而造成了百年的屈辱。

上世纪80年代，中央批准试办四个经济特区，对十四个沿海开放城市给予特殊政策。有些地方应声而动，大胆地试，大胆地闯，创造出一个又一个的奇迹。而有些地方却畏首畏尾，不敢越雷池半步，结果错失良机，只能抱着金饭碗讨饭吃。

机遇是看不见、摸不着的，能不能抓住机遇，关键看领导者的智慧、胆识和超前眼光。机遇本身并不会给你带来财富，但它却是一种潜力无限的资源，关键在于你会不会开发利用。善于开发利用，可以创造出无限的空间和巨大的效益，实现跨越式的增长；而不善于开发利用，不但没有效益，还会受到惩罚。正如古人所说："天予不取，必遭其咎；时予不应，反遭其殃。"一个高明的领导者应当善于审时度势，在机遇到来时，以只争朝夕的精神，迅速应对，全力以赴，此时不动，更待何时？

第二，在遇到紧急情况时，应当勇于承担，敢于决断，利刀斩乱麻地予以处置。

处理紧急情况和突发事件，无疑是一件风险极大的事情。因为在瞬间之内必须作出决断，而决断的正确与否将决定事情的成败，甚至会改变自己的命运。这时候，需要沉着冷静，更需要临危不惧、奋不顾身的精神。特别是现场领导没有什么回旋余地，往往处理越快、出手越果断，付出的代价越小。如果搞得好，还可能把危机化为转机。在军情火急来不及向上请示的情况下，应当"先斩后奏"，或边干边请示。最坏的做法就是借口"商量商量"、"请示请示"来躲避风险，逃避责任。如果事情得以解决，自己也有一份功劳；如果事情办糟了，自己还可以把责任推卸给同事和上级。在应对突发事件时，处理不当固然应当承担责任，而逃避责任、贻误战机更是不可原谅的错误。

第三，在遇到争论不休又必须决断的问题时，要敢于打破僵局，一锤定音。

在决策中，有时会遇到各种意见众说纷纭、争执不下的状况，作为主要领导不能被这种争执所困扰，乱了阵脚，必须设法打破僵局。必要时一把手要敢于力排众议，个人独断。但是，应当知道，你可以"独断"，但不可以"专行"，更不能"一意孤行"。要运用自己的说服力和影响力，把大家带到一个新视野中来，让他们接受既定的方案，设法把"独断专行"变成"独断众行"。

对领导者来说，最可怕的缺点是没有主见，优柔寡断，缺乏必要的判断力和决断力。当断不断，必受其乱。不发扬民主，自己没有主意；越发扬民主，越是一团乱麻，不知所从。工作中经常议而不决，决而不行，一遇到阻力和困难就想改变主意，打退堂鼓。

三国时期的袁绍曾经是最有实力的一个诸侯。他坐拥江北，地广物丰，兵多将广，又收养名士，广树亲信，一度声名远扬。然而，此人最大的缺点就是优柔寡断。虎皮而羊质，色厉而内荏，善闻而不能纳，有谋而不能决，有才而不善用，干大事而惜身，见小利而忘命。结果，官渡一战，一败涂地，从此，也便销声匿迹了。

三、宽厚包容

在人的所有优秀品质中，最可贵的是助人为乐，最难得的是宽厚包容。只要具备了"助人为乐、宽厚包容"这八个字，就可以成为一个有修养、有道德的人。

宽容是一种社会美德，更是一种制度文明。不论是社会美德还是制度文明，都需要领导干部带头实行。

宽容不是示弱，而是示强，是自信和自强的表现。宽容不只是对别人的大度和接纳，更重要的是自我克制、自我战胜。

在中国文化中，宽容的真正内涵是厚德载物，海纳百川，不同而和，和而不同。

在英文中"宽容"一词叫tolerance，可以解释为一种忍耐力，是承认并尊重他人信仰和行为的能力或行动。

2005年，联合国教科文组织通过的《人权与文化多样性》的文件中指出，"容忍"是21世纪国际关系中必不可少的价值观之一。

领导者的宽厚宽容精神应当体现在这样几个方面：

首先，应当容忍异己的东西，尊重不同的声音，承认多元的环境。

你不是我，我也不是你，彼此有不同的想法是很正常的。你自己的想法也会变来变去，写稿子也会改来改去，说明自己跟自己也有矛盾，也有不同，怎么能要求别人事事处处同自己保持一致呢？

世界的本质是多元而不是一元。"不同"是事物的常态，而相同是个别或暂时的现象。

在自然界，正是因为有不同的物种，才有大千世界，生态平衡。

在社会中，正是因为有不同的阶级阶层、族群和利益集团，才产生了国家，才需要领导。

在政治生活中，正是因为有不同的意见和主张，才需要民主制度，才产生了民主集中制的原则。

在经济生活中，正是因为有不同的经济形式和利益主体，才产生了商品交换和市场竞争。

在文化生活中，正是因为有不同的文化，不同的艺术，不同的风格，才能相互交流，相互借鉴，取长补短，共同繁荣。

因此，领导的水平不在于消除异己，消灭不同，而在于能够求同存异，殊途同归。

决策的学问就是一门求同存异的学问。如果一种方案，被百分之百地拥护，完全一致地赞同，那不一定是好事，很可能是错误的决策，虚假的民主。只有经过不同意见的权衡，多种方案的比较，才能形成优化的方案，作出科学的决策。领导的责任就是通过不同意见的沟通和协调，求得共识。有时候可以求大同，存小异。有时候分歧过大，可以先求小同，细心地找到共识点，然后设法扩大共识，积累共识。切不可扩大争论，激化矛盾。

一个好的领导者就像是一个好的乐师、画师和厨师。乐师的本事是能用不同的音律编排出优美动听的乐曲，画师的本事是能用不同的颜色描绘出绚丽多彩的图画，厨师的本事是能用不同的味道烹调出美味可口的佳肴。如果世界上只剩下一种音律、一种颜色、一种味道，再好的乐师、画师和厨师也无济于事了。

其次，对别人的错误和过失不要过分计较，揪住不放。

人非圣贤，孰能无过，有过知改，善莫大焉。看待干部，不以无过为尊贵，而以改过从善为美德。其实，一个犯过错误并吸取教训的人，可能比没有犯过错误的人更成熟，更可靠，更有免疫力。战败的军队更善于学习。任何外部的教育都不如从自身失误的教训中学习来得更深刻、更难忘。对干部犯错误一定要做具体分析：是偶然的错误还是一贯的问题？是工作中的失误还是基本品质问题？是个人的责任还是大环境造成的？是改革探索中难以避免的失误还是胡作非为、违法乱纪的结果？即使是有大的过失，也要立足于挽救，给人以弃旧图新、将功补过的机会，尽可能把消极因素转化为积极因素，不要一棍子打死，不留任何出路，使其永远成为社会的包袱。

历史上有不少犯过大错误的人，由于领导者宽宏大量，不计前嫌，重新予以录用，从而创造出辉煌的成绩。春秋时期，齐桓公为了成就霸业，对自己的仇人管仲不但未加惩治，反而破格重用，尊为仲父，拜为宰相，用人不疑，言听计从，君臣密切合作40年。管仲忠心辅佐齐桓公励精图治，变法图强，使齐桓公成为春秋第一霸主，而管仲则成为成就霸业的第一功臣。管仲是"礼义廉耻，国之四维；士农工商，国之四民"这一理念的创始者，是对外开放、招商引资的第一人，也是中国古代最卓越的改革家之一。诸葛亮曾把管仲作为自己的学习榜样，称管仲为"千古第一相"。孔夫子也高度赞扬管仲说："管仲相桓公，霸诸侯，一匡天下。微管仲，吾其披发左衽矣。"用现代人的话来讲，如果没有管仲，我们或许还在野蛮世界中生活。假如没有齐桓公这样的宽大胸怀和用人胆识，管仲早已是阶下之囚或刀下之鬼了，齐桓公也不可能创造出这样的千秋伟业。

第三，对伤害过自己的人不要耿耿于怀，蓄意报复。领导者不能得志便猖狂，得理不饶人，对得罪过自己、伤害过自己的人怀恨在心，不依不饶，必欲置之死地而后快。人的宽恕都是相互的，你不宽恕别人，也就得不到别人的宽恕。冤冤相报何时了，苦苦相逼何时消！所谓"君子报仇，十年不迟"并不是什么英雄气概，不值得提倡，而"团结一致向前看"才是和谐社会应有的文明。

佛道在劝诫人生时经常说，自己活也要让别人活，要想自己活得好，也要设法让别人活得好。如果只想自己活，不让别人活，那自己也活不好，甚至活不成。当前世界上某些地方恐怖活动发生的一个深层原因，就是因为某些霸权国家穷兵黩武，到处征讨，横行霸道，欺人太甚。他们只想自己活，却不让别人活。有些人被逼急了，便采取这种恐怖报复的方式，意思就是告诉霸权国家，你不让我活，我也不让你活，干脆大家都不活了。

四、大智若愚

古人讲："不聪不明不能为王，不瞽不聋不能为公。""专用聪明则功不成，专用晦昧则事必悖。一明一暗，众之所载。"

一个人如果没有聪明，没有智慧，整天糊里糊涂、浑浑噩噩，那是不可能担任领导、治理社会的。然而，一味地耍弄聪明那只是一种小聪明，而不是大聪明，只会取得小的成功，而不可能取得大的成功。人生真正的大聪明大智慧，就是大智若愚，大巧若拙，大辩若讷，大勇若怯。

哈佛大学有学者提出了智商和情商的概念。智商很重要，情商更重要。智商决定职业，情商关系成败。智商决定录用，情商关系提升。一个人的成才成功，不仅在于有没有智慧，比智慧更重要的是能不能与人团结合作，取得别人的理解和支持。一个不会团结、不会包容、不会欣赏、不会感谢的人，必然到处碰钉子，即使是大才也成不了大用。从古到今，不知有多少智者因为专事聪明而功不成。

宋代苏轼是历史上罕见的一位奇才大儒，他诗词、文章、书画样样精通，给后人留下三千多首诗词，不少诗词名句流行千年而不衰。他21岁就考中进士，一生为官，却屡屡受挫。王安石等改革派掌权，他受到打击；司马光等保守派执政，他依然受到排斥。他前后经历了宋仁宗、宋英宗、宋神宗、宋哲宗、宋徽宗等几代皇帝都不受重用。到了晚年，"心似已灰之木，身如不系之舟"。他在一首打油诗中告诫后人："人皆生子望聪明，我被聪明误一生。惟愿吾儿愚且鲁，无灾无难到公卿。"

宋朝时还发生过另外一件事。宋太宗提议让吕端做宰相，不少人反对，认为吕端糊涂。宋太宗认为，吕端小事糊涂，大事不糊涂，足以担当大任。当时，吕端被任为正相，寇准被任为副相。吕端沉稳宽厚，寇准睿智率直，二人共掌相府，相得益彰。毛主席也曾借喻这件事赞扬叶剑英说"诸葛一生唯谨慎，吕端大事不糊涂"。在粉碎"四人帮"的关键时刻，叶剑英果然表现出大智大勇，发挥了力挽狂澜、扭转乾坤的作用。

老子说："知不知，上；不知知，病。"一个人如果知道却装作不知道，留点余地，给别人一点展示才能的机会，那是上策，是做人处世的大智慧和高风格。如果总喜欢出风头，卖弄聪明，不懂装懂，那是下策，是一种愚蠢，是病态的表现。

日本著名作家渡边淳一写过一本书，叫《钝感力》。书中讲，世界上不仅存在敏锐聪慧这种才能，相比之下，不为琐事动摇的钝感，才是人们生活中最为重要的基本才能。钝感虽然有时给人以迟钝木讷的负面印象，但钝感力却是我们赢得美好生活的手段和智慧。书中还讲到，视力太好的人眼睛太累，听力超常的人思维会受到干扰，味觉过于敏感的人享受不了美食，触觉过于敏感的人容易皮肤过敏，思维太敏感的人容易焦虑等等。一个人只有既有敏感力，又有钝感力，才能身心健康，取得成功。

一个领导者特别是一把手，不要认为自己什么都懂，什么都行，觉得别人什么都不如自己。开会，一个人包揽会场，不给别人讲话的余地；做事，一个人大权独揽，事事自己说了算；总结工作，把一切成绩归于自己，把一切问题推给别人；凡事习惯于说"我"，而很少说"我们"。这种领导，怎么能得到大家的爱戴和拥护呢？

在一个领导集体中，应当彼此取长补短，优势互补，成为一个"八仙过海，各显其能"的战斗团队。一把手不一定能力最强，他最大的本事是能够把大家聚拢在一起，同心协力、心情舒畅地干事。一把手的责任是出主意，用人才，抓大事，谋全局，不要事必躬亲。一把手的最佳位置应当是想在前头，干在旁边。有些话，与其自己说不如通过别人的嘴说出来。有些事，与其自己干，不如让更合适的人来干，给每一个人都创造一个实现自我价值的机会。在领导班子内部，应当合理分工，明确责任，相应授权，分层管理，实行职、责、权、利相统一的原则。恰当的分工和分权是加强管理的最有效办法，职、责、权、利相统一，是干部履职的基本条件。总之，领导出环境，环境出人才，人才出成果。

清代郑板桥写过一个著名条幅，叫"难得糊涂"。这个世界上真糊涂的人不少，假糊涂的人不多。一个人由糊涂变聪明很不容易，而由聪明变糊涂更是难上加难，这需要很高的智慧和修养。大智若愚正是领导者应当追求的一种大智慧、大修养、大境界。

五、上善若水

"上善若水"，这是老子提出的一条重要哲理，是老子最推崇的一种修养境界。

古人主张以水为镜，以水为师。一个领导干部应当从水身上学习和借鉴哪些品格呢？

第一，应当学习借鉴水那种"善利万物而不争"的大公无私精神。水滋润了万物，养育了众生，造福于世界，然而却从来不争名不争利，无私奉献，不求索取。领导干部应当全心全意地为人民服务，不计较个人的得失。

第二，应当学习借鉴水那种"水滴石穿，以柔克刚"的韧性精神。认准一个目标，就持之以恒、锲而不舍地奋斗下去，不要浅尝辄止，半途而废。英雄不争一时之强，不逞匹夫之勇。柔之胜刚，弱之胜强，这是一种辩证法。世上凡是柔弱的东西往往是最有活力、最有耐力的，而凡是强硬的东西反而往往是脆弱的、不可长久的。比如，小树嫩芽是柔弱的，但却充满着生命活力和远大前途，老树枯枝是强硬的，但却失去活力，接近死亡。因此，老子认为："坚强者死之徒，柔弱者生之徒。"一个高水平的领导者应当刚柔并济、以柔克刚。"文革"后期，邓小平复出时，毛主席曾赞扬邓小平柔中寓刚，绵里藏针，外表上和气一些，内里像钢铁公司。领导干部应当学习邓小平的这种风范。

第三，要学习借鉴水那种高度的应变能力和适应精神。水无定形，水无定势。根据外界情况的变化，它在不断地调整自己。根据气温的变化，可液、可固、可气；根据容器的变化，可方、可圆、可扁；根据染料的变化，可红、可绿、可蓝。有塞则止，有导则流。万变不离其宗，水依然保持着自己的本色。领导干部也需要这种高度的适应性和应变性，因势利导，顺势而为，唯变所适，适其时，取其中，得其宜，合其道，根据情况变化，实事求是地决定工作方针。

第四，要学习借鉴水那种容纳百川、虚怀若谷的包容精神。水所以能够形成一望无际的大海、波澜壮阔的大河、宁静深邃的深渊，就在于它那种伟大的包容精神。领导干部只有具备这种博大的胸怀和包容万物的厚德，才能担负起统领百姓、治理天下的重任。

第五，要学习借鉴水那种甘为人下、低调行事的精神。水正因为甘居低下，才能吸纳百川，汇成江海；正因为避高趋下，所以才不可逆转；正因为所处尽人之所恶，所以无人与之争。我们做人也要像水那样，柔静中蕴藏刚强，谦卑中包含伟大，不争中积蓄力量。善为人者处之下。刘备三顾茅庐、礼贤下士的故事传为千年佳话。在社会交往中，见人点头哈腰鞠躬，就是故意把自己放低一些，以示对人的尊重；在商业经营中把顾客称作上帝；领导干部自称是"人民公仆"、"人民勤务员"，都包含着一种善为人下的精神。领导干部应当始终为人谦和，处事低调，少出风头，不要张狂，这样才是长治久安之道。

※ 大学精神

近年来，我国围绕大学精神的探讨非常活跃，人们站在不同的角度都在呼吁"树立大学精神"、"反省大学精神"、"回归大学精神"、"重构大学精神"。大学精神第一次引起如此高度的重视，展开如此广泛的讨论，这是一件大好事。它反映了我国社会的文明进步，也预示着大学的振兴繁荣。

一、我国传统教育理念

我国儒家经典之一《大学》开宗明义，首先论述了大学的总纲领：

"大学之道，在明明德，在亲民，在止于至善。"这里讲的"大学"是指成人之学，讲的是人们修身养性、成才立业、治国安邦的道理。这段话的意思是说，大学的宗旨就在于彰显人的高尚道德，使人们弃旧图新，弃恶扬善，并且不断进取，精益求精，以达到最完美的境界。在"明明德"、"亲民"、"止于至善"这三条纲领下，进而纲举目张，提出了格物、致知、诚意、正心、修身、齐家、治国、平天下这八个条目，这八条可以视为知识分子循序渐进、成才立业的行动路线图。

《中庸》是我国又一部古代教育学经典之作。它的核心思想是引导人们进行自我教育、自我修养、自我约束、自我完善，培育高尚的人性、理想的人格，追求至善、至仁、至诚、至道、至德、至圣，最终成为达到天人合一境界的理想人才。

《中庸》提出求学的基本方法是："博学之，审问之，慎思之，明辨之，笃行之。"即广博地学习，仔细地探究，谨慎地思考，明晰地辨别，切实地执行。

《中庸》还阐述了自我修养的主要原则。一要慎独自修，二要忠恕宽容，三要至诚尽性。这样，才能参天地，育万物，尽人性，做到"博也，厚也，高也，明也，悠也，久也"。惟博厚，方能承载万物，海纳百川；惟高明，方能维系日月星辰，普照众生；惟悠久，方能生成万物，长久无疆。

另外，《易经》中提出"厚德载物，自强不息"；《论语》中提出"博学而笃志，切问而近思"；《师说》中提出"师者，所以传道授业解惑也"。

这些优秀的中华民族文化遗产对形成当代的大学精神，仍然有着宝贵的借鉴意义。今天，一些大学仍然把一些传统理念作为自己的校训，如清华大学的校训是"厚德载物，自强不息"；复旦大学的校训是"博学而笃志，切问而近思"；四川大学的校训是"海纳百川，有容乃大"；东南大学的校训是"止于至善"；中山大学的校训是"博学，审问，慎思，明辨，笃行"。

二、大学精神的特征

大学精神是在大学长期发展的历史中逐渐积累起来的精神财富，是久经检验为大学公认的价值原则和共同追求的理想境界。

近代大学诞生近千年来，人类社会发生了文艺复兴、工业革命、科技革命、知识经济等重大变迁，大学的规模、功能、社会使命、与经济社会的关系以及办学理念、办学模式也发生了巨大变化。

历史上，大学发生过两次具有里程碑意义的重大变革。

第一次是19世纪初由德国洪堡大学引发的大学革命。当时，普鲁士教育大臣、著名学者威廉·冯·洪堡创建了柏林大学，后改名为洪堡大学。他奉行大学独立、学术自由原则，摆脱了宗教、政府对大学的控制，使大学具有了真正的办学自主权。他主张大学应以完全的知识和纯粹的学术为目的，大兴科学研究之风，使大学的功能从单一的人才培养扩展为教育中心和科学研究中心，确立教学与科研合一、全面推行人文教育的办学宗旨。这种崭新办学理念的推行，打破了长期沿袭的修道院式的办学传统，改变了大学僵化保守、停滞不前、危机重重的局面，不仅使大学焕发出巨大生机，而且带动德国的科学研究和科学实验迅速步入世界前列，使德国一举成为工业强国。因此，洪堡大学被誉为"现代大学之母"，可以说，没有洪堡大学就没有光辉灿烂的德意志文明。洪堡办学模式很快传播到欧美各国，成为众多大学效仿的榜样。蔡元培执掌北京大学期间，正是参照了洪堡模式，实现了北大从旧式学堂向现代大学的转变。

大学的第二次飞跃发生在美国。从19世纪末期开始，美国的大学在参照洪堡模式的基础上，开始了新的探索。一是推崇民主化、个性化的理念，要求大学尊重个性权利，保护个性自由，充分发挥个体价值，激发个体的创造活力。二是积极拓展大学功能，推动社会服务，促进大学与科技革命、工业革命、知识经济密切结合互动，推动科技成果向现实生产力的转化。随着依托大学而建立的"硅谷"、"大学城"、"工业园"的异军突起，人们对大学的作用刮目相看。大学也从与社会的紧密结合和卓有成效的社会服务中获益无穷。

由美国领军的这一轮大学改革的创新价值，就在于它打破了象牙塔式的办学模式，把大学的社会功能从人才培养、科学研究这两大基本功能，扩展为人才培养、科学研究、社会服务这三大基本功能，把原来实行的教学与科研相结合，扩大到教、科、经相结合，产、学、研相结合，从而使美国一些大学超越欧洲的老牌大学，后来居上，成为世界上活力最大、实力最强、财力最旺的大学，并促使美国成为世界科技革命的排头兵、知识经济的领头羊。美国大学改革的最大意义，就在于它使大学第一次从社会舞台的边缘走向社会舞台的中心位置，大学不仅只是知识的殿堂和学术的圣地，而且成为经济和社会发展的发动机，成为引领社会前进的一支先锋力量。像哈佛大学等大学形成的这种英才荟萃、学术繁荣、硕果累累、服务卓越、影响巨大、财源茂盛的景象，是以往的大学难以想象的。

在由德国和美国引领的这两次大学改革中确立的理念和积累的经验，无疑应当在大学精神中得到充分的体现。

在大学的历史中，也经历过经院哲学主导、宗教神学主宰科学的黑暗时期，经历着政治强权粗暴干涉，摧残知识、摧残人才的不幸年代，出现过大学与世隔绝、与社会格格不入的问题，发生过大学急功近利、流于世俗的庸俗化倾向，这些失误也应在今后的大学发展中切实纠正。

大学精神应当反映出大学的特质，服从服务于大学的社会使命，体现出教育规律、学术发展规律和人才成长规律。凡是有利于出人才、出成果的理念，就是符合大学精神的正确理念。凡是不利于出人才、出成果的理念，就是违背大学精神的错误理念。对大学来讲，大学精神就是核心，是灵魂，是生命线，是奠定优良校风学风的基础。它就像阳光、空气和水一样，普照和渗透到学校生活的方方面面，不仅为学校的生存发展提供强大的精神动力和思想保证，而且对每一个师生的思想行为、精神面貌发挥着持久的作用。如果没有共同遵循的大学精神，大学就会失去航标；如果没有自己的个性，一所大学也不可能立世扬名。

大学精神，不只是大学独有的思想财富，而且应当是社会共有的精神文明。民主的制度，宽容的环境，开明的政府，这是大学兴旺、学术繁荣的必要社会条件。如果一个国家想造就出一流的大学、一流的大师、一流的科技文化成果，那就应当对大学精神给予充分的理解和尊重，尊重科学知识，尊重各类人才，尊重思想自由、学术自由的环境，尊重大学的办学自主权。我国著名科学家钱学森在临终前提出，近几十年我国为什么产生不了卓越的科技文化人才？这个问题一针见血，发人深省。但愿我们的政府和社会、学校和人才，都能以严于律己的精神找准问题，切实改进。

大学就是大学，它有着与政府部门、与企业单位、与军队不同的特点。我们不能把大学当成政府的附属品，把"官本位"引入大学；也不能把大学视同企业，让商品交易、赢利至上的原则支配大学的活动；更不能把大学当成军队，要求处处整齐划一，以服从命令为天职。对大学中经常冒出来的那些奇奇怪怪的人物，那些"离经叛道"的想法，那些挑战权威、不守规矩、不满现状、不合时宜的现象，只要无碍大局，不妨多一点忍耐，多一点宽容。

大学是人类文明延续的基地，是一个国家一个民族的精神堡垒，是社会前进的灯塔。大学精神应当体现出本国特色和本民族最优秀的文化传统，凝聚人类文明的最高成果，代表最先进的时代精神，始终成为引领社会文明潮流的方向标。大学长生不老、长盛不衰的基因，就在于它始终站在历史与未来的联结点上，民族与世界的联结点上，传统文化与时代精神的联结点上。

三、塑造当代大学精神

长期以来，我国对大学精神的宣传教育非常薄弱，人们对于大学精神缺乏了解，缺乏共识，更缺乏必要的理解和尊重。失去大学精神的大学，不可能持续健康地发展。

过去一度在"左"的指导思想下，把大学当作阶级斗争的战场，当作无产阶级专政的工具。对于中国传统文化中的优秀教育思想，以及世界各国创造的大学理念，采取历史虚无主义的态度，一概加以排斥。离开人类共同开拓的大学文明发展大道，大学的发展必然要走很多弯路，交很多学费。

改革开放以来，我国高等教育获得了历史性的大发展、大跨越。目前中国拥有着世界最大规模的高等教育，各类高校有2600多所，在学大学生突破2900万人。当前，我国高等教育的现状需要大学精神予以引导和规范。大学改革发展中发生的种种困惑、争论和偏颇，需要对大学精神进行一番正本清源的梳理。正在迅速走向现代化和世界化的中国大学，也需要借鉴国外先进的办学理念和成功经验，树立举世公认的大学原则，逐渐走出一条具有中国特色的大学发展道路。

我们应当塑造什么样的当代大学精神呢？

求知、求实、求真、求新的精神

大学是专门传授知识、探索真理的地方。因此，大学精神应当首先体现在对待知识和真理的态度上。

大学是知识的殿堂，它的重要职能就是"囊括大典，网罗众家"，聚集古今中外各种知识，融汇人类各种文明遗产，交汇社会各种观念思潮，在各种知识的交汇交流、争鸣碰撞中催生出新的思想火花。一所大学的实力，首先是看它拥有的知识容量，以及创新知识的能力和运用知识的水平。

在大学中，应当充满旺盛的求知欲和好奇心。大学应当比任何地方都更加尊重知识，更加尊重有知识的人；应当比任何地方都更加懂得知识的价值，坚信知识就是力量、知识改变人生、知识改变国运。如果像"文革"时那样，认为"知识越多越反动"，那还办什么大学？那是对大学精神的背叛！对于求知求学，基本的态度应当是"博学之，审问之，慎思之，明辨之，笃行之"。

大学科学研究的使命就是认识未知世界，探索客观真理。在某种意义上说，探索真理比拥有真理更可贵。探索真理的前提是具有怀疑和批判精神，不迷信，不僵化，不固执，不盲从，勇于突破现状，挑战权威，超越过去，标新立异。从事科学研究有一个三段式的思维方式：第一，提出"为什么"；第二，弄清"是什么"；第三，知道"怎么办"。学会这种思维方式，对所有的工作都大有益处。一个好教师，"最有效的教育方式不是告诉人们答案，而是提问"（苏格拉底语）。当人们提出"为什么"的时候，探索真理的过程就开始了。

科学研究的基本原则就是"实事求是"，前提是"求实"，一切从实际出发；目的是"求是"，找到"规律"，找到真理。讲真情，报实数，讲实话，这是最基本的科学作风和科学道德，而弄虚作假则是科学工作者不能容忍的道德堕落。

科技发明的一个特性，就是"独一无二性"。它永远只承认第一，从来不承认第二。因此，在大学的科学研究中必须以创新为生命，鼓励原创，勇争第一，永攀高峰，不断超越。

找到真理固然不易，而坚持真理、维护真理往往更难。正像马克思所说："在科学的入口处，正像在地狱的入口处一样，必须提出这样的要求：这里必须拒绝一切犹豫；这里任何怯懦都无济于事。"从古到今，不知有多少科学家因为发现真理而受到迫害，因为宣传真理而受到打击，因为坚持真理而牺牲生命。在大学中，应当大力倡导为真理而斗争的精神。

以人为本、以学生为本、以人才为本的精神

大学是以人为本的事业。在大学中必须牢固树立以人为本、以学生为本、以人才为本的理念，把关心人、尊重人、理解人、发展人、帮助人作为学校一切工作的出发点。

不管大学的功能如何拓展，如何多元化，但培养人才永远是大学的永恒主题、中心任务、第一职能，离开这个主题，大学就不叫大学。大学的干部、教师和其他工作人员，都应当对学生充满爱心，满腔热忱地为学生服务，对学生的全面发展、成才成功负责，对学生的前途命运负责。人才培养不同于物质产品的生产，物质产品不合格，可以报废，可以再造。而人才是不能报废的，必须全程负责，确保一次成功。

求贤若渴，爱才如命，应当是教育家的职业天性。一个好教师，应当既会教书，又会育人；既是知识的启蒙者，又是人生的领路人。即使学问再高，如果不善于发现人才、培养人才、提携人才、保护人才，那也算不上一个好教师。一个优秀的教育家，应当识才有眼、育才有方、用人有胆、护才有勇。对一个教育家而言，如果自己发现了一些被埋没的人才，起用了一些奋发有为、潜力巨大的青年才俊，保护了一些暂时存有争议、为世俗偏见所困扰的创新人才，那是人生最大的价值、最大的安慰。社会上有句话，叫"为朋友不惜两肋插刀"，大学的领导者，应当有一种"为人才不惜两肋插刀"的精神。

教育家的远见卓识，不能只是对既成的人才给予尊重和重用，更重要的是对于暂时还没有成名的潜在人才给予大胆提携，敢于对人才进行"风险投资"。不只"买现货",更重要的是"买期货";不只买"绩优股",更重要的是买"潜力股"。这也是不发达国家与发达国家、普通大学与知名大学实行人才错位竞争的一种策略。

大学的竞争,核心是人才竞争。一所大学,如果能聘请到一流的教师,能招收到一流的学生,那就是一流的大学;如果能聚拢到世界一流的人才,那就是世界一流的大学;如果只能吸收到二流的人才,那就是二流的大学了。

在大学精神中,树立正确的人才观是个核心问题。

对于什么是杰出人才,有着各种不同的定义。简而言之,杰出人才就是有着与众不同的特质,能把自己独特的东西奉献给世界的人。越是专才,越是偏才;越是天才,越是怪才;越是经天纬地的雄才,越是凡眼不识、世俗难容之才。

生物学告诉我们,个性化是人类进化过程中的基本因素,自然选择中形成的某种个性是基因变异决定的。由遗传变异而形成的个性加速了生物的进化。统计资料表明,世界上每一万人中会有一个古怪的人,每一万五千人中会有一个彻头彻尾的"怪人"。历史上很多作出划时代贡献的发明家往往是"怪人",他们怪异的性格可能成为他们脱颖而出的砝码。像牛顿、伽里略、富兰克林、开普勒、达尔文等科学巨匠,都是独立特行的"怪人"。我们的大学教育,应当在德、智、体、美全面发展的基础上尊重个性,照顾特点,发展天赋;应当在基本合格的前提下,培育特长,提携优秀,鼓励拔尖。

在清华、北大的历史上,有过很多不拘一格选人才的佳话。在当时的高考中,吴晗数学得0分,钱钟书数学得15分,仍被破格录取,他们后来都成了学术大师;华罗庚是一名只有初中文化程度的工人,却被破格聘到清华做了教师,后来成了中国著名的数学家;梁漱溟只有中学文凭,没有考进北大,却被蔡元培聘入北大当了教授;陈寅恪在国外求学14年,辗转于日本、德国、瑞士、法国、美国的多所大学,涉猎百科,掌握了20多种外语,然而却没有拿到任何文凭、学位,后来被中外多所大学聘用,成为现代中国一位学贯中西、博古通今、博学卓识的宗师。学校育人不但要讲究合格，而且要敢于破格。我们的大学不能因为讲规范而走向僵化，讲全面而助长平庸，讲合格而抹煞天才。我们讲的全面发展，应当是德、智、体、美全面发展，而不是各科学业都全面优秀。要求一个学生数学、物理、化学、语文、外语、历史门门功课都很出色，这怎么可能呢？

在当今社会，工业化、标准化、流水线式的生产模式也会反映到人才培养和干部选拔中来，这就是忽视特点，磨灭个性，按照统一的格式选人。它的优点是可以保证合格率，而它的弊端就是把某些特殊人才、杰出人才当作不合格产品淘汰了。一所卓越的大学，不仅在于它能够造就大批合格人才，最可贵、最难得的是它善于把个别超凡脱群的天才人物筛选出来，让他们八仙过海，各显其能，开创出一片新奇的天地。

学术自由、兼容并包、多元共生的精神

和而不同，多元统一，这是宇宙永恒的法则，是和谐的最高境界。

学术自由，兼容并包，这是学术研究的基本条件，是大学繁荣的第一要义。

春秋战国时期是中华民族历史上创造灿烂文明的一个重要时期，其思想光芒照亮了我国两千多年的发展道路。在当时比较落后的社会条件下，为什么能够出现道家、儒家、佛家、墨家、法家、阴阳家、纵横家、农家、杂家、小说家等众多的学术流派？为什么能够涌现出老子、孔子、孟子、荀子、韩非子、孙子、管子等流芳千古的杰出人才？为什么能够产生出《易经》《道德经》《诗经》《论语》《孟子》《孙子兵法》《春秋》《左传》等影响久远的鸿篇巨著？根本的原因就在于当时社会变动，诸侯纷争，私学兴起，创造出了一个政治宽松、思想自由、人才竞争、人才流动的社会环境，形成了"百花齐放，百家争鸣"的局面。

世界上最有活力、最有创造力的大学，无不把"思想自由，个性解放，兼容并包，多元共生"作为不可动摇的办学原则。如果说，在政府运作中，把寻求最大的共识合力作为理想目标，认识越统一、步调越一致就越好，那么，在学术运行中，追求的恰恰是另外一种局面：思想多元，流派纷呈，公平竞争，自由讨论，百花齐放，百家争鸣。正是在这种多元思想文化的争鸣、碰撞和竞争中，催生了新思想的火花。大学中最可贵的精神就是自由探索、大胆创新的精神。任何真理都是在正确与错误的反复比较中形成的，任何创新思想一开始都得不到多数人的认同。在科学试验中失败一千次也没关系，只要一次成功就足够了。良好的学术环境不在于口头上高唱学术自由，而在于对探索创新过程中出现失误失败的容忍。如果在大学中，听到的都是众口一词的声音、千篇一律的表态，看到的是默默无闻的景象，那就窒息了创新的活力，失去了大学的价值。蔡元培认为，中国现代大学的产生有三项基本原则，一是大学应当独立自主，二是具有思想自由和学术自由，三是具有民主自由的社会政治环境。英国著名教育家纽曼在《大学的理念》一书中指出："大学乃是知识和科学、事实和原理、探索与发现、实验和思考的高级保护力量，它描绘出理智的疆域，并表明在那里对任何一边既不侵犯也不屈服。"

越是在这种多元交汇的思想文化环境中，我们越要有自己的主心骨，越要守住中华民族的文化底线，越要树立明确而稳定的中国特色社会主义的核心价值观。学会鉴别，学会筛选，学会吸收，学会抵御，学会竞争，大力提高中国当代先进文化的实力、活力、影响力和竞争力，防止在多元文化的相互激荡中把自己的灵魂荡丢了，把自己的主导地位荡掉了。

服务社会、超越现实、面向未来的精神

如何处理大学与社会、适应与超越、现实与未来的关系，是大学精神中争论不休又纠缠不清的问题。

大学是社会发展的产物，是社会肌体不可或缺的有机部分，离开社会大学就无法存活。大学的位置不是在社会之外，也不是在社会之上，而是在社会之中。如果大学对社会冷漠无情，格格不入，不适应，不结合，不服务，不奉献，反过来，又怎么可能得到社会的关心和支持呢？当今大学的发展趋势，不是与社会越来越疏远，而是越来越贴近；大学与社会的结合，不是越来越松弛，而是越来越密切了。可以说，在知识经济的背景下，大学与社会已经是你中有我，我中有你，难解难分了。如果今天再提出大学"回到洪堡"、"回到蔡元培"，那绝不是大学的前进，而是大学的倒退了。

大学提供的社会服务，不是零敲碎打、急功近利的服务，最根本的是提供长远战略的服务，我们不能要求大学像社区服务站那样，为大众提供随叫随到的即时服务。大学不能一味地去适应现实，为现存的一切提供合理的注释，去论证"凡是现实的就是合理的"这一命题。大学最可宝贵的品格是超越现实，面向未来，为创建未来的理想社会去准备理想的人才，设法去实现"凡是合理的就是现实的"这一命题。

大学生是整个社会中最富理想、最富幻想、最富梦想的一个群体。这些20来岁、风华正茂的年轻人，初出茅庐，涉世未深，最可贵的就是那股锐气，那种初生牛犊不怕虎的精神。年轻人如果没点理想，没点幻想，没点野心，没点狂气，将来成不了大器，顶不了大用。大学应当是允许青年做梦的地方，激励他们梦想成真。如果大学失去理想主义的色彩，年轻人偏于保守，老于世故，唯唯诺诺，死气沉沉，整天为一点日常琐事、蝇头小利而奔忙，那国家和民族就失去了希望。

国内外也有些学者认为，大学必须拥有绝对的无条件的独立和自由，真正的学者应当远离任何特定的社会身份和利益，永远为思想而活着。纯粹的学术只是追求真理，不迷恋任何功利性的成就，不追求任何实用的目的。知识分子的定义就是"从来不对现状满意的人"，永远是社会的良心，文化的卫道士，一群永远的批评者、异议者、孤独者。这种大学理念，过去一千年没有实现，今后一千年更不可能实现，只能是一种大学乌托邦。

当今中国，社会主义现代化建设的宏伟战略，实现中华民族伟大复兴的历史任务，为大学的振兴发展提供了千载难逢的机遇。科教兴国，人才强国战略的深入推进为大学建功立业提供了极其广阔的舞台。我们的大学应当顺应时代潮流，抓住历史机遇，唱响教科经相结合、产学研相结合的主旋律，在结合中寻找机会，在服务中体现价值，在贡献中争取支持。

※ 文化价值

　　文化是人类社会特有的一种社会现象，是人类最基本的一项社会实践活动。一部人类的文明发展史，就是物质文明和精神文明相互交织、共存共荣的历史。没有物质生产，人类就不能生存，没有文化生产，人类就会永远处在愚昧之中。

　　文化承载着历史，传承着文明。文化是衡量社会进步的标尺。一个民族的振兴是以文化的复兴为先导的，而一个民族的衰亡也是以文化的泯灭为先兆的。如果说历史文化成果记载着一个国家曾经创造的辉煌，那么现实文化状况则反映着一个国家当今的文明进步水平。文化所具有的跨越时空、万古不朽的特征，使得人类社会得以继往而开来，温故而知新。

　　文化的特殊作用，就在于它的教化力、融合力、渗透力、影响力，既可以化人，也能够化物。文化无时不在、无处不有地渗透到社会生活的一切领域，随时随地都在支配和影响着人们的思维方式、行为选择和人生态度。

　　文化的力量首先是精神力量，精神的力量虽然看不见，摸不着，但却可以转化为改天换地的巨大物质力量。比如一个社会科学真理的传播，可以引发一场社会革命，使国家的面貌发生翻天覆地的变化；一项科学技术的产生，可以引发一场工业革命，使社会生产方式和人类生活方式发生深刻的转变。

　　文化产生的效益主要是社会效益。尽管文化也能产生直接的经济效益，比如一件珍宝，可能价值连城；一卷字画，可能拍卖出天价；一部影视作品，可以创造巨大的票房价值。然而，文化所产生的效益主要还是社会效益。一部经典名著，一曲不朽乐章，一座辉煌的建筑，可以千古流芳，它给人们带来的心灵启迪、道德感化，以及美的享受，是难以用金钱来衡量的。

　　文化创造的价值，往往不是通过自身来体现的，而是通过文化渗透其中的人和事物的增值效益来体现的。显而易见的是，一个有高度文化教养的人和一个缺乏文化教养的人，他们的社会地位、工作成就和经济收入会产生巨大的反差。同样，一个高文化含量的商品和一个低文化含量的商品，它们的市场价值也是大不相同的。

文化尊严和文化价值的实现程度，同一个社会的文明进步水平是成正比的。

在一个经济贫困、温饱不济的社会里，人们没有余力从事文化活动，自然也很难领略文化的价值。

在一个专制独裁、缺乏民主自由的体制下，文化的尊严必然受到蔑视，文化的命运必然多灾多难。

在一个急功近利、物欲至上的环境中，文化的价值必然会受到扭曲，文化的生存空间必然会受到挤压。

只有在经济繁荣、政治开明、社会和谐、个性自由的条件下，才能绽放出绚丽多姿的文明之花。社会的文明程度越高，社会生活中的文化元素越多，文化的地位和作用越重要。人的文化教养水平越高，对文化的追求越多，对文化价值的理解越深刻。

跨入21世纪的门槛，中华民族终于看到了现代化的曙光。民族复兴的伟业、全面小康的目标、科学发展的理念、和谐社会的理想，不仅为经济的发展指明了前进的道路，而且为文化的振兴开辟了广阔的空间，一个中华文化大发展、大繁荣的新时期到来了。此时，有必要对文化的地位、作用及其社会价值进行一番新的审视，有一个全面正确的认识。

一、文化与民族精神

文化是一个民族延续的血脉，是实现民族凝聚、民族认同的灵魂，也是一个民族区别于其他民族、自立于世界民族之林的标识。如果你是一个中国人，即使身在异国他乡，但凭借着黑头发、黄皮肤，凭借着中餐、中药、方块字，凭借着一首《义勇军进行曲》，你就能找到自己的同胞。

在世界四大文明古国——古埃及、古印度、古巴比伦、古中国中，唯一幸存下来依然保持着基本文明形态的就是中国。今天的中国人，依然自称是炎黄子孙、龙的传人。《易经》《道德经》《论语》等古代经典历经数千年依然流行。为什么中华民族绵延五千年生生不息，历经劫难而没有消亡，几度分裂又九九归一，屡遭外族侵占而没有灭种呢？其最深厚的原因就在于中华传统文化的巨大凝聚力、生命力和创造力。文化的力量，深深熔铸在民族的生命力、创造力和凝聚力之中。一个有着深厚文化底蕴的民族，即使暂时被武力征服了，被强敌占领了，但只要文化的根脉还在，她就有东山再起、绝地逢生的希望。如果文化的根脉被切断了，那这个民族将会陷入万劫不复的境地。正如古人所说的："灭人国者必先灭其史。"

那些被称为中华民族优秀传统文化的东西不只是长城、故宫、兵马俑，也不只是"四书""五经"、唐诗宋词，而是根植于亿万民众之中，深深影响着国人的精神理念、行为准则。如自强不息，厚德载物；以人为本，天人合一；孝悌为本，亲亲为上；依仁蹈义，兼爱天下；义不容辞，当仁不让；忠诚待人，无信不立；持道中庸，恭敬礼让；将心比心，宽恕为怀；和而不同，和谐为美；国家兴亡，匹夫有责等等。中国传统文化浩如烟海，博大精深，贯穿其中的一条基本线索，就是正确处理三大关系：一是正确处理人人关系，应当秉持中庸，不偏不倚，和为贵，这样才能各方和顺，天下太平；二是正确处理天人关系，应当道法自然，敬畏天地，这样才能阴阳平衡，天人合一；三是正确处理身心关系，应当神志专一，身心协调，这样才能福寿安乐。这三大关系是人类永远面对的基本问题，其中"和为贵"、"天人合一"、"身心协调"的思想，至今仍有着巨大的生命力。

上面阐述的这些精神理念，是经过千年历练、大浪淘沙后积淀而成的民族智慧精华，是中华民族共有的精神家园，也是中国对世界文明作出的伟大贡献。这些精神理念已经融化在中国民众的血液中，不是哪个人想改变就能改变得了的。在历史上，对传统文化曾经批过来、批过去，不断宣布要统统扫进历史垃圾堆，然而，过不了多久，它们又从"历史垃圾堆"里站了起来，重新大行其道。因为中华民族的生存发展离不开它，广大民众认同它。试想，如果抛弃了这些东西，中国还能叫中国吗？中华民族还能自立于世界文明古国之林吗？

当然，对待中华民族的传统文化，不能采取"信而好古，述而不作"的态度，因循守旧，固步自封，而应当与时俱进，不断创新，在借鉴外来文明、融合时代精神中不断充实、完善、提高。没有继承就不能延续，没有创新就不能发展。每个时代都会倡导一些新观念，推崇一些新口号，但经过实践检验、得到民众认同并且最终能融入民族精神之中的，只是其中一小部分，大部分东西只不过是昙花一现，很快就销声匿迹了。对一个民族而言，传统就是传统，不能简单地用是与非、优与劣来加以区分。像中国人过年放爆竹、西班牙人斗牛，谁能说得清楚这是好传统还是坏传统？放爆竹不是禁了一阵子又开禁了吗？对传统文化不甚了了的人，还是不要在那里空谈什么"批判继承"、"取其精华、去其糟粕"为好。中华文化就像是一棵大树，传统文化是根，根深才能叶茂。新鲜的枝叶必须从根须中汲取营养才能生长。外来的文化只有嫁接在民族文化的大树上才能成活。

现在学校的思想道德教育，从小学到大学要花很多时间，要学很多课程，但忽视了中国优秀传统文化的教育，忽视了待人接物、现代文明交往方式的教育，对中国流行了两千多年的两大思想流派——儒家和道家的经典《论语》和《道德经》几乎没有认真读过，对做人的道理和人品人格的训练也重视不够，这是一个极大的缺遗。当前社会上种种不文明、不道德、不守纪律、不讲秩序的行为和消极腐败现象的产生，同不懂做人有很大关系。面对不良的社会风气，我们不但需要提倡一些新口号、新道德、新规范，而且有必要把过去丢弃的数千年行之有效的好传统重新恢复起来。现在我们在国外到处开办孔子学院，而国内相当多的人却没有读过孔子和老子的书，这不能不说是一种讽刺。

二、文化与现代化建设

我国的社会主义现代化建设，是包括经济建设、政治建设、文化建设和社会建设在内的四位一体的建设，其中经济建设是基础，政治建设是保证，文化建设是旗帜，社会建设是目标，四大建设相辅相成，构成现代化建设的总体格局。

我国的现代化建设，需要正确的理论指导和方向选择，需要有一个共同理想凝聚全国人民的力量，需要有良好的道德风尚与和谐的人际关系环境，需要有强大而持久的精神动力，需要有良好的国民素质和大批优秀人才。这些就是文化建设的使命。

在"三个代表"重要思想中，第一次把"代表中国先进文化的前进方向"作为中国共产党的指导思想之一，写在了党章中。所谓"当代中国先进文化"，就是以中国特色社会主义理论为指导的，坚持"面向现代化，面向世界，面向未来"的，民族的、科学的、大众的社会主义文化。这种文化应当汇聚中国文化的优秀遗产，吸纳世界文明的先进成果，反映时代精神的要求，顺应历史潮流的方向。中国历史上任何一次盛世文化，如大汉文化、大唐文化、大清文化，都是开放的、包容的多元文化的统一，就像自然界单一物种很快就会灭种一样，任何单一的文化不管怎样强大一时，终归是不能持久的。在多元文化并存的环境中，重要的是把我们的主流文化做大、做强、做优，在比较竞争中显示出自己的先进性和优越性。

在中国社会主义现代化的总体格局中，文化既是方向和动力，也是内容和目标；既是一项公益事业，又是一项新兴产业；既有重大的社会效益，也有巨大的经济效益。文化产品的生产同物质产品的生产有着完全不同的特点。物质产品的生产需要消耗大量的资源能源，生产过程中需要付出生态环境的代价，使用过程中也会不断磨损、折旧直至报废。而文化产品的生产则不需要消耗多少资源和能源，也不产生环境污染，越是文化精品，越是永不磨损，越磨越亮，可以无限地复制，具有无限的生命力。没有充裕的物质生活，人们不会满意；没有丰富的文化产品，人们同样不会幸福。在人们解决温饱问题、进入建设全面小康社会新阶段以后，对精神文化的需求将呈现出快速增长的趋势，落后的社会文化生产和人民群众日益增长的精神文化需求这一社会基本矛盾将会进一步显现，这是促进文化大发展、大繁荣的极好历史机遇。我们应当适时转变社会的发展观、建设观，对文化建设给予更多的关注、更多的投入、更多的支持。

三、文化与综合国力

20世纪90年代，美国哈佛大学教授约瑟夫·奈首创了"国家软实力"的概念。他认为，一个国家的综合实力是由硬实力和软实力两大要素构成的。硬实力是指资源力、经济力、科技力、国防力等刚性的力量，而软实力则是指政治导向力、文化认同力、制度吸引力、国民亲和力、外交影响力等柔性的力量。这两种实力相辅相成，密切结合，构成了一个国家的综合实力。

对一个国家而言，硬实力是综合国力的基础，是软实力的载体，而软实力是国家的形象，是硬实力的延伸。一个国家必须首先把国民经济搞上去，只有繁荣昌盛，民富国强，才能树立起民族的自尊心和自信心，也才有资格去谈论自身文化的先进性和制度的优越性。如果一个国家长期贫困落后软弱，那就有被"开除球籍"的危险，根本谈不上什么软实力。反过来，一个国家即使拥有超强的经济军事实力，但如果奉行霸权主义、强权政治，穷兵黩武，以强凌弱，也不可能得到国际社会的认同，必然是失道寡助，盛极而衰。在当今全球化、信息化和网络化的背景下，国家软实力凭借超越时空的特点而具有空前的传导性，对人类的思想行为产生着日益巨大的影响。

当今世界，文化与经济相互交融，文化经济化、经济文化化已成为经济社会发展的一个新趋势。知识文化的要素日益广泛地渗入到经济中，极大地推动着生产力实现质的飞跃和量的扩张。包括电视广播、影像音乐、卡通动漫、游戏软件、印刷出版、电子图书、广告时装、文物交易、文体演出以及移动电话、互联网的增值服务等在内的文化创意产业正在蓬勃兴起，以其全新的生产消费方式带动了新的产业群体的诞生，培养了新的消费人群，推动了产业结构的更新调整，创造出巨大的经济效益和社会效益。由此可见，文化不仅只是一种软实力，而且作为一种硬实力也令人刮目相看。

21世纪，是中华民族实现伟大复兴的世纪。中华民族的复兴是以中国文化的复兴为显著标志的。即使我国的经济再发达，生活再富裕，但如果中国文化断层了，优秀传统丢失了，精神生活西化了，那还能说是中华民族的复兴吗？如果说20世纪是西方文化主宰世界的世纪，那么21世纪东方文化将重放异彩。中国文化倡导的"天人合一"理念有助于矫正西方文化中一味强调"征服自然"的倾向；中国文化注重的人文精神有助于克服西方文化中科学至上主义的偏差；中国文化主张的"和而不同，多元和谐"理想有助于调整紧张对立的国际关系；中国文化中敬祖先、重人伦、崇道德、尚礼义的道德规范有助于改善西方社会物欲至上、人情淡薄的状况。

北京成功举办第29届奥运会，是中华民族走向伟大复兴的一个强烈信号，标志着中国已经从世界舞台的边缘正走向世界舞台的中心。相对于我国经济实力的巨大增长，我国的文化实力还很不相称。我国的物质商品已经走向了全世界，而我国的文化产品出口能力和文化传播能力还相当弱小。在当今世界的流行文化中，很少有中国的文化符号。目前通过西方媒体反映出的中国，是一个不全面、被扭曲甚至是被妖魔化的形象。伴随着中国的崛起，中西文化的差异和意识形态的冲突还会进一步增多。当前，大力增强中国文化的软实力，扩大对外文化传播力，提升中国的国际影响力和亲和力，是一项刻不容缓的任务。

四、文化与城市

文化是城市的名片、城市的记忆、城市的内涵、城市的形象和品位。几乎所有的城市都是靠文化来立世和扬名的，没有文化的城市等于没有灵魂。

巴黎是法国第一都市，是世界最著名的文化之都、艺术之都、时尚之都、浪漫之都，古代文明与现代文明在那里交相辉映，成为一座无与伦比的城市。

如果有人问"什么是巴黎"，在你脑海里浮现出的一定是一系列的文化符号：卢浮宫、凡尔赛宫、凯旋门、塞纳河、巴黎圣母院、埃菲尔铁塔、香榭丽舍大街，还有巴尔扎克、毕加索、肖邦、马奈等等。当你坐在塞纳河畔的街头咖啡馆里，品着浓郁的咖啡，听着肖邦的《圆舞曲》，看着来来往往的游轮和川流不息的人群，望着雄伟壮观的圣母院和埃菲尔铁塔，你一定会陶醉在文化的意境之中。至于巴黎的GDP是多少，是没有多少人关心和知道的。

维也纳也是一座世界文化名城，享有"多瑙河女神"、"音乐之都"、"建筑博览会"的美称。当你漫步维也纳街头，五步一座宫殿，十步一座教堂，到处是鲜花绿地，到处是雕塑喷泉，到处飘荡着音乐，让人目不暇接，美不胜收。世界许多音乐大师，如海顿、莫扎特、贝多芬、舒伯特、约翰·施特劳斯、李斯特、勃拉姆斯等，都与维也纳的名字联系在一起。据说每年元旦在金色大厅举办新年音乐会，收视收听的观众达到10亿人。这就是文化的魅力，文化名城的风采。

巴黎、维也纳都拥有1600年以上的历史，其间，国家兴亡，政权更迭，世事变迁，经历过无数的自然灾害和战争浩劫，但许多著名建筑、文化遗产却能完好地保存至今。其中，国民的良好文化素养、宗教文化的连续性和当局者的文化保护意识，在对人类文化遗产的保护中发挥了重要作用。

当前，我国正处在加速城市化的进程中，外国需要用一二百年才能完成的城市化进程，中国也许只用三五十年就基本就绪了。在这一时期，如果搞得好，可能产生许多历史性的奇迹；如果搞不好，也可能留下许多历史性的文化遗憾。对新兴城市来讲，最忌百城一面，高度雷同。一座城市，即使高楼大厦再多，马路再宽，如果没有文化的内涵，也不会成为知名城市。在城市扩张改造中，最大的隐患是建设性破坏。一个城市的文化形象需要千百年的积累才能打造起来，而要破坏它只要一两天就够了。有些自称"历史文化名城"的城市，历史文化遗产被搞得七零八落，淹没在一片高楼大厦之中，只有在城市的夹缝中才能见到历史文明的余光，文化无知带来的破坏有时比天灾人祸更可怕。历史经验说明，一些城市的文化奇观，往往并非只是专家智慧的结晶，而是当政者独具慧眼、个人专断的产物。在中国城市化的进程中，希望城市的领导者、管理者、规划者和建设者们，认真了解和借鉴国外文化名城建设和保护的经验，努力提高自身的文化视野和文化品位，力争在我们这个时代能创建出许多具有中国风格、中国气派的文化之都、艺术之都、时尚之都、文明之都。

五、文化与人生

文化的本质是以人为本、以文化人、以文化物。文明以止，化成天下。

如果说文化活动是人类区别于一般动物界的显著标志，那么，文化修养则是一个人步入现代文明社会的根本阶梯。

英国著名思想家培根说过："读史使人明智，读诗使人灵秀，数学使人周密，哲学使人深刻，伦理使人庄重，逻辑修饰使人善辩。凡有所学，皆成性格。"这段话说明了文化知识对提升人的素质能力和品格品位所起的作用。

中国的古人讲："胸藏文墨虚若谷，腹有诗书气自华。"孔子在《论语》中也讲到文化对人的气质、形象产生的影响。他说："质胜文则野，文胜质则史。文质彬彬，然后君子。"意思是说：一个人质朴的本性盖过文采，则未免显得粗俗、粗野。而文采盖过质朴的本质，则会显得浮华和夸张。只有文采和质朴协调统一，相得益彰，才能成为彬彬有礼、气度儒雅的君子。一个人儒雅的风度和高贵的气质，不是凭借华丽的服饰和装腔作势显示出来的，而是文化内涵的释放，是生活阅历的升华。

当然，文化的作用绝不是为了装点门面、打造形象，最重要的意义在于文化可以改变人的命运，为人生开辟光明的前途。一个人经济上的"穷"和文化上的"白"是联系在一起的。因为"穷"，所以"白"；因为"白"，所以"穷"。如此形成一种恶性循环。而要打破这种恶性循环，必须借助文化的杠杆。古人教育孩子常说："朝为田舍郎，暮登天子堂。"今人激励子女也常说："学好数理化，走遍天下都不怕。"这些话未必全面和确切，但其中说明了一个人生道理：穷人的孩子要翻身，改变自身的境遇，年轻人要成家立业，有所作为，唯一现实可靠的道路就是发奋读书，掌握科学文化知识，提升自身的素质和技能，凭借自己的实力去敲开成才成功的大门。

30多年的改革开放，为文化的繁荣发展奠定了比较坚实的物质基础。亿万人民建设全面小康社会的伟大实践，为文化的繁荣发展提供了丰厚的源泉。多元文化相互激荡的局面，为文化繁荣发展注入了强大的活力。现代科学技术的进步为文化生产和文化传播提供了空前便利的条件。"尊重知识，尊重人才"的政策和"百花齐放，百家争鸣"的方针的持续贯彻，为文化的繁荣发展创造了宽松自由的环境。文化体制改革的不断深化，扫除了文化繁荣发展的体制障碍。我们相信，一个兴起社会主义文化建设新高潮，推动中国文化大繁荣大发展的新局面必将出现。

※ 大众传媒

一、传媒的特点

在民主、开放和信息化的社会中，包括报刊杂志、广播电视、互联网、手机等在内的各种媒体快速扩张，它们无孔不入地渗透到社会生活的各个角落，随时随地都在影响着人们的思想情绪和社会生活的状况。特别是在发生重大自然灾害和社会危机时，传媒更是牵动着全社会的神经，有着举足轻重的作用。在西方国家，有些学者把立法、行政、司法、传媒并列为社会四大权力，有些学者把资本力量、政治力量和传媒力量称为世界三大支配力量。在当今社会中，任何机构和个人都不得不对媒体敬畏三分，如果传媒失控或传媒和你作对，那会招来巨大的麻烦。

当前，世界传媒业的发展呈现出这样几个特点：

其一，计算机网络技术和数字化技术的广泛应用，带来了信息传播方式的革命性变化，使媒体的面貌焕然一新。它可以轻而易举地把原来分头传输的文字、声音、图像、视频等信息整合成多媒体信息，以光和电的速度迅速传遍全世界。互联网和手机已成为我国的第一媒体。目前，我国已拥有3.8亿个互联网用户，还有1.92亿个移动网络用户，320万个网站，另有5亿多手机用户。现在，互联网和手机已成为覆盖面最广、透明度最高、影响力最大的信息舆论阵地。互联网和手机所具有的即时性、多元性、互动性、匿名性等特点，打破了原来的信息垄断和信息控制，使信息的制造和传递不需要记者和编辑，不需要借助新闻机构，甚至不需要经过审查批准和海关检查，可以随心所欲地自由通行。一个信息、一条手机短信，不胫而走，一夜之间，全国流行。今天，人人都可以成为"记者"，人人都可以充当"新闻发言人"。这一方面使人们获得了最新、最快、最廉价、最多元化的信息；另一方面，这些泥沙俱下、鱼龙混杂的信息，又常常使人真假难辨，无所适从。

其二，出现了像美国时代华纳、澳大利亚新闻集团等多元化的巨型传媒集团。他们以资本为龙头，以业务为纽带，不断进行大规模的联合、兼并、整合，掌握了广播电视、有线电视、卫星电视、互联网络、影视娱乐、报刊杂志等各种信息渠道，成为一个垄断性的传媒帝国，他们凭借着超强的实力、巨额的资本、先进的技术、高超的宣传推销手段，覆盖了全球的市场。他们一方面创造出了许多引领时代潮流的文化精品，获取了巨额的商业利润，另一方面又掌控着世界的话语权和舆论主导权，以至于人们不得不接受这样一种荒唐的现实：只要这些媒体霸主说是真的，假的也变成了真的；只要他们说是假的，真的也变成了假的。让人有口难辩，有理难张，就是跳到黄河也洗不清。

其三，媒体商业化的趋势越来越明显。许多媒体逐渐淡化了"大众公器"、"社会良心"的性质，而成为一个具有独立利益的商业机器。

在商业化运作和市场竞争的压力下，媒体为了生存发展，更加注意加强内部的经营管理，更加注意招揽优秀人才，更加注意采用先进技术和先进设备，更加注意创造更多群众喜闻乐见的作品，以致今天人们足不出户，坐在家里就可以免费或廉价地欣赏世界各地的文化艺术精品，这极大地丰富了人们的精神生活，尤其对那些老弱病残、希望休闲消遣的人来说，无疑是巨大的福音。然而，在商业利益的驱使下，有偿新闻、虚假信息层出不穷，二手信息、垃圾信息充斥版面，商业广告泛滥成灾。在收视率的杠杆下，媒体之间争相进行新闻炒作，爆料事件，披露隐私，揭露丑闻，煽情蛊惑，迎合低俗。人们对媒体常常抱着一种好坏兼半、又爱又恨的态度，想说爱它很不容易，而离开它又不知道如何生活。

其四，媒体这种特殊行业，记者作为"无冕之王"的特殊身份，越来越失去了应有的职业道德和自律自省精神，失去了自我纠错的能力和自我批评精神，媒体的社会责任感与它们的社会影响力严重失衡。媒体本来应当是疏通社会矛盾、解决社会问题的手段，而今天媒体却往往成了激化社会矛盾、产生社会问题的一大根源。

我国的媒体应当密切关注世界媒体领域的发展趋势，既要吸取国外媒体发展的有益经验，又要努力避免国外媒体出现的严重弊端。

二、传媒的功用

任何一个组织机构，都应当有一个正确的社会定位。定位决定发展，定位决定未来。

对于报纸刊物、电视广播等媒体，过去通常的说法是新闻单位、舆论工具、宣传阵地、意识形态领域、党和人民的喉舌等等，这些说法都是对的，从不同侧面反映了媒体的功用，但是并不全面。现在人们把报刊杂志、广播电视、互联网等统称为"大众传播媒介"，这种说法的变化也反映了它们社会定位的变化和社会功用的拓展。顾名思义，大众传播媒介一要面对大众，二要立足传播，三要充当媒介。

当前，一个有实力和影响力的媒体一般都担负着多重社会使命。

第一，信息中心。人们的判断和决策有赖于对信息的掌握。人不可能事事亲力亲为，99%的信息是间接获得的，主要是靠大众传媒获得的。人们对媒体的第一需求是获取信息，而媒体的第一功用是向人们提供信息服务。谁提供的信息更快更多更好，谁的影响力就越大。

美国的《时代》杂志是一份最具国际影响力的期刊，以其权威性和深刻性而著称。它拥有450万份发行量，拥有稳定的读者群，年销售额突破10亿美元。《时代》的办刊宗旨，是向日益繁忙的人们提供优质信息服务，让他们充分了解世界。

香港凤凰卫视能够在不长时间内打造成华人社会颇受欢迎的资讯台，根本原因在于它们总是在第一时间第一现场充分报导国内外重大新闻。

媒体的信息传播，关键是及时、准确、优质、全面。

信息传播的特点就是先入为主，先声夺人。新闻越新越快就越有价值，就越能争得主动权和主导权。如果等新闻变成了旧闻再去播报，那就失去了价值，丧失了主动。

真实准确是媒体的第一生命。失去真实的信息等于一堆垃圾，失去公信的媒体等于自取灭亡。

在信息泛滥的社会里，媒体的责任不是简单地贩卖信息，而是要精心地筛选、整合和加工信息，最终提供给人们的是优选的、优化的、优质的信息服务。

社会现象五光十色，大千世界无奇不有。如果胡乱地把两个点连成一条线，把三条线拼成一个面，那你几乎可以得出任何结论。媒体的报导深度就在于他能够用全面的联系的观点来观察问题。如果不是从事实的综合和事实的相互联系中去把握事实，那所谓事实就是连儿戏都不如的东西。

第二，政策窗口。任何一个国家的主流媒体都在很大程度上代表着其政府的声音，反映着政策的走向。因此，宣传党和政府的政策，传达党和政府的意图，是我国媒体义不容辞的责任。毛主席说：报纸的作用和力量，就在于它能使党的纲领路线、方针政策、工作任务和工作方法，最迅速最广泛地同群众见面，善于把党的政策变为群众的行动。

当然媒体的政策宣传不同于宣读中央文件，传达领导讲话，重要的是通过足智多谋的解读、深入浅出的阐释、生动鲜活的事例，把党和政府的意图灌输和渗透到群众的头脑中，在党和政府与社会大众之间搭建起一座互通互动的立交桥。

舆论导向必须旗帜鲜明，含含糊糊、模棱两可不可能是导向。同时，又要循循善诱，入情入理，让人们在心悦诚服中自然地接受。

第三，意见领袖。在现代社会中，传媒充当着公众意见领袖的角色，在促进社会和谐、形成正确舆论导向中起着举足轻重的作用。我国的传媒应当坚定不移地贯彻团结、稳定、鼓劲、正面宣传为主的方针，让人们更多地看到光明，看到进步，看到希望，增强同心同德共创未来的信心。如果媒体上充斥着各种消极面、落后面、腐败和丑陋的现象，那于国、于民、于社会进步、于身心健康又有什么好处呢？那种认为"坏消息就是好新闻"，"狗咬人不是新闻，人咬狗才是新闻"，用揭露隐私、爆料丑闻来吸引眼球的做法，其实是媒体的一种无聊和堕落。我们的官方媒体不但要充当党和政府的喉舌，而且应当成为公众精神和公众意识的代言人。

在民主渠道不健全、体制内监督不到位的情况下，舆论监督尤为重要，它在反对官僚主义、鞭挞腐败现象方面有着不可替代的作用，舆论监督既是帮助党和政府改进工作的重要方式，也是为社会大众伸张正义、为弱势群体讨回公道的重要渠道。

第四，知识高地。在一个学习型、知识型的社会中，媒体应当是社会的一个知识高地、文明源头，源源不断地向社会大众输送科学技术、文化知识的营养，启迪人们的智慧，开阔人们的视野。只有知识，才能从根本上提高人、教化人、改变人。媒体的品位和魅力就在于它的知识含量。缺乏知识含量和文化品位的媒体必然走向庸俗。不能有文化的人去干没文化的事，去赚没文化的人的钱。

第五，娱乐平台。现在，大众传媒是受众最广、活力最大、影响力最强的娱乐平台。工作越是紧张、竞争压力越大，人们就越是希望寻找轻松、快乐、刺激，以舒解自己的压力。大众传媒一个最大的增长空间，就是开展文化娱乐，设法让人们高兴起来、快乐起来，更多地去发现和弘扬人间真善美的东西，满足人们的审美情趣，提高人们的审美水平。其实，让人民高兴起来，本身就是一种社会引导，是一种润物无声的思想工作。

媒体功能多样化，是社会文明进步的大趋势，是全面建设小康社会的新要求，也是媒体自身发展的新空间。这种情况要求媒体必须统筹兼顾、协调发展，妥善地处理信息传播与舆论引导、服从大局与服务群众、紧跟领导与贴近实际、正面宣传与批评监督、新闻价值与商业利益等关系。

三、传媒的改进

如何办好媒体，历届中央领导集体都有过重要的论述。毛主席提出了政治家办报，走群众路线，旗帜鲜明、生动活泼、引人入胜等根本要求。邓小平提出了联系群众、针对实际、批评和自我批评三项原则。进入新世纪后，江泽民、胡锦涛又提出了围绕中心，服务大局，弘扬主旋律，提倡多样化，坚持团结稳定鼓劲、正面宣传为主等一系列指导方针。这些，都是媒体应当切实遵循的原则。

革命导师马克思曾经做过《莱茵报》《德法年鉴》等报刊的主编和记者，他曾经提出过一些新编辑原则，即少发些不着边际的空论，少唱些高调，少作些自我欣赏，多说一些明确的意见，多探讨一些具体的现实，多提供一些实际的知识。这些编辑原则今天仍然很有指导意义。

媒体的改进，首要的问题是摆正媒体和人民群众的关系。大众媒体就是要永远面向大众，贴近群众，以满足群众需求、人们喜闻乐见为根本宗旨。

用科学理论武装人，用正确舆论引导人，用高尚情操塑造人，用优秀作品鼓舞人，这是我国传媒界耳熟能详的四句话。这四句话是党和政府对宣传文化工作的总要求，而对每一个具体的媒体机构，如报社、电视台而言，决不能把自己与受众的关系理解为教育者与被教育者的关系、引导者与被引导者的关系。媒体就是媒体，不是党政机关，没有资格发号施令。任何媒体，包括党报党刊在内，准确的定位就是服务群众，在服务中贯彻导向，在满足需求中实现激励，在帮助中体现教育，在丰富人民的精神世界中提升素质。如果把自己的定位搞错了，对受众摆出一副居高临下的姿态，那是不可能取得成功的。

如何反映社会焦点热点问题，如何报导突发事件和社会危机，这是对媒体水平和社会责任感的真正考验。根据多年的经验教训，媒体在报导这类事件时应当本着以下原则：

一要弄清真假。真的就是真的，假的就是假的，必须保证100%的准确性，不要听风就是雨，道听途说，添油加醋；更不能一犬吠影，百犬吠声，以讹传讹，人云亦云。在那种社会聚焦、群情激荡的敏感时刻，一个错误的信息有时会引发难以预料的混乱。

二要辨明是非。一个严肃媒体必须有始终如一的视角，有明确的立场，有稳定的价值标准，旗帜鲜明，观点严谨，不能是非不分，随风摇摆，更不能颠倒是非，混淆黑白。

三要权衡利害。除了真假、是非之外，还必须考虑利害问题，把"三个有利于"，即有利于发展社会主义社会生产力、有利于增强国家的综合实力、有利于改善人民生活水平作为取舍的根本标准，不能不管利害，不顾后果，鲁莽行事。

四要把握深浅。掌握好分寸，调控好力度，把握好"度"的界限。在社会混乱的危急时刻，一个负责任的媒体应当充当一个平衡器、调温器的角色，不能不知深浅，推波助澜，火上浇油，唯恐天下不乱。

五要适时进退。把握好时机，知道什么时候该进去，什么时候该出来。既能善始，又能善终，不能没完没了，纠缠不休。

当年孔夫子提出在观察处理事物时要力戒四种错误思想方式，即毋意、毋必、毋固、毋我。毋意，就是不主观臆断，凭空想象；毋必，就是不武断绝对，不知变通；毋固，就是不固执己见，死心眼，钻牛角尖；毋我，就是不个人本位，以自我为中心。孔夫子的这"四毋"原则，对今天的媒体依然适用。

人们不难发现，当前在社会生活中已形成了两种不同的语言信号体系，两种不同的舆论场。

一种就是网络语言，手机短信语言，群众生活语言，这类民间语言越来越追求简洁，追求生动有趣，追求新奇怪异，不断花样翻新地冒出一些新词汇、新概念、新符号。尽管它不规范、不科学，但却能很快流行，广为传播，尤其在青少年中大受欢迎。这些分散的自发的民间媒体，虽然算不得主流媒体，但传播之快、覆盖之广、影响之大，常常令一些大媒体也自叹不如。令人难以置信的是，一条短信息出来，几天之内能转发上亿次，传遍天南海北。有时，这些自发媒体会造成一种强大的舆论场，影响和左右着民众的舆论倾向和情绪指向。

与其形成鲜明对照的是，我们的一些媒体宣传和官方语言，却缺少改进和创新，教条主义、形式主义的东西过多，说教味、八股腔太浓，充斥着各种空话、大话、套话以及简单化、概念化、格式化、公文化的东西。本来一些先进的理念、睿智的思想、富有创新的政策和新鲜生动的实例，被这种套话和八股调一加工、一包装，都失去了应有的光彩，变成了干干巴巴、令人乏味的东西。

新闻宣传必须牢固树立以人为本的观念，适应受众的信息需求，尊重受众的习惯特点，顺应受众的阅读取向。舆论宣传市场永远是买方市场，必须以受众喜闻乐见、赏心悦目为原则，让人们在轻松愉快中受到感召，在潜移默化中得到启迪。受众是永远的上帝，是最公平、最公正的评判员。一个好报刊，应当是读者主动订购，争相阅读。如果办得不好，即使凭借权力摊派下去，照样是订而不阅，发而不读。你无法左右人们喜欢听什么，看什么。如果人们不想听，你讲得再多也没用。如果人们不接受，你花再大的力气也白费。

新闻报导必须以新闻价值为第一标准，淡化"官本位"意识。要大大减少对于领导活动的流水账式的报导和会议消息，把更多的视线和版面转向基层，转向群众，转向多姿多彩的社会生活。报导会议和领导讲话，关键是把其中最有价值、最有创意的信息、数字、指导思想、政策走向反映出来。现在关于会议的报导连篇累牍，不少都是应付差事的官样文章，缺乏新闻价值，其后果只能是"谁写谁看"，"写谁谁看"，别人是不大看的。

作为主流媒体，应当以高扬主旋律、传播主流价值观为己任，在选择信息的真实性和严肃性、在解读政策的权威性方面高出一筹。在面对社会大众的同时，尤其要在高层次的受众如领导干部、知识分子、各界代表人物中建立起高度的公信力，培育起稳定的读者群。

打造一流的强势媒体，关键是要有一流的人才队伍，包括著名的记者编辑人才，著名的专栏作家，著名的社会意见领袖等。你要想成为世界一流的媒体，那就要借助世界范围内的一流人才。你要想成为全国一流的媒体，那就要借助全国范围内的一流人才。如果关门办报，封闭办台，只靠自己现有的记者编辑主持人队伍，那就不可能成为一个优势媒体。

一个强势媒体，必须以强大的经济实力和科技实力为后盾，没有实力就没有覆盖面和占有率。必须在信息的原创性和首发性上下工夫，没有原创性和首发性，就无法占领舆论制高点。必须善于运用现代传播技巧，善于使用社会流行语言和国际语言，大力提高宣传的亲和力、吸引力和感染力，否则，就谈不上影响力和有效性。我们应当借鉴国外的做法，打破传统的媒体划分，以资本为龙头，以业务为纽带，进行大规模的媒体整合，打造出资本雄厚、多媒体一体化的大型综合传媒集团，否则，就难以在国际传媒竞争中占有一席之地。

编后记

　　任彦申先生的《从清华园到未名湖》一书出版以后，读者反响之热烈，大大出乎我们的意料。现在市场上有不少领导干部写的书，其中有些书披露了鲜为人知的事情，总结了深思熟虑的经验，写出了做人做事做官的感悟，在存史、资政、育人方面颇有价值，很受读者欢迎。然而，不少领导干部写的书，都是四平八稳的官样文章，缺乏个性色彩和独到的见解，名为"著作"，其实不过是讲话汇总、文章收编而已，甚至从"同志们好"到"谢谢"、"散会"都一仍其旧，讲的多是那些除了自己之外谁都不感兴趣的事情，自然令人倒胃口。一些读者起初对任彦申先生的《从清华园到未名湖》一书也是作如是观的，但随便翻翻之后却大感意外，正如不少读者所反映的，打开此书如清风扑面，令人耳目一新，不忍释卷，一口气把它读完。此书独特的思想魅力，强烈的思辨色彩，睿智简约的语言，发自肺腑的感受，每每让人有醍醐灌顶、畅快淋漓之感。掩卷沉思，时时被感动着，启迪着。

　　新华社旗下的《现代快报》把该书的部分章节专门辟出"睿思"专版连载之后，众多读者更是反响热烈，共鸣切切，有的把报纸剪贴下来，反复诵读；有些热心人，把有些章节粘贴在网上，让人共赏，更是引来好评如潮；许多网友的留言，发自肺腑，一针见血，振聋发聩，让我们这些看多了书稿似乎因职业已经麻木的编辑们也感受到了久违的惊喜，当然还有感动。这些留言，如今，网上还多有留存，有兴趣的读者不妨浏览，恕不在这里一一罗列。但必须要说明的是，这本书，没有做什么大张旗鼓的宣传推广，仅仅靠媒体自觉地推介，读者口碑的流布，居然在零售市场有近10万份的发行量。这在当今的中国书业，是非常的不容易，也让我们这些编辑，有点喜出望外的欣慰，甚至雀跃了。

　　后知后觉基于以上的经验，我们多次劝说任彦申先生，可否沿续《从清华园到未名湖》的行文风格，再就自己到江苏十年的执政经历、从政遭际乃至人生感悟做一概括提炼，与读者分享。任彦申先生接受了我们的建议。毕业于清华，主政在北大，长期在教育界担任领导职务的任彦申先生，在2000年的新世纪之初，到江苏履新，担任省委领导。在江苏不算太长的十年里，他分管过宣传、组织、文化、教育、科技、卫生、统战等多方面的工作，作为一个学者型官员或思想型干部，平时以敢讲真话直话为人称道，其思想特点、行事风格、讲话特色，自有其独到之处，许多讲话，亲力亲为，往往给人以别样新颖之感。《后知后觉》一书，虽然仍是近10万字的篇幅，但思想更显犀利深邃，见识更显入木三分，文风更显活泼老辣，文字更显简约凝练。书中内容涉及地域文化、干部问题、大学精神、文化价值、传媒改革等，大都源自工作实践中的感受，是从管理角度鸟瞰彻悟之后的真知灼见，没有官话套话场面上的话，更没有隔靴搔痒言不及义东拉西扯的废话假话，既能言人所不曾言、不便言、不敢言，又收放自如，适度恰切，推心置腹，相照肝胆，血脉贲张，睿智从容，气沉势虹，无论从认识层面上还是从操作层面上都有很强的现实针对性，称之为近年来难得一见的政论性大散文，绝非溢美之词。尤为精彩的是关于干部问题等章节，直言无碍，光明磊落，掷地有声，坦陈党内民主、文风会风、政治体制等当下社会最关切的问题，议论风生，质朴无华，如行云流水，精彩犀利处，酣畅爽利，胸胆开裂，犹如惊涛拍岸，往往令人有阑干拍遍的神思飞越。

书稿看过，神思沉迷在这样难得一见的肝胆文字中，有不忍离去、一见如故的亲切难舍。我们祈愿，这样的表达，这样的思考，这样的觉和悟，不管先后，能够越多越好。我们的时代，真是充斥太多的空话套话了。

热切地期望读者，就此书不吝指教，我们一定会完整地转告作者。

编者

2010年5月

如何是好

基于对"中国梦"的热切期盼，以面向未来的精神，直抒己见，建言献策，以期克服制约"中国梦"实现的种种不良风气和弊端，使中国共产党能够更好地担负起执政兴国的历史使命，使我们的祖国能够顺利地走向和谐社会，走向全面小康，走向现代化，走向中华民族的伟大复兴。

自序

　　退休是人生的又一个新起点，也是人生中难得的一段悠闲自在、自由自主的时光。服老是一种清醒，是一种豁达。退休就像一个谢幕下台的演员，务必把自己的角色和位置摆对，把心态调适好，不要不合时宜地到处抛头露面，不要硬去干那些力不从心的事情，更不要随意插手那些本不该自己管的问题。老年人较之年轻人的劣势是精力不济、锐气不足，而特有的优势是经验、智慧和成熟。退休以后，心态平静了，时间充裕了，身份超脱了，无欲无求了，如果沉下心来认真回忆一些鲜为人知的事，总结正反的历史经验，写下饱经沧桑之后的人生感悟，可能是发挥余热的一种很好方式。

　　我从领导岗位退下来以来，写了两本小书。第一本书叫《从清华园到未名湖》，主要讲述了我在清华、北大25年工作中的真切感受，对于大学精神、办学思想、大学管理、人才理念以及如何处理思潮、学潮等问题，发表了自己的见解，目的是想在大学与政府，大学与社会之间搭建起一座沟通互动的桥梁。第二本书叫《后知后觉》，主要是对我在中共江苏省委工作期间分管过的领域，如宣传工作、组织工作、人才工作、文化教育工作等，做一份总结和交待。这与其说是一种经验总结，不如说是一种理念探索；与其说是一种个人感悟，不如说是一种众智集合。我非常担心这种书出来以后堆在墙角没人理，或是很快被扔进废纸篓中。没想到，这两本小书得到了众多读者的认可，居然成了畅销书，还被外国的出版社翻译过去。近几年来，以书为媒，我结识了许多新朋友；以书会友，成了我生活中的一大乐趣。正是众多读者的鼓励，促使我写下这第三本书——《如何是好》。

　　为什么书名叫"如何是好"？首先是我想对自己过去的思想和作为做一番认真的清理，进行自我审视、自我反省，力求把过去不正确的东西纠正过来。其次是我作为一个过来人和超脱者，对当今的社会现象进行一番观察和思考，发表自己的意见和建议。这不是为了发牢骚、挑毛病，而是出于一种领导干部和知识分子的责任和良知，希望借鉴历史的经验，把今天的事情做得更好。再次，基于对"中国梦"的热切期盼，以面向未来的精神，直抒己见，建言献策，以期克服制约"中国梦"实现的种种不良风气和弊端，使中国共产党能够更好地担负起执政兴国的历史使命，使我们的祖国能够顺利地走向和谐社会，走向全面小康，走向现代化，走向中华民族的伟大复兴。总之，这本书是为了使我们的国家更好，使我们的人民更好，使我们的明天更美好。

我38年的工作经历，有三分之二的时间在大学工作，另外三分之一的时间在党政领导机关工作，我所熟识的人基本上都是领导干部和知识分子。这本书主要是想同领导干部和知识分子进行坦诚对话，交流思想，共同探索人生。希望此书能助你成功、助你成才、助你幸福！

我一生中最感到幸运和欣慰的事，就是结识了一大批优秀人才和知识精英，从他们身上获取了无穷的知识和智慧，获取了不断求知的渴望和上进的动力，水涨船高，这自然而然地提升了自己的境界。在过去经历过的无数人和事中，绝大部分随着岁月的流失淡忘了，而有些人和事却是终身难忘的，时间越久，感受越深。有些人不仅才能卓越、业绩突出，而且人格高尚、作风亲和，深受人们的喜爱。每当想起他们，就会由衷地产生一种敬佩之情、亲切之情、感恩之情。这些人的精神风范应当记录下来，作为启迪后人的宝贵财富。也有些人让人一想起来就心里不痛快，其中有的是个人素质不好，有的则是一个时期不良环境、不良体制、不良风气凝结而成的产物。这种人也应当记录下来，以警示后人。一个人成功不成功，不在于身前有多少美丽的光环，而在于身后有多少人喜欢他、怀念他、感恩他。

书中谈及的这30个问题，是人生中经常遇到的一些基本问题，也是现实生活中容易产生困惑和迷失的问题，包括如何做官、如何做人、如何做事、如何生活、如何修身、如何处世、如何学习、如何交友、如何实现事业的成功和人生的幸福，等等。

　　人生奋斗的根本目的，就是取得成功，获得幸福。然而，对于成功的标准和幸福的含义，不少人从未认真思考过，或者从未想清楚。许多人把财富、地位和名气看做成功的标准和幸福的源泉，可是有谁知道，财富有多少才是多？地位有多高才是高？名气有多大才是大？在我看来，人生成功的根本标准：一是创建功业，二是培养人才。只有事业发达，人才兴旺，才叫功德圆满。至于幸福，与其说是外界的给予，不如说是内心的感受；与其说是生活的状态，不如说是生活的态度。哈佛大学著名心理学家泰勒说：幸福的定义应该是快乐与意义的结合，真正的快乐就是在自认为有意义的生活中享受点点滴滴。用老百姓的话说，幸福的真谛就是活得简单一点，活得糊涂一点，活得潇洒一点。当你总感到自己不快乐不幸福时，不妨换一个思路、换一种活法。

　　我这本书中的看法，有些是自身经验教训的总结，有些是日积月累的人生感悟，有些是对当今社会现象的观察思考，有些是读书学习的心得体会。这些思想观点，不是无病呻吟、无中生有、无的放矢地乱发议论，而是从所见所闻的众多现象和亲力亲为的众多实践中感知而来的。人生许多事，只有停下来才能看清楚，只有事后才能想明白。我不敢说书中的这些思想观点都是正确的，但可以说都是真情实感、实话实说。一个人如果到了古稀之年，还要说假话编故事去糊弄人，那真是无可救药了。一本书，如果能有一两个观点对人有启发，有一两句话被人记住，那我就心满意足了。

一、什么是成功的领导者

对于什么是成功，没有一个统一的标准，人们追求不同、价值观不同，对成功会有不同的理解。如果仅从功利的角度来衡量成功，那是很难说清楚的，有谁知道挣多少钱、当多大官、出多大名才算成功呢！

美国成功学家卡尔博士认为：成功意味着许多美好积极的事物，其中包括个人的兴隆发达，获得优越的条件；在职场和社交圈中赢得别人的尊宠和赞美；获得更多的自由，免于种种烦恼、恐惧、挫折和失败；实现自重自尊，不仅自己得到生命中最大的快乐与满足，而且为周围那些赖你为生的人做了很多的好事，如此等等。

卡尔博士理解的成功有着多重含义和多元标准，其中包括功利目的和价值目标、自我感觉和别人评价、内在成功和外在成功、个人成功与大家成功等等。在我看来，衡量人生是否成功，不在于功名利禄的获得，而在于价值目标的实现。

首先，你怎么看自己？你对自己的人生是否感到自信和满意？是否认为发挥了自己的才华，干成了有意义的事情？是否实现了人生的目标，没有虚度年华，枉此一生？

其次，别人怎么看你？自我感觉再好，自我评价再高，如果别人不承认等于白搭。商品的价值是通过交换实现的，人的价值是通过与人交往而实现的。不管是商品还是人，对别人有用才有价值。如果你个人价值的光芒能够照亮社会，大家能从你的成功中分享到一份好处，这才是真正的成功。这样，你获得的地位和尊宠、鲜花和掌声，不是沽名钓誉的结果，而是社会对个人贡献给予的应有报偿。

相对于其他职业，领导者的成功更加困难，更加难以评价。

从古到今，一个国家，一个地方，领导人换了一茬又一茬，真正名垂青史、为后人感念的能有几人呢？普通人自不必说，中国历史上，称王称帝的有800多人，今天人们能记住名字的有几个呢？从隋朝到清朝，考取状元的有500多人，又有几人留下传世之作呢？

《左传》上讲，人都会死亡，但有的人死而不朽，其精神和功业永存。"太上有立德，其次有立功，其次有立言。"后人把立德、立功、立言称之为"三不朽"，作为衡量士大夫成功的根本标准。

唐朝学者孔颖达对"三不朽"做了很好的阐释：立德，谓创制垂法，博施济众；立功，谓拯厄除难，功济于世；立言，谓言得其要，理足可传。千百年来，众多达官贵人都把"三不朽"作为人生追求的目标，王阳明、曾国藩被人誉为"三不朽"的典范，有道是"立德立功立言三不朽，为师为将为相一完人"。

领导就是干事，只有想干事，会干事，又能干成事，那才是真本事。能干大事的人应当立志去干成大事，干不成大事的人应当尽力为群众多做好事，多办实事。不管你有多么优越的背景、多么耀眼的光环、多么美好的宣言，最终要看能不能落到实处，转变为实绩，让广大群众得到实实在在的好处。

现在有的人只想做官，不想做事，或不会做事。他们把能否升官作为衡量自己成功的唯一标准，凡是有利于自己保官升官的事就起劲去干，大肆张扬；凡是不利于自己保官升官的事，即使再重要再紧迫，也设法逃避。他们的聪明才智不是用在发展事业上，而是用在经营自己的关系网和加固自己的"护身符"上。他们不是脚踏实地服务民众，而是热衷于搞"面子工程"。他们不关切老百姓的真实感受，而只想讨得领导高兴、上级赏识。这种人即使官运亨通，能算是成功的领导者吗？

最糟糕的官员莫过于庸官。他们饱食终日，无所用心；不求有功，但求无过；只想捞做官的好处，不想尽做官的义务。在某种意义上说，庸官比贪官还可怕。因为贪官一旦败露，就会下台。而庸官因为不干事，所以不犯错误；因为不犯错误，所以能在官场长期混下去。一个庸官长期主政的地方，真不知道耽误了多少事业，埋没了多少人才，错失了多少良机！

蒋介石在日记中反思国民党在大陆失败的教训时，痛斥国民党官员的五大流弊：一是做官不做事；二是有私得而无公利，有小我而无大我；三是重权位而不重责任，享权利而不尽义务；四是有上层而无基础，有党员而无民众，骄奢淫逸，自高自大，而不知民生疾苦，与民众相隔离；五是有组织而无训练，有党章而无纪律，有议案而无行动。

的确，国民党有这些流弊，不败则天理难容！

"己欲立而立人，己欲达而达人。"孔夫子这句话是多么英明啊！对于领导者来说，你的成功绝非个人的事，而是同周围的人息息相关。没有周围人尽心尽力地支持、帮助和捧场，你不可能取得成功。因此，你的成功果实也应当让大家分享，用自己的成功带动一批人的成功。大家好才是真好，大家成功才是真正的成功。人在职业生涯中，最大的幸运就是遇上一个赏识你的领导，为你搭建了一个建功立业的平台；而最大的不幸，就是一辈子也没有遇上一个赏识你的领导，把你的报国之志和大好年华埋没在碌碌无为之中。

有的领导者有极强的个人成就感，然而他只想着自己成功，却从未考虑过别人也需要成功。他把一切成绩记在自己头上，把一切问题推给别人，把自己的成功建立在别人不成功的基础上。这种以别人不成功为代价取得的成功，能算是真正的成功吗？

每个领导者都应考虑这样一个问题，当你离开一个地方时应当留下些什么？留下一堆讲话和口号不如留下几项好政策，留下几项好政策不如留下一个好体制，关键是留下一批优秀人才。俗话说："留得青山在，不怕没柴烧。"只有选拔出大批优秀人才，才是事业持续发展、社会长治久安、江山永不变色的可靠保证。

总之，衡量领导者是否成功，最过硬的标准就是两条：第一是看在他任内干成了多少事业；第二是看在他手下培养了多少人才。只有事业发达，人才兴旺，才是功德圆满。只有"功成"，"名就"才名副其实。如果一没有立功，二没有树人，有何功可讲？有何德可言？即使立言，又有什么说服力？

邓小平去世时，有人曾写下一副挽联，叫"一人千古，千古一人"。在中华民族的复兴史上，邓小平无愧是"三立"的典范、不朽的伟人。

我认为，邓小平最伟大的贡献，就在于使中国发生了四个历史性的改变。

第一个改变，就是改变了中国这艘巨轮前进的方向，这就是拨乱反正，实行伟大的历史转折。"文化大革命"之后的中国，就像是一艘伤痕累累的巨轮在风浪中徘徊，面临着何去何从的抉择。邓小平成功地驾驭这艘巨轮调转方向，闯风险，绕暗礁，驶向社会主义现代化的宏大目标。尤其值得庆幸的是，在这场历史大转折中，中国没有迷向，没有翻船，而一些与中国类似的国家却在这种历史大转折中，有的迷了向，有的翻了船，有的自行解体了。

第二个改变，就是改变了中国社会主义的内涵和形象。原来我们对社会主义的理解和定义是片面的、扭曲的，在实践中是不成功的。邓小平以其超凡的智慧，提出了"中国特色社会主义"的概念，对社会主义的本质、内涵赋予了新的解释，实事求是地确定了中国特色社会主义的一整套理论、路线、道路、体制和大政方针，使社会主义摆脱了僵化，重现了生机；摆脱了贫穷，走向了富裕；摆脱了频繁的政治运动，走向了安定团结。原来那种僵化的、贫穷的、整天斗来斗去的社会主义，是不得人心、不可能长期坚持下去的。

第三个改变，就是用"三个有利于"的标准改变了过去实行多年的"以阶级斗争的观点观察一切，分析一切"的是非标准，也改变了流行千年的"君子喻于义，小人喻于利"的传统价值观。从此，中国人摆脱了姓"资"姓"社"的抽象争论和封建义利观的束缚，观察问题、衡量事物的价值标准都因"三个有利于"的确定而随之改变。一个领导人想改变方向政策很容易，只要有足够的权力和地位就可以做到，但要改变体制制度就不那么容易了，而最难的是改变人的思维方式和价值尺度。邓小平就是一个既能改变方向，也能改变体制，又能改变人们价值观念的伟人。

第四个改变，就是改变了中华民族的历史命运，使百年来的强国梦变成现实，中华民族走向了伟大的复兴，我们每一个人的命运都因邓小平而改变。试问，如果在30多年前，农民有种地的自主权吗？有进城务工和居住的自由吗？人才能自由流动吗？人们能自主求职吗？大批青年能上大学、出国留学吗？普通百姓能出国旅行吗？……尽管现实仍有许多不如意的地方，但要放弃改革开放，重新回到过去，是没有几个人会同意的！

二、做官为什么

李嘉诚先生在对商界精英的一次演讲中说：我们活着为什么？承担社会责任是不是我们的义务？我认为人最大的悲哀是无聊，患上漠不关心的冷淡症，套上自命不凡的枷锁。在专业、行业和权力的高位，掌控庞大社会资源和机会，却失去自重自爱。那些沉醉在过往、滞留在今日，那些对社会问题视而不见、无动于衷的借口大王，一定会被社会唾弃和淘汰。有能力的人，要为人类谋幸福，这是任务。

不论政界、商界或学界的领袖人物，如果只是出于自私自利的目的，没有以天下为己任的情怀，没有为人类谋幸福的责任感和义务感，那是不可能成就大事业的。

"为有牺牲多壮志，敢叫日月换新天。"任何想成就伟业的领导者，都要准备为理想、为真理、为民族、为他人做出巨大的自我牺牲。一位哲人说过："出色领导的精髓就是牺牲。"领导就意味着牺牲、放弃和舍得。当你打算成为领导者的时候，就要放弃为自己打算的权利。你得到了令人羡慕的常人所没有的许多东西，那就必须放弃常人拥有的许多东西。一个领导者，如果斤斤计较，不想吃亏，总想得到比别人更多的好处，那是不可能取得成功的。从未见过一个势利小人能成为出色的公众领袖的。

做官不仅是一种个人机遇，更是一种社会担当。一个人当官从政的根本目的应当是改造社会、服务大众，利用自身的地位和权力，借助广大的社会资源，去实现美好的社会理想，成就仅凭个人力量无法成就的宏图伟业；在造福社会的过程中，发挥自己的聪明才智，实现崇高的人生价值。如果只是想利用公共平台去实现个人野心，或者靠挥霍大众的血汗去满足个人的荣华富贵，那注定会失败。

官员，也被称之为公务员、公职人员、人民的公仆。官员上班叫办公，叫执行公务；官员工作的场所叫办公室。因此，官员的本质应当姓"公"而不姓"私"，在官员头脑中必须牢固树立一个"公"字。当然，官员也是人，也有情感、有血肉、有私情、有私心，但在履行公职、执行公务的过程中，必须区分公与私的界限，公事公办，奉公守法，这是为官从政的光明正道。如果公私颠倒、以权谋私、徇私枉法，那就违反了为官从政的职业道德，必然走上歪门邪道。如果你做学问，可以有一个明确的奋斗目标，比如什么时候攻下博士学位，什么时候评上教授职称，这都是无可非议的，也是经过个人努力可以实现的。

如果你经商，也可以有一个具体的发展计划，比如把企业做大做强、创出名牌、发行股票等等，这也是无可指责的。

唯独从政做官，不能太有理想，很难给自己订一个具体的做官目标。因为做官最难把握个人命运，是一个前途最不确定的职业，你能不能做官，做多大的官，在哪儿做官，这一切都是个人难以预料的。在官场上，你常常会看到，有的人莫名其妙地升官，有的人莫名其妙地倒霉；有的人在一段时间内好运接踵而至，在另一段时间内却厄运连连降临。这些，用常理往往是说不清楚的，你不得不承认，做官除了靠本事，靠努力之外，还有一个运气问题。

　　做官有时就像乘公共汽车一样：有的人上车就有座；有的人站了一路始终没有座；有的人刚刚有了座，可惜到终点站了。

　　德国著名哲学家叔本华在《人生的智慧》一书中说："在这世上存在三种力：明智、力量和运气。我相信运气至为重要。我们的一生可比之于一条船的航程。运气——顺运或者逆运——扮演着风的角色，它可以迅速推进我们的航程，也可以把我们推回老远的距离。对此，我们的努力和奋斗都是徒劳无益的。"

　　然而，人总不能把希望寄托在运气上。从政做官，必须树立一种健康的心态，这就是知足常乐，随遇而安，立足本职，珍惜眼前。与其为难以把握的官运苦恼，不如脚踏实地做好分内的工作，在实践中不断增长才干，积累经验。只有把工作基础和群众基础打牢了，具备了过硬的本领，才能为今后的晋升发展奠定可靠的基础。当机遇到来时，不会因为自己准备不足而错失机会。英国政治家本杰明·狄斯累利说得好：人生成功的秘诀是，当好机会来临时，立刻抓住它。

　　干部队伍是一个宝塔结构，越往上位置越少，多数人爬到某一个台阶就停步不前了，能够不断跃上新台阶的人是极少数的幸运儿。不要总觉得自己怀才不遇，大才小用，总是心理不平衡，心理不平衡往往是某些人犯错误的开始。人的贪欲是很难满足的，做生意的人总想赚的钱越多越好，做官的人总想做的官越大越好。然而，"因嫌纱帽小，致使锁枷扛"，这就是古今中外众多野心家的写照。

　　一个人不是官做得越大越好，也不是升迁得越快越好。至于做多大的官合适，取决于两条原则：第一，你的官职应当与你的业绩相对称；第二，你的官职应当与你的才能相适应。

　　做官也同做其他工作一样，不能指望少劳多得或不劳而获，不能幻想好运和奇迹总会降临到自己头上，更不能寄希望于找捷径、走后门，靠投机取巧而得到意外的好处。或许你能够通过投机取巧而得到某种职位，但要证明自己具有胜任岗位的能力并获得人们的信服就不那么容易了。被人瞧不起的官员没有任何尊严可言。

《管子·立政》中谈到，治理国家有三个根本问题："一曰德不当其位，二曰功不当其禄，三曰能不当其官。此三本者，治乱之源也。故国有德义未明于朝者，则不可加以尊位；功力未见于国者，则不可授予重禄；临事不信于民者，则不可使任大官。"

如果一个政权在选官授职上轻率从事，不守规矩，不讲公道，随意封官许愿，拉帮结派，必然导致吏治腐败。

在许多国家，官员都是一个受人尊崇的职业。如果老百姓对官员不尊重、不信任、不买账，那这个政权就岌岌可危了。中国官本位的思想年深日久，人们对官员更是敬畏三分。在民众心中，官员应当由社会的贤能之辈、精英分子来担任，人们把国家的前途、百姓的命运交给他，就是相信他具有与职务相称的能力和素质，相信他能够秉公办事，为民服务，切实履行公职人员的职责。一个人职位越高，责任越大，民众对其德才素质的期望值越高。如果一个人身居要职，又缺乏应有的才干，不仅自己活受罪，而且会误国误民。回想"文化大革命"中，把一批普通工人、农民提拔到国家领导人的位置上，他们一无知识和智慧，二无治国经验，闹出不少笑话，只不过成了一种政治摆设。在当时复杂的政治斗争中，他们分不清是非利害，只能被人当枪使。粉碎"四人帮"后，这些人被免除了国家领导职务，邓小平感慨地说："陈永贵本来可以成为出色的农村基层领导人，可硬要把他放在副总理的位置上，这不是让他活受罪吗！"天津市一位曾经担任过副总理的人下台后说："自己糊里糊涂上去了，糊里糊涂下来了，自己也不明白是怎么一回事。"

《易经》说得好："德薄而位尊，智小而谋大，力小而任重，鲜不及矣。"意思是说，如果德行不高的人占据高位，缺乏智慧的人整天谋划大事，能力不足的人又担当重任，没有不把事情搞乱的。因此，选任领导干部的一条重要原则，就是让他的才干与职位相符，大才小用固然不好，而小才大用危害更大。

三、领导工作基本功

不是什么人都能当领导的。领导是一门学问，是一种艺术，只有贤能之辈才有资格去担任领导。

当领导是一个令人羡慕的职业，想当领导的人很多，但要真正胜任领导工作并不是一件容易的事。就像上中学、上大学必须具备入学资格一样，当领导也必须具备领导资格，具有应知应会的基本功。

一个合格的领导者，应当具备以下几方面的基本功：

第一，理清思路。

思路是人们思考问题时思维活动的脉络和思维进展的道路。一个人思路一旦确定，不管外界多么错综复杂，不管情况如何千变万化，他都能按照既定的思路理出头绪，形成自己的认识。否则，如果没有清晰的思路，工作会搞成一团乱麻，就像写文章时如果思路不清就会杂乱无章一样。

一个领导者，应当善于把零零散散的想法、方方面面的意见加以整合归纳，在吃透上情、摸清下情的基础上，梳理出一个清晰明了的工作思路。思路反映了一个领导者的理论思维水平和综合判断能力。过去讲纲举目张，思路就是纲，就是工作指南。作为领导者，就怕脑子里想法很多，乱七八糟，变来变去，今天这么说，明天那么讲，没个准主意。

思想决定行动，思路决定出路。思路正确，事半功倍；思路错误，事倍功半，甚至事与愿违。在解放思想、拨乱反正的过程中，邓小平一再提醒各级领导干部要转变思路，开阔思路，首先要把思路搞对头。一个地方，一项工作如果长期搞不好，很可能是思路不对头。换人不换思路，换了也没有用，应当先换思路后换人。

过去，我国的农村工作一直围绕"一大二公"的思路做文章，不断瞎折腾，搞合作社，搞大跃进，搞人民公社化，开展"农业学大寨"等等，但搞了几十年，农村依然贫穷落后，始终解决不了吃饭问题。党的十一届三中全会后，换了思路，实行家庭联产承包责任制，创办乡镇企业，搞农工商一条龙，进而推动农业现代化、城乡一体化等，不但迅速解决了吃饭问题，而且使大部分农民过上了小康生活。

工作思路确定之后，应当长期稳定，可以与时俱进地加以修补完善，但不能大起大落，随意变动。

第二，制定规划。

一个优秀的领导者必须有理想，有追求，会讲故事，会画图画，能够描绘出一个令人向往的远景。然后，再把这种理想、远景编制成一个总体规划和行动方案。从古到今，开创任何一项伟大的事业，都有一个从梦想到理想、从空想到科学、从务虚到务实、从故事到蓝图的过程。

规划就是一个长远的整体的行动方案。人们常说领导者要胸中有全局，手中有典型，规划就是全局，就是脑子里形成一盘棋。规划固然要有前瞻性和鼓舞性，但必须建立在科学性和可行性的基础上，千万不能随心所欲、头脑发热、乱提指标，同时要意识到计划赶不上变化。

过去我们在经济建设中屡次犯的大错误就是急功近利，急躁冒进。凡急功近利，必定违反规律，必然瞎折腾。1958年，领导人提出15年内超过英国，25年内赶上美国，还想超越苏联跑步进入共产主义，结果惹出大乱子，引发了大饥荒。今天，许多地方在争相奔小康、提前实现现代化的过程中，应当牢记历史的教训。

第三，选准项目。

项目是规划的具体化，是工作的切入点和突破口。一个领导干部的执行力和操作力首先要看抓项目的能力。抓项目就是抓落实，只有具体项目才能把各种生产要素有机组合起来，形成现实的生产力。不抓项目，规划再好，也是空中楼阁，纸上谈兵。

一项伟大的工程总是由若干具体项目组成的。在实施项目的过程中，应当先易后难，确保初战成功。在一个个小的胜利中积累经验，锻炼队伍，增强信心。如果一开始就去碰"硬钉子"，一旦失手，就会影响士气，动摇全局。在所有的项目中，必有一两个项目是重中之重，它的成败决定着整个工程的成败。对这种关键项目，必须精心设计，精心施工，务必成功。

第四，用好人才。

事业成败，关键在人。知人善任的能力是领导者的核心领导力，是最大的领导才能。领导工作关键是"人"、"事"两个字，善用人，会做事，选合适的人，做正确的事。只抓事不管人是最大的失职，最终事也办不好。只要把人选好了、理顺了、摆平了，所有事情就都好办了。用人的原则就是用其所长，避其所短，大才大用，小才小用，专才专用，特别要注意起用那种领军人才、创新人才和出类拔萃的人才。一个杰出人才，往往是千军万马难以取代的。一个优秀的领导者，应当识才有智、用才有方、容才有量、护才有勇。

第五，创造条件。

在人才选定之后，必须为他们履行职责提供必要的条件，创造宽松的环境。干部履职的前提条件就是职、责、权相匹配，让他们有职有责有权地开展工作。适当地分权放权、实行分工负责和分层次管理，是加强管理的最有效办法。如果只分工不授权，是对部下的不信任，无法调动下面的积极性。一个领导者，如果把所有权力都把持在自己手中，随心所欲地到处插手，越级指挥，势必造成权力缺位、管理混乱、效率低下，也会影响领导班子的团结。

第六，监控过程。

在工作的进展中，领导者必须对过程实行有效的监控，把握好进度、质量和分阶段达到的目标，随时解决工作中发生的问题；对风险环节必须高度警惕，密切关注。在领导工作中经常看到这种情况：大风大浪都闯过来了，却在小河沟里翻了船。因此，对工作中的漏洞、隐患和风险，必须高度重视，"杀鸡不惜用牛刀"，防止一招失误，全盘皆输。

第七，搞好总结，奖罚分明。

认真搞好总结，这是一项工作善始善终的必要环节，也是在实践中增长才干的重要方法。宋代诗人陆游曾说过："纸上得来终觉浅，绝知此事要躬行。"无论怎样的学习都不如从自身经验中学习来得更直接、更深刻。

搞好总结的目的，就是把感性认识上升到理性认识，逐步找到事物的规律性，从根本上提高管理水平和工作效率。总结工作包括两个基本方面：一方面要从成功的实践中总结出切实有用的经验，并把这种经验推广到更广泛的人群中。另一方面，要切实找出工作中的问题和差距，以利改进工作，今后少走弯路。那种只讲成绩不讲问题，一味评功摆好的总结会、表彰会并没有什么实际价值。

总结工作时既要论功行赏，又要论误问责，赏罚分明，兑现承诺，不能干好干坏一个样。表彰先进既要讲物质，更要重精神；既要看眼前效果，更要看长远作用，通过先进典型来体现一种导向，弘扬一种精神。

四、重在提升影响力

领导者是率领队伍向既定目标前进的人，是团结群众、依靠大家干事的人，是营造和谐人际关系、创造愉快合作氛围的人。实施领导的过程，其实就是领导者和被领导者互动的过程。衡量领导力的强弱，就看领导者能得到多少人的拥护，有多少人愿意跟他走，他说的话有多少人信服，他发出的指令能产生多大的实际效力。如果一个领导者得不到被领导者的积极响应，那他的领导力就是空的。

孟子讲："天下有达尊三：爵一，齿一，德一。"就是说，为人尊崇一是来源于爵，即地位和权力；二是来源于齿，即年龄和资历；三是来源于德，即品德和人格的力量。以此相应，领导也可分为权力型领导、权威型领导、魅力型领导。

　　领导力首先来自于领导职务，有职才有权。一朝权在手，便把令来行。一个人只要有职有权，就能发号施令。领导者有权制定游戏规则，建立制度规范，设置奖励和惩罚条例，被领导者出于对权力的敬畏和对自身利益前途的关切，不得不为领导者效力。这种只凭借权力驱使别人为自己干事的领导者，只是最低层次的领导力，也是最不受欢迎的领导者。要知道，权力并非领导者自身具有的，而是组织授予的，或是制度规定的，带有很大的脆弱性和不稳定性。

　　相对于权力型领导，权威型领导是较高层次的领导。权威是权力和威望相结合的产物。对领导者而言，权威是难得的一种法宝。领导者很多，但真正有权威的却很少。有职务不一定有权力，有权力不一定有权威。权威是在长期实践中逐步积累起来的，是被领导者对领导者能力、人品、业绩和阅历的一种认可。同样职务的人，有无权威，其领导效果会大不一样。缺乏权威的领导者，他的权力会大打折扣。而具有权威的领导者，他的权力会大大放大，甚至远远超出他的法定职权界限。一个享有崇高威望的领导者，他说的话部下会深信不疑，他发出的指令部下会认真执行，甚至对他的错话和错误的决策，下面也会盲目听从，或不敢指出，或不予计较。在社会转型变动时期，在领导层发生意见分歧之时，在突发事件到来之时，这种权威性领导可以发挥独特的作用，通过施加强有力的导向，起到力挽狂澜、一锤定音的效果。但应当注意的是，如果领导者过分显示权威或是滥用权威，可能导致破坏民主，走向个人崇拜和专制独裁。

　　不论权力型领导或是权威型领导，都只具有硬性领导力，而唯有魅力型领导因具有建立在影响力之上的柔性领导力，才具有更高层次、更佳状态的领导力。

　　美国培训大师约翰·麦克斯韦尔说过："领导的本质就是影响力"，"衡量领导力的真正尺度是影响力"，"如果有个人声称自己是领导者，不要轻信他的言辞，不要看他的资格证书，也不要看他的头衔，只要看他的影响力"。总之一句话，只有具有影响力的领导者，才是真正的领导者。

领导者的影响力不是组织上授予的，也不是职务和权力能够带来的，而是领导者自身努力、日积月累的结果。一个领导者要提升自己的领导力，必须在提升自身影响力上下功夫。

领导者的影响力取决于良好的知识修养、杰出的专业技能，以及高度的亲和力和人格魅力。

知识就是力量，知识力就是领导力。一个高明的领导者不能只是指挥部下干活的人，而应当担负起精神导师的角色，凭借自己丰富的知识、睿智的头脑，随时随地向部下传授为人处世的道理，为他们开启智慧，指点迷津，指明前进的方向和道路。领导者的吸引力首先来自于自身的文化素养和精神魅力，一个不学无术、孤陋寡闻的领导者，必然是一个庸俗而乏味的人。

一个卓越的领导者应当具有出色的专业技能，在自己从事的业务领域中成为行家里手、业界精英，使你的部下能以你为荣，以你为学习榜样。在动物界奉行一条不成文的法则，谁有本事谁为王，那些鹿王、猴王都是靠本事打拼出来的。人类的心理也是如此，人们总是愿意接受比自己强的领导。人们所以愿意追随你，是相信你能够打胜仗，能够创造出一流的业绩，为他们搭建起一个成功的平台，为他们的人生增光添彩。有谁愿意跟随一个无能之辈去浪费自己的大好年华呢？

亲和力是最有效的影响力，有亲和力的领导者是最受欢迎的领导者。

一个领导者必须懂得尊重你的上级，自觉维护组织应有的秩序。不管你喜欢还是不喜欢你的上级，都应当给予应有的尊重，该请示的要请示，该汇报的要汇报，你的上级就是你的工作环境，没有上级的信任和支持，你将一事无成。如果存心和上级作对，十有八九没有什么好下场。

如果你一门心思都花在上级身上，而不懂得善待你的下级，那又大错特错了。你工作效率的高低，工作成就的大小，群众威信的好坏，在很大程度上取决于你的下级对你是否忠诚，是否真心实意地为你服务。人是有感情的动物。人们常说"不要感情用事"，其实，任何人都不可能摆脱感情的纠缠，自觉不自觉地都会把感情带入工作之中。感情决定着思考方向，决定着精神状态。人与人有了感情，一句话能顶十句用。人与人没有感情，十句话也不顶一句用。在人与人的交往中，应当重感情，讲理智，只有情通，才能理顺。

领导者必须始终以人为本，而不能以事为本，坚持"与人为善，助人为乐，以诚相见，以礼相待"的原则。以人为本，首先应当体现在善待你的部下，善待你周围的人，关心他们的利益诉求，关心他们的成功成长，关心他们的喜怒哀乐。不能把部下当做机器人，似乎只要自己一按电钮，他们就会不停地工作下去。

有一位知识分子干部，在某个领导手下工作多年，勤勤恳恳，尽心尽力。但那位领导从来不关心他的愿望和需求，从不过问他的家庭状况，彼此之间除了工作来往外没有任何其他交往。有一次，这位知识分子干部回家料理父亲的丧事，回来后那位领导连一句关切慰问的话都没说，又直接布置工作。这位知识分子干部非常伤心和失望，下决心离开了那位领导。一个领导者，如果不近人情，不讲友情，像个冷血动物，怎么可能获得大家的真心拥戴呢？

我们经常讲要树立群众观点，走群众路线；坚持从群众中来，到群众中去。如果你连周围的人都不放在眼里，谈何群众观点？如果你不能融入身边的群众，又怎么可能同广大群众打成一片呢？一个领导者的人品和人格，不在于人前怎么说，而在于人后怎么做；不在于台上怎么表演，而在于台下如何表现。最有发言权的是你周围的人。最令人讨厌的领导者，莫过于在日常生活中，依然戴着面具，摆出一副高人一等、自命不凡的样子，整天端着架子，板着面孔，唯恐失去做官的尊严，好像一个不食人间烟火的神仙。

五、领导的最高法则

在我接触的高层领导者中，清华大学原校长、党委书记刘达以其诚实、诚朴、诚信的品格给我留下终身难忘的印象。他作为一个外来人，能够很快赢得清华大学广大干部和师生的信赖，同他这种诚实诚信的品格有极大关系。他过去因为敢讲真话而吃了不少苦头，但依然保持着诚实的品格。他有一说一，有二说二，对上决不曲意逢迎，对同事决不花言巧语，对群众决不轻诺寡信。在"文革"后拨乱反正、平反冤假错案中，刘达校长坚持实事求是原则，刚正无私，解决了一系列棘手的历史难题。

诚信是领导的最高法则，是全部领导力的根基，失去诚信等于政治自杀。一个领导者必须真心待人，言行一致，信守承诺，才能建立起高度的公信力。公信力是领导者最脆弱的一项特质，要建立起公信力需要一点一滴持续不断地努力，而一旦失去，花十倍的代价也难以挽回。

古罗马著名政治家塔西陀在总结执政经验时说："当政府不受欢迎时，好政策与坏政策都会同样得罪人民。"这一论断被称作"塔西陀陷阱"，成为一条著名的政治学定律。"塔西陀陷阱"的基本含义就是，公信力是公权力的基础，是一个政权合法性的依据。政府一旦失去公信力，无论说真话还是说假话，都会被民众认为是说假话；无论干好事还是干坏事，都会被民众认为是干坏事。对一个政府及其领导者来说，最大的悲剧莫过于堕入"塔西陀陷阱"。

当前中国社会正面临着一种诚信危机。2011年中国社会科学院发布关于诚信问题的调查报告，称当前不信任情绪正在越来越多的人中蔓延，人们纷纷询问：社会的信任哪里去了？究竟什么是真的？还有什么可以信任？有的人索性不再信任。报告说，一个什么都不信的民族何以生存和自立！2013年中国社科院发布《社会心态蓝皮书》，称中国社会总体信任指标进一步下降，跌破了"及格线"，官民之间、警民之间、医患之间、商民之间等各个群体之间的不信任情绪在加深和固化，中国社会已显现出信任危机。《社会心态蓝皮书》呼吁必须重建社会信任体系。

如果有些干部腐败无能、无所作为，群众不信任是理所当然的。有些干部工作很勤奋，成绩很明显，群众也得到了不少实惠，然而，令人纠结的是，干群关系不但没有得到改善，反而更加紧张了；干部的公信力不但没有提升，反而下降了；明起暗伏的社会不稳定因素不但没有减少，反而增加了……这究竟是为什么呢？

首先，是数字失真问题。一些地方为了显示政绩和应对上级的考评，精心编造各种发展的数字。有谁知道，在一些地方公布的GDP、财政收入、人均收入、招商引资数量以及环保生态指标中，有多少掺水的成分呢？为了拼凑出一个满意的数字，下面又玩了多少猫腻呢？其实，对于某些数字政绩，不仅下面不信，上面不信，而且连自己也不相信。

其次，是政令多变问题。一些地方，换一任领导就换一套思路、换一套规划、换一套政策。前任订下的协议，后任不予承认；前任许下的诺言，后任不予兑现。这种朝令夕改、前后矛盾的做法怎么能取得人们的信任呢？

还有，就是高指标、乱许愿的问题。每当召开重大会议（如党代会、人代会）或新班子上台时，都会提出一些雄心勃勃的计划和令人鼓舞的指标。有些指标是经过充分论证、通过努力可以实现的；有些指标是比出来的、压出来的，只是吹牛皮，根本不可能达到。年长的人或许还记得1958年"大跃进"时的情景，在"超英赶美"、"跑步进入共产主义"的口号下，各地争相放高产卫星，争相进行共产主义试验，钢产量一年翻一番，水稻亩产超过12万斤，白薯亩产达到200万斤。然而大喜之后就是大悲，整个国家陷入大饥荒、大灾难。浮夸风、急性病真把中国人害苦了，沉痛的历史教训必须牢牢记取！

中国的基本国情是基础差、底子薄，地区发展的差别很大，城乡二元结构明显，目前贫富悬殊也很突出。30多年来虽然发展很快，但发展付出的代价和留下的后遗症也很多。党中央提出实现中华民族伟大复兴的宏伟战略目标：第一步，到2020年全面建成小康社会；第二步，到21世纪中叶，全面实现社会主义现代化；第三步，在21世纪末，实现中华民族的全面复兴。如果能如期实现这些战略目标，那是非常了不起的成就，当然也是非常艰难的任务。不要层层加码，争相提前，像群众讽刺的那样：上级压下级，层层加码，马到成功；下级骗上级，层层注水，水到渠成。与其拼速度，不如把基础搞得更扎实；与其做表面文章，不如把内涵搞得更丰富。

全面小康社会如同幸福指数一样，它不仅是对民众生存发展状态的一种事实判断，而且是对生活主观意义和满足程度的一种价值判断；不仅是可以量化统计的一套数字指标，而且是广大民众内心的幸福感受。总之，它是民众满意感、快乐感和价值目标的有机统一。

全面小康社会是包括经济建设、政治建设、文化建设、社会建设和生态文明建设五位一体的综合指标，这五项建设是相辅相成、协调并进的。有些指标在一个地方可以率先达到，有些指标如民主、法治、精神文明、生态文明等在一个局部地区很难率先实现。还有的指标具有一票否决的作用，比如说"没有健康就没有小康"。当一个地方，人民喝着污染的水，呼吸着混浊的空气，吃着不安全的食品，他们会感到幸福吗？要知道，财富不等于幸福，平均数也不代表大多数。全面小康的指标，不仅要看在一个地区的实现程度，更要看在每个家庭、每个社会成员中的实现程度。至于什么时候实现全面小康，不是政府宣布了就算数，归根结底要得到绝大多数群众的认可。令人尴尬的是，当一个地方高调庆祝全面小康社会已经实现的时候，老百姓却不认账、不领情，感到自己"被小康"、"被幸福"了。最具有讽刺意味的是，朝鲜在2011年发布了自己的"世界各国国民幸福指数"，排在前三位的是中国、朝鲜、古巴，而美国则被排在第203位，倒数第一。这种幸福指数有谁相信呢？

当前，社会诚信的缺乏，不仅是一种精神危机，而且很容易转化为政治危机。它损害的不仅是声誉，而且是政府的立政之本和通向文明社会的资格。重建社会诚信，应当是当今中国的一项当务之急的任务。

六、一把手是关键

在一个领导班子中，一把手是领头人，是当家人，是核心和灵魂。一把手的素质，决定着领导班子的水平和实力，也决定着事业的兴衰成败。俗话讲：强将手下无弱兵；将帅无能，累死千军。拿破仑则说过：一只狮子带领一群绵羊的队伍，可以打败一只绵羊带领一群狮子的队伍。

一把手就像是一台戏里的主角。一场精彩好戏，必须有一个得力的主角。如果主角不给力，再好的剧本也会演砸，配角和跑龙套的再卖力，也不会演出好戏来。同样，在一个领导班子中，如果一把手思路不对、能力不强、人品不端，其他领导成员再好，也会是一个软班子、散班子、烂班子。

在社会中，我们到处都能看到这种现象：一个地方，由于一把手选得好，事业蒸蒸日上，面貌日新月异，原来的落后单位变成了先进单位，原来的烂摊子转化为好局面；相反，一把手选错了，结果是工作停顿，事业滑坡，先进变成落后，好局面变成了烂摊子。一个地方，如果副职发生问题，相对容易补救，而如果一把手出了大错，则会伤筋动骨，大伤元气，长时间难以恢复过来。因此，选配一把手，必须以对人民事业高度负责的精神，慎之又慎，好中选优，决不能迁就照顾，滥竽充数。上级领导机关对一个地方最大的关心和支持，莫过于选好配强一把手。

领导者有将才与帅才之分。善于领兵者谓之将才，善于将将者谓之帅才。帅才精于思辨，将才精于执行；帅才长于战略决策，将才长于战术运用；帅才善于运筹帷幄，将才善于冲锋陷阵；帅才勇于创业开拓，将才擅长规范守成；帅才应有高度的号召力和影响力，而将才应有高超的业务本领。

将才与帅才是两种不同的领导才能，有些领导者兼具这两种才能，有些领导者则不然。一个优秀的副职未必是一个合格的一把手，而一把手必须是一个帅才。

优秀的一把手应当具备什么样的素质呢？

优秀的一把手应当有理想、有信念、有主见、有稳定的是非标准和价值观念，在复杂情况下，能够凭借自己的坚定信念和价值判断，独立地进行思考和选择，不会盲目地跟风、跟人，把整个队伍带入误区。那种缺乏信念、随风摇摆、见风使舵的人决不能担当一把手。

卓有成效的一把手应当具有敏锐的头脑和超前的思维，善于审时度势，在机遇到来时敢于抢占先机，果断决策，最大限度地发挥机遇效应。那种头脑迟钝、胆小怕事，关键时刻优柔寡断的人，不可能成为合格的一把手。

英明的一把手从来不是大权独揽、包打天下，而是善于分工授权，充分发挥领导团队的集体智慧和整体优势。一把手知人善任的能力，首先表现在把每一位副职安排好、使用好，让他们各司其职、各负其责、有职有权地开展工作。一把手不能像一个"管家婆"，整天唠唠叨叨、婆婆妈妈，大事小事都过问。更不能像一只巨大的陀螺，在别人的场地上疯狂地旋转，弄得别人只能靠边站。一把手的职责就是想全局、抓大事、出主意、用干部。凡是副职想得到、办得成的事，不必乱插手，让他们放心大胆地去干，自己应当去做那些副职想不到或办不成的事，把主要精力用在方向性、全局性、战略性的问题上。

贤者在位，能者在职。一把手不一定是最聪明、最能干的人，但应当是最公道、最包容、最能把大家团结起来的人。宽宏大量、厚德包容应当是一把手必备的品格。一把手切忌心胸狭隘、记恨记仇，否则要么跟别人过不去，要么跟自己过不去。一把手应有的风格就是让名、让利、让权，容人、容异、容错。那种小肚鸡肠、斤斤计较的人，都干不成大事业，成不了大气候。

领导的学问就是处理上下左右各种关系的学问。一把手的智慧在于能够理顺和平衡各种关系，营造一个和谐的人际环境。一个领导团队如同是一个圆，一把手处在圆心的位置上，应当与处于圆周上的每一个成员保持等距离，不能亲亲疏疏，搞小圈子。否则，就会失去公平公道，就会离心离德，失去领导团队应有的向心力和凝聚力。

一把手是一面旗帜，是一种导向，一个单位风气的好坏，在很大程度上是由一把手决定的。风气生长的规律是上行下效，"上有所好，下必甚焉"，"上梁不正下梁歪，中梁不正倒下来"。正如《康熙政要》中所说："大臣为小臣之表率，京官为外吏之观型。大法则小廉，源清则流洁，此从来不易之理。"如果一把手风清气正、严于律己，下面就不敢乱来。如果一把手不清不正、不干不净，各种歪风邪气就难以制止。一旦风气搞坏了，再好的政令法规也会大打折扣，坏人坏事就会防不胜防，层出不穷。作为一把手必须时时警惕自己的弱点，节制自己的欲望，防止不良天性的发作，切不可放纵自己。

我国现行的领导体制可以说是"一把手说了算"的体制。一个地方的党委书记拥有的权力实在太大了。从制定方针政策、调整任免干部、制定经济社会发展纲要、编制城乡规划、进行各项体制改革，到确定重大建设项目以及财政资金的使用，以及土地、山林、矿产等公共资源的配置，几乎都要一把手点头，都是一把手说了算。一把手想干的事未必都能干成，但一把手不同意的事肯定干不成。在这种体制下，一把手不但要有高度的事业心和责任感，而且要有高度的党性修养和严格的自律。

近年来，我国实行地方党委领导体制的改革调整，减少党委副书记的职数，实行党委常委分工负责制，其初衷是为了减少决策层次，加强集体领导，但结果却违背初衷，进一步强化了一把手的权力，弱化了制约和监督机制，使权力的配置更加不科学、不规范。在这种个人高度集权的体制下，错误决策、盲目发展、买官卖官、行贿受贿等各种消极腐败现象难以避免，即使再好的领导者也会逐步变化、异化，因为体制的弊端会把他们推向反面。当前，政治体制和领导制度改革的重点和难点，就是管住一把手，合理分权，加强制约，把公权力关进制度的笼子里。不触动权力过分集中这个根本弊端，其他各项改革都难以深入，难以到位，即使改了也很容易复归。

七、既会干事又要懂事

南宋皇帝宋孝宗曾经对大臣感叹朝中缺乏会干实事的"办事大臣"。名儒张栻应对说：皇上应当首先选择懂事的"晓事之臣"，如果只会办事而不晓事，将来一定会败坏朝廷的事业。

乾隆时期的大臣熊学鹏对于"办事"和"晓事"问题，进行了深刻的阐述。他说：想办事而不晓事的人，势必会带来纷扰之患；只晓事而不会办事的人，势必造成废弛之忧。皇上应当在办事之臣中寻找晓事之臣，他们心足以晓事，身足以办事，心与身皆为国所用，效力于皇上，这才是真正的人才呀！

今天我们选择领导干部，不但要考虑是否想干事、会干事，而且一定要考虑是不是懂事。

什么是懂事？

首先，是能够正确地估量形势，因时而动，顺势而为，而不要误判形势，逆潮流而动。所谓正确决策，就是在正确时机采取正确行动。错误时机采取错误行动必然失败，错误时机采取正确行动或正确时机采取错误行动也不可能成功。就像一名百米跑运动员那样，提前起跑或滞后起跑都会失败。成都武侯祠有一副清代赵藩所书的对联说："能攻心则反侧自消，从古知兵非好战；不审势即宽严皆误，后来治蜀要深思。"领导者必须善于审时度势，把握时机。时机决定成败，时机决定一切。

其次，就是正确估量力量对比，善于争取多数人的理解和支持。政治的艺术就是争取多数的艺术。一些领导者的失败，往往不是因为决策不对，而是因为急躁冒失、锐气太盛、力度太猛，超出了许多人的心理承受力，人为地增加了许多阻力，从而导致正确决策的失败。

汉代贾谊是一位博学多才、锐意进取的杰出人才，他深受汉文帝赏识，21岁就被调到皇帝身边，任命为大臣，专门为皇帝出谋划策，修改制定政策法令。他写下的《论积贮疏》、《治安策》等，不仅是充满宏韬伟略的政论名作，而且是光耀千秋的文学名篇。然而，他缺乏经验，过于操切，锐气有余而成熟不足，因此遭到众多重臣权贵的反对。最后，皇帝不得不忍痛割爱，把他下放到外地，从此他便一蹶不振。毛泽东还专门写了一首《七律·咏贾谊》：

少年倜傥廊庙才，壮志未酬事堪哀。
胸罗文章兵百万，胆照华国树千台。
雄英无计倾圣主，高节终竟受疑猜。
千古同惜长沙傅，空白汨罗步尘埃。

我国改革开放取得成功的一条重要经验，就是把改革力度、发展速度和社会可承受度有机统一起来，在确保政局安定、社会和谐的前提下实行渐进式的改革。这是一条正确之路，应该坚持。

第三，要遵纪守法，照规矩办事，切不可鲁莽行事，蛮干胡来。有的领导者以为自己是出于公心，为大家谋利益，不是为个人捞好处，于是便不顾法纪的约束而贸然行动。也有的领导者觉得有后台撑腰，便胆大妄为、无法无天，不惜逾越政令的红线。事实上，不管你是出于什么动机，拥有什么正当的理由，只要违反法纪，就必须承担相应的后果。就像民主决策未必科学、未必正确一样，即使不科学、不正确的决策，你也必须服从多数人的意志。有些纪律规定也许是过时的，但只要没有废除，你就要遵从。即使明天就要废除，你今天触犯了，依然要受到惩罚。

总之，所谓懂事，就是一要正确估量形势；二要正确判断力量对比；三要守规矩、明事理、知深浅。如果只干事，不懂事，那就会惹事、出事、犯错误。要知道，世界上很多错事和坏事，并不是坏人干出来的，而是好人办坏事，好心办错事，所以，领导干部必须是一个明白人。

八、求同存异的智慧

决策的过程，是集思广益的过程，择善而从的过程，也是求同存异的过程。决策中的重点和难点就在于求同存异。善于求同存异，这是做人处事的智慧，也是领导的经验和艺术。

求同存异是"和而不同"理念在领导科学中的运用。

早在两千多年前孔子就提出"和而不同"的理念，认为万事万物和谐相处又不千篇一律，彼此不同又不相互冲突，和谐方能共生共长，不同方能相辅相成。"和而不同"是事物发展的一条客观规律，是为人处世应当遵循的一条原则，也是人类文明发展的最高境界。

周恩来是举世公认的一位处理复杂矛盾、协调人际关系、应对危机事件的能手。他在处理内政外交事务中始终坚持求同存异的原则，力求做到异中求同、扬同抑异，把高度的原则性和高度的灵活性相结合。他寓刚于柔，融韧于忍，内方外圆，显示了高超的领导艺术和丰富的领导经验。

在决策过程中，最忌讳两种情况：一种是没有任何不同意见，完全拥护，全票通过；另一种是众说纷纭，莫衷一是，或是两种意见截然不同，争执不下，达不成任何共识。

在决策中，如果没有任何不同的声音，一种方案得到百分百的赞成，那其实是一种假象，不是真民主，而是假民主，它不会产生最佳效果，很容易导致错误决策。

在民主决策中，领导层存在着不同意见是很正常的事。参与决策的成员，阅历和经验不同，分管的领域不同，知识背景不同，看问题的角度不同，自然会有不同的看法。作为主要领导者，应当鼓励和启发大家畅所欲言，充分发表意见。只有听取各方意见，集中各方智慧，才能修正错误，弥补不足，使原有的方案更加完善。只有"货比三家"，对不同方案进行反复比较，才能兴利除弊，求得最佳方案。在众口一词，或默默无语的情况下，最好不要草率决定，更不要在不少人持有异议的情况下强行通过。

回想自己从事领导工作的经历，当自己处于主要领导者的位置时，如果一种方案能得到广泛拥护，顺利通过，心里就比较高兴，有一种成就感。而当一种方案遇到较大阻力，不易通过时，心情就比较郁闷，有一种挫折感。事后回想起来，在决策时有不同意见和反对声音，不是坏事情，它可以使自己头脑比较清醒，减少一些失误，而一些盲目的决策都是在大呼隆中匆忙决定的。

当自己处于非主要领导地位时，则是另一种感受。在审议方案时发表不同意见会有种种顾虑，担心伤了和气，影响团结。在明知主要领导者执意要干、反对也无效的情况下，如果再去发表不同意见，岂不是犯傻、讨嫌、不识时务？那种走过场式的民主和确认式的投票尤其令人反感。如果只有一种方案，没有任何比较，你不同意也得同意；如果只有一个人选，没有任何选择，你不赞成也得赞成。

如果在决策过程中发生明显的意见分歧，这时，领导者务必不要被这些分歧困住了，满脑子都是分歧。首先应当在求大同上下功夫，寻求共同的立场、共同的要求、共同的理想、共同的利益，以此为出发点，设法以同化异，缓解分歧，避免因小异而影响大同。小不忍则乱大谋。如果暂时求不得大同不妨退而求其次，在求小同上做文章，小心翼翼地去寻求各种不同意见中的共识点、相同点，选取其中合理的成分和大家都能接受的东西，然后再巧妙地去放大这些相同点。

对不同意见不能听而不闻、漠然置之，更不能压制，而应当允许发表、允许保留，并给予应有的尊重。在不失原则、无碍大局的前提下尽可能予以兼顾。在某种意义上说，政治就是妥协的艺术，民主就是妥协的制度。妥协不是软弱无能的表现，而是政治文明的体现。妥协就是在意见冲突的前提下求得某种平衡和共识，找到一种互利共赢的办法。

一个成熟的领导者，应当不求一时痛快，不呈匹夫之勇，而应当灵活应对，适当变通。有时为了大局可以委曲求全，有时可以以退为进、迂回前行，有时可以做些必要的妥协和让步，以争取更大的发展空间。

不争论也是一种领导艺术。在决策中切不可挑起争论，激化分歧。因为争论不能解决问题，反而会使双方骑虎难下，陷入僵局。要知道，在争论中人们爱面子往往胜于爱真理。邓小平说："对改革开放，一开始就有不同意见，这是正常的……不搞争论，是我的一个发明。不争论是为争取时间干。一争论就复杂了，把时间都争掉了，什么也干不成。不争论，大胆地试，大胆地闯。"马基雅维里在《处世书》中说："言语不值什么钱。每个人都知道争辩得火热时，为了支持主张，我们什么话都说得出来。我们会引用自己所知道的一切来争辩，可有谁能够被这种空话说服呢？与那些无力的争辩相比，行动和示范有力多了，而且更具意义。"

九、领导者的致命弱点

春秋时期，齐桓公与管仲曾围绕国王必备素质的问题进行过一次坦诚的对话。齐桓公承认自己有贪玩、贪杯、贪色等缺点，问管仲这会不会影响自己成就霸业。管仲说：作为君王这些毛病并不是致命的问题，"人君唯优与不敏不可。优则亡众，不敏则不及事。"意思是说，君王最要紧的问题是：

第一不能优柔寡断，否则，部下就会离心离德；第二遇事不可愚钝、不敏锐，如果见事迟、抓事慢，就会贻误大事。

三国时期，袁绍曾经是最有实力的一方诸侯。他雄霸河北，地广粮丰、兵多将广，又广揽人才，收养了大批名士，加之本人又出身名门，做过朝廷重臣，长得一表人才，一些人认为他或许是最有希望成就统一大业的英雄。然而，袁绍不过是披着虎皮的羊，外强中干，色厉内荏，一事临头，顾虑重重，分不清大事小事及是非利害，所谓"善闻而不能纳，好谋而不能决，有才而不会用。不断则无威，少决则误事"。结果，官渡一战，袁绍一败涂地，十万精兵毁于一旦，最后吐血而亡。

判断、决断、决策、决定，这是领导者的首要任务，是整个领导链条中最关键的环节。正确的决断是成功之本，没有决断，任何任务都无法展开，一切都无从谈起。在一个领导团队中，一把手是主心骨，是最后下决心拍板定案的人。一个杰出的领导者，应当具备果断而无畏的天性，而优柔寡断则是领导者的致命弱点。丘吉尔有句名言："犹豫不决将一事无成。"

决断力不是简单显示领导者的权力和勇敢，而是反映了领导者的一种综合能力，包括洞察力、分析力、判断力、学习力、创新力，以及直觉和经验、意志和责任感。决断的过程，不是"眉头一皱，计上心来"，更不是心血来潮，贸然行事，而是需要一套完整的工作程序。

首先，力求全面而真实地掌握信息，这是正确决断的前提，领导者切不可"情况不明决心大，心中无数办法多"。

其次，审时度势，捕捉机遇，把握好决断的时机。正确把握时机是决断艺术的生命。决断力的核心就是选择最佳时机，做出最优决策。在条件不具备时匆忙决策是盲动冒险，而条件成熟时拖延不决则会丧失机遇。机遇是一种时效性极强的宝贵资源，抓住机遇和丧失机遇往往就在转瞬之间。杰出领导者的智慧和勇敢就在于能够看准机遇，当机立断。

第三，既要多谋，更要善断。足智方能多谋，多谋方能善断。领导者的高明不在于他垄断了智慧，而在于他能够集思广益，择善而从。面对不同意见的分歧和不同方案的选择时，作为领导者必须有主见，有正确的是非观念和稳定的价值标准，善于对各种意见和方案进行分析、比较和权衡，吸取其中合理的成分，选取其中最有希望的方案，不能人云亦云，六神无主，被纷繁的声音搞乱了头脑。

第四，敢不敢采取出奇制胜的方案，是对领导者大智大勇的考验。《孙子兵法》讲："攻其无备，出其不意，以正合，以奇胜。"这道出了将帅克敌制胜的奥秘所在。在战略战术决断和人事决断中，出奇制胜往往可以收到意想不到的效果。这种出奇制胜的方案是常人智慧难以理解的，带有一定的风险性，因而会受到许多人的质疑。要知道，意见一致的决策往往是落后的决策，多数人容易接受的方案常常是平庸的方案。真理有时会掌握在少数人手里。群众的眼睛并不是雪亮的，有时也会生白内障。在商场上，能抢占商机赚到大钱的人总是少数人。一个杰出的领导者，应当敢于突破团队的阻力和习惯的惰性，大胆采取出奇制胜的方案，并运用自己的影响力和说服力，引导人们把这种方案付诸实行。

第五，最困难的决断是危机决断。在危机到来时，往往群情激奋，人心浮动，弥漫着一种恐惧和慌乱的气氛。人们或议论纷纷，或相互抱怨，或设法逃避。这时决断的后果关系安危成败，责任非同小可。在现场情况瞬息万变的情况下，根本来不及请示汇报，作为一线指挥员，应当以对人民事业高度负责的精神，将个人安危置之度外，随机应变，果断处置，处理得越快越坚决，或许付出的代价越小。这时候，如果畏首畏尾，反复请示汇报，没有上级指令就不作为，听任事态恶性发展，是逃避责任的最好借口，是一线指挥员的最大失职。

对领导者来说，优柔寡断不仅是性格上的缺陷，从根本上讲，是缺乏高度的事业心和责任感，缺乏无私无畏的品格。在选择领导干部时，不但要看他是不是民主，而且要看他会不会集中，要把具有良好的判断力和决断力作为必备素质，千万不能把优柔寡断的人放在一把手的位置上。

十、独断专行必然失败

　　领导的本质就在于群策群力。领导不是独白，而是对话，不是单打独斗，而是团结起来干大事。领导的过程就是领导者与被领导者良性互动的过程。因此，领导力不仅在于个人的能力，更重要的是团结力、凝聚力、团队力。没有同事的协同，没有群众的拥护，所谓领导就是一句空话。没有被领导者的领导者，其领导权等于零。

　　在楚汉相争中，项羽就个人能力和整体实力而言远远强于刘邦，为什么却遭致失败呢？因为项羽老子天下第一，搞个人英雄主义，只逞匹夫之勇，放弃团队优势，最终兵败垓下，自刎乌江。而刘邦善用人才，依靠团队优势打败了项羽。

　　按照行为心理学家马斯洛的需求层次理论，人的需求由低到高依次为生理需求、安全需求、情感和归属需求、尊重需求和自我实现的需求。任何人都希望得到别人的尊重和信赖，希望最大限度地发挥自己的才能，实现个人的理想抱负。如果领导对某个人压了很重的担子，分派了许多任务，他虽然干得很累，但心里很充实、很高兴，认为这是领导对他的器重。如果领导不给他分派任务，让他白拿钱不干活，他会认为这是领导对他不信任。俗话说"无事生非"，人无所事事就一定会惹是生非。

　　同样，在一个领导班子里，如果一把手比较超脱，是一个踱方步、摇羽毛扇的人，只管大事，其他事放手让副职去干，让每一个副职都能够全力以赴地开展工作，充分发挥他们的主动性、积极性和创造性，这是一种理想状态。如果一把手整天忙得团团转，而副职们却没事干，这个领导班子一定会出问题。

　　我遇到过这样一位领导干部，他很有才华，有很强的事业心和进取心，又勤奋肯干，然而却不注意团结人，不善于调动别人的积极性。由于自己太能干，把别人的才干都淹没了；由于自己太积极，把别人的积极性都搞没了。一个人大权独揽，小权也不分散，大事小事都由一人做主，事无巨细频繁干涉过问，弄得其他领导成了有职却没有权，有分工却难以负责，干也不是，不干也不是。他自己一天到晚很辛苦，但别人并不领情，并不认账。后来几位副职都要求调动工作，组织上只好把他调开，因为在政治运作中不能采取得罪多数的办法，而只能采取得罪少数的办法。

在民主和法制健全的社会里，任何人的权力都不是无限的，而是有限的。任何公权力的运行都会受到法律和制度的约束，不可能为所欲为。一个领导者即使想独断专行也很难做到。

中国经历过两千多年的封建社会，封建家长制的传统根深蒂固。

封建家长制的特点，就是家长作为一家之主，具有至尊无上的地位，掌握着家庭一切重大事务的裁决权。在家庭管理中，采取以个人为管理主体的方式，无法可依，无章可循，完全靠主观意志行事，凭借严格的等级尊卑制度和严厉的家法私规维系家长的统治。在人事上，实行领导职务终身制，没有正常的人事更替制度，按照血缘关系和亲疏程度，任人唯亲，因人设事。现在，虽然封建制度灭亡了，但是封建家长制的传统并没有随着封建制度的灭亡而消失，而是依然在现实生活中发生着巨大的影响和作用，渗透到人们的思想观念、现存的领导制度以及社会生活的方方面面。

在中国共产党的历史上，几任领导人，如陈独秀、王明、张国焘以及晚年的毛泽东等都曾产生过家长制的作风。在基层的不少地方和单位，这种家长制的人物也是屡见不鲜。独断专行与其说是领导者的个人素质问题，不如说是现行领导制度带来的弊端。

我国现行领导制度的最大弊端就是权力过分集中。这种权力过分集中的现象反映在横向关系上，就是党委过分集权；反映在纵向关系上，就是中央过分集权；反映在个人和组织的关系上，就是领导者个人过分集权。其中要害的问题是领导者个人过分集权。

邓小平曾经尖锐地批评过这种权力过分集中的现象，他说："许多重大问题往往是一两个人说了算，别人只能奉命行事。""权力过分集中于个人或少数人手里，多数办事的人无权决定，少数有权的人负担过重，必然造成官僚主义，必然要犯各种错误。""一个国家的命运建立在一两个人的声望上面，是很不健康的，是很危险的。不出问题没事，一出事就不可收拾。"

权力过分集中，必然破坏党和国家的正常民主生活，使民主集中制演变成了集中制、集权制、家长制、独裁制，由个人决定重大问题，个人凌驾在组织之上，组织成了个人的工具，在"组织"和"上级"的名义下，把个人意见强加于众人，把党内平等的同志关系和上下级关系，变成了君臣关系、父子关系和人身依附关系。

个人独断专行，必然导致重大错误的发生。历史上出现的那些大失误、大挫折、大浩劫、大冤案，无不同领导者的独断专行有相应关系。如果党内有正常的民主生活，能够听取大家的意见，像"大跃进"、反右倾以及"文化大革命"等重大错误，本来是可以避免的，起码不至于一错再错、一错到底。

独断专行的另一个后果，就是必然脱离群众，破坏团结，埋没人才，压抑人们的积极性。有谁愿意在一个独断专行的人手下干事，有谁愿意同一个作风霸道的人共事合作呢？搞独断专行的人自以为很聪明，其实很愚蠢，看起来很威风，其实都是不得人心的孤家寡人。

孔子讲："愚而好自用，贱而好自专。生于今之世，反古之道。如此者，灾及其自身也。"意思是说，愚蠢的人偏好自以为是，卑贱的人偏好独断专行。这些人活在当今，却总想着回到过去。这样的人必然会遭致灾难，殃及自身。

十一、在骂声中成长

我曾问一位美国朋友：美国人最喜欢的运动是什么？是NBA还是橄榄球？他回答说：美国人最喜欢的运动是骂总统，拿总统说事。他认为，总统是公民选出来的最大的公众人物，国民议论他、批评他、骂他，是无可非议的。但是你不能骂你的老板，否则，就把饭碗丢了。

做官总要做事，做任何事情都不可能只有利没有弊，不可能让所有人皆大欢喜。

如果你做了错事和坏事，挨骂是理所当然的。即使你做了对事和好事，照样会受到某些人的非议。越是关系到大家切身利益的事，可能引发的矛盾越多。当人们看不到希望、没有盼头时，虽然都不满，但心态是平静的。当人们看到希望、有了盼头时，平静的心态被打破了，期望值被吊高了，于是牢骚、抱怨、不满的声音也就出来了。假如你到一个新单位任职，那里有十个人，已经十年没有提级提薪了。你想办好事，先为两个人提了薪水，于是猜疑和议论便开始产生了；如果你为五个人提了薪水，剩下的五个人就坐不住了；如果你为八个人提了薪水，其余两人可能就是你的仇人。

任何一项善政，都不可能立竿见影地为所有人带来同样的好处，总会有人先得到好处，有人后得到好处，有人得到的好处多，有人得到的好处少，还有的人暂时得不到好处。于是，便产生了种种不满意、不平衡、不满足的声音。你不能因为做了好事反受指责而放弃做好事，而应继续做更多的好事来缓解不满的声音。

有的领导者认为自己辛辛苦苦为群众办事，甚至做出不为人知的自我牺牲，群众应当感谢自己。他们可以任劳，但不能任怨。一旦受到群众的批评，便心存芥蒂，耿耿于怀，不但影响了工作积极性，有的还影响了身心健康。澳门前特首何厚铧在上任之初说过一句话："岂能尽如人意，但求无愧我心。"这是领导者应有的一种豁达。

在各种民主评议、民主推选活动中，那些锐意改革的人总会丢掉一些选票，这不足为怪。因为改革意味着打破现有的权力和利益格局，它在给人们带来机会的同时，也带来了某种不稳定、不安全感。社会上除了少数先进分子外，多数人更看重既得利益和眼前利益，让他们为了长远利益而放弃眼前利益是非常困难的，可以说，群众永远是近期利益的压力集团。作为改革者，必须有一种不畏风险、不怕挨骂、迎难而进的精神。如果屈服于眼前利益的压力，改革将寸步难行。如果等到没人反对了，意见一致了才去改革，就等于放弃改革。

三国时期李康有段名言："故木秀于林，风必摧之；堆突于岸，流必湍之；行高于人，众必非之。"唐代著名文学家韩愈在《原毁》一文中，也尖锐地抨击了当时官场出现的"事修而谤兴，德高而毁来"的歪风邪气。在一种嫉贤妒能、相互倾轧的环境下，一个官员要想办好事又能获得好名声是非常不易的。做官不同演戏，官员不是演员，不能以讨人喜欢获取掌声作为行为标准，不能因为有人反对而放弃原则、放弃改革、放弃做事。

官员是人民的公仆，从事的是为人民服务的工作。做官必须有宏大的气量、宽广的胸怀、良好的心理素质，既能任劳，又能任怨，不怕议论，不怕批评，不怕挨骂，学会在骂声中前进，在骂声中成长。邓小平曾说过："共产党做错事，没有为人民办好事，人民要骂可以骂。因为你是执政党，代表人民来领导全国人民嘛，人民为什么不可以骂？骂响了或许会警觉，会纠正错误。所以，我劝同志们不要怕骂。"

十二、有效地忙碌

　　勤劳敬业，勤政为民，这是领导干部应当具备的精神状态和职业道德。而懒惰懈怠，是领导干部意志衰退的表现，也是蜕化变质的开始。懒、馋、占、贪、变，这或许反映了一个领导干部蜕变的过程。

　　一个身居要职、肩负重任的领导干部，总有做不完的事情，忙碌是必然的，关键在于是否在忙正事，是否忙到点子上，是否忙出了效率，是否忙出了成效。要知道，忙碌不等于生产力，忙碌也不意味着成就。没有效率的忙碌是瞎忙乎，劳而无功的忙碌等于劳民伤财。

　　早在公元前3世纪，《吕氏春秋》就提出为政者有两种御事方法：事不躬亲和事必躬亲，任人而治和任力而治。该书认为，"古之善为君者"，采用事不躬亲的领导方法，他们善用人才，任人而治，劳于论人，佚于管事，这种善于用人治事的方法是真正得到了领导的真谛。而"不能为君者"的领导方法，则是事必躬亲，任力而治，伤形费神，愁心劳耳目，这种只凭个人力气干事的领导方法是"不知要故也"。

　　管仲也提出"各顺其序，各司其职"的领导方法，认为君王负责统御百官，一般不干预众官职责范围的事；官吏则应用心处理好职责范围内的事，而不能越过职权行事。

　　在我们身边，不难发现这样两种不同的领导者：

　　一种领导者善谋大事，善于用人，善于分工授权，调动每个领导成员的积极性。他们知道自己该干什么，不该干什么。对于其他领导干部职责范围内的事情，他们不随便插手，更不轻易越级指挥。他们干得很潇洒，有章有法，有劳有逸，工作富有成效，大家也很开心。

　　一种领导者则不然。他们终日劳碌，加班加点，马不停蹄地工作着。不论大事小事，交给别人都不放心；不论分内分外，都要亲自过问；不分轻重缓急，只要心血来潮就去抓。他们最大的爱好就是开会，把大部分精力都消磨在文山会海中。他们没有既定的目标和固定的行动计划，谁找他他就为谁办事，谁官大他就听谁的，工作日程不断变来变去，不仅自己手忙脚乱，搞得部下也穷于应付，疲于奔命。这种忙而无序、劳而无功的瞎忙，弄得大家怨声载道。

西班牙哲学家葛拉西安在《智慧书》中曾经描述过那种思维混乱、终日忙碌的事务主义者：他们只关注事情无关紧要的部分，而对其核心部分却视而不见；他们拖拖拉拉做了许多无用的讨论，却还是不知道应该做什么；他们反复地兜圈子，不仅自己精神疲惫，力气用尽，还连累了身边的人；他们把时间和耐心全部浪费在那些无关紧要的小事上，而对那些重要的事情却抽不出时间来处理。

意大利经济学家巴莱多提出了一个"二八定律"，也称"巴莱多定律"。他认为，在任何一组东西中，最重要的因素只占一小部分，约20%，其余80%都是次要的。"二八定律"被广泛应用于经济学和管理学等领域中。它给人的启示是：一个人的时间和精力是有限的，要想做好每一件事情几乎是不可能的，必须学会合理地分配自己的时间和精力，与其面面俱到，不如重点突破。尤其是领导者必须学会抓住主要矛盾，抓住事情的关键和要害。

约翰·麦克斯韦尔在《领导力21法则》中提出"优先秩序法则"。他认为，作为领导者，各种事情都清楚地摆在你面前，你必须基于年度目标和未来远景，对眼前的事情加以评估，根据三项法则选出优先事项：第一，什么是你必须做的分内之事；第二，什么能带来最大的效益；第三，什么能带来最大的回报。

任何卓有成效的领导者，必须善于区分轻重缓急，把精力专注于优先事项，才可能取得成功。

一张一弛，文武之道。劳逸结合，才是符合自然规律的长久之计。列宁说："休息是为了更好地工作，不会休息就不会工作。"那种"没有功劳有苦劳，没有苦劳有疲劳"的说法是决不可取的。有的地方提倡"5+2"（即每周5个工作日加2个休息日都上班）、"白加黑"（即白天加黑夜都在工作）的精神，更是荒唐可笑的。一个人在紧张工作之余，如果能适当休息，或养精蓄锐，补充点能量；或家庭团聚，会会朋友；或搞些文化娱乐，愉悦身心；或读书思考，汲取精神营养……这对精力充沛、心情舒畅地投入新的工作，是很有必要、大有好处的。

十三、何时容易犯错误

任何人都会犯错误，人就是在不断犯错误又不断改正错误中逐步走向成熟的，一贯正确的人是根本不存在的。

普通人犯错误不难理解，为什么一些伟人也会犯重大错误呢？普通人犯错误，其危害和后果是有限的，而身居要位的领导者犯错误，其波及面要大得多，甚至可能给整个社会带来灾难性的后果。

任何错误都是以主观和客观相脱离为基本特征的。一种情况是认知能力不足，片面的认识导致错误的判断，错误的判断导致错误的决策和错误的行动。另一种情况则是体制的弊端造成的，当一个人拥有无限的权力，可以不受制约、无所顾忌地行事时，他们的劣根性就会充分释放出来，随心所欲，胆大妄为，什么错事坏事都可能干，什么荒唐的事情都可能发生。

领导者在什么情况下容易犯错误呢？历史上一些重大错误的发生有什么经验教训呢？

于幼军在《社会主义在中国（1919—1966）》一书中谈道："翻阅中共党史和中国近现代史，笔者发现一个奇特的现象：无论是革命战争年代，还是和平建设时期，每临艰难困苦、大灾大祸，不管处境如何凶险，条件如何恶劣，毛泽东总能坚定、沉着、冷静、务实、灵活应对，勇敢睿智地化险为夷，摆脱困境，显示其伟人风范和英雄本色；而一旦走上坦途，步入顺境，毛泽东往往容易头脑发热，刚愎自用，奏起斗争哲学，酝酿折腾内耗。其中究竟，实难说清。"

这段话讲出了人犯错误的一个重要原因：人在顺境和得意时，很容易被成功和荣誉冲昏头脑，忘乎所以，盲目决策，导致错误的发生。

顺境时人们往往只看到有利因素，而忽视不利因素和潜在风险，从而导致误判形势，盲目行动。

连续的成功会使人骄傲自大，过高地估计自己，陷入主观唯心主义的泥坑，认为自己什么都能干，别人不敢想的自己敢想，别人不敢干的自己敢干。

面对众人的赞扬和吹捧，某些人的虚荣心也会迅速膨胀起来，认为自己才是创造奇迹的英雄和超人，不断向更高的目标发起冲击，明知不可为而偏为之，明知错了也不肯罢手，一意孤行地把错误进行到底。

西汉魏相说："恃国家之大，矜民人之众，欲见威于敌者，谓之骄兵，兵骄者灭。"

过去，我国在政治领域中最大的失误是"左"倾，只反右，不反"左"。从1957年反右斗争扩大化到1959年反右倾斗争以及此后的一系列政治运动，全是"左"倾思想惹的祸，最终演变成极"左"的"文化大革命"，造成了十年内乱、十年浩劫。

与政治上的"左"倾相对应的是经济领域中的急躁冒进，这也是一种顽症。一旦形势好转，建设有成，便开始头脑发热，大干快上，急于求成，提出一些不切实际的目标和口号，开始瞎折腾。其结果，必然是比例失调，结构失衡，一年冒进，三年调整，大起大落，不可能持续稳定地发展。近年来，中央一再告诫全党不要瞎折腾。全局性的瞎折腾避免了，而局部性的瞎折腾仍然随处可见，急躁冒进依然是贯彻落实科学发展观面临的重大危险。

有一句世人皆知的名言："权力导致腐败，绝对的权力导致绝对的腐败。"这是英国思想家阿克顿提出来的，也被称之为"阿克顿定律"。同样，绝对的权力也会导致绝对的错误。

当一个人刚刚走上领导岗位或新到一地任职时，根基还不稳固，关系尚未理顺，经常会听到一些不同意见或批评的声音，权力的运作受到诸多因素的制约。这时候，作风会比较民主，做事会比较谨慎，不容易发生错误，即使有错误也能及早发现和纠正，不致酿成大错。而当他在一个地方干久了，拥有了足够的权力、势力和权威，可以说一不二了，这时，犯错误的机会就到来了。在他做出错误的决定时，有些人出于私爱和尊重而盲从，有些人出于畏惧而默认，有些人即使反对也无力改变，于是，导致了重大错误的发生。

对领导者来说，不是权力越大越好，也不是权威越重越好，因为过大的权力和过重的权威往往是铸就大错的重要因素。当你的权力畅行无阻地运行时，应当清醒地意识到，危机正在到来，是自己应该警惕的时候了。当一个地方形成了个人独断专行的权力格局，一把手具有说一不二的权威时，上级部门应及时地调换一把手的工作，让他到新的岗位去接受新挑战，开创新局面。这不是对他的不信任，而是对他真正的关心和保护。

邓小平在谈到"文化大革命"时说过，这样的事情在英、法、美这样的西方国家不可能发生。邓小平着重从制度方面反思"文化大革命"发生的原因，他认为："最重要的是一个制度问题……过去因为制度不好，把他（毛泽东）推向了反面"。邓小平从"文化大革命"等一系列重大失误中总结出了中国政治体制以及党和国家领导制度中的五大主要弊端，这就是官僚主义现象、权力过分集中的现象、家长制现象、干部领导职务终身制现象和形形色色的特权现象，其中最根本的弊端是权力过分集中。正如邓小平所说："权力过分集中，妨碍社会主义民主制度和党的民主集中制的执行，妨碍社会主义建设的发展，妨碍集体智慧的发挥，容易造成个人专断，破坏集体领导，也是在新的条件下产生官僚主义的一个主要原因。"

没有共产党就没有新中国，中国共产党的领导地位是历史的结论，是人民群众的选择。在今天的中国，只有中国共产党才能担当起执政兴国的历史重任。离开中国共产党的领导，中国必然四分五裂，一盘散沙，天下大乱，中华民族伟大复兴的战略就会落空。

新中国成立后，沿袭了原苏联高度集权的政治体制，共产党对社会政治生活拥有全面的广泛的领导权，包括立法权、行政权、司法权、决策权、执行权、监督权，也包括从中央到地方再到基层单位所有的公共权力。由于没有健全的民主制度和必要的分权制约机制，党的领导权很容易变成党委书记个人的权力，形成个人专断、个人独裁的局面。一旦党委书记决定了的事，其他领导干部即使不同意也无力改变。一旦上层发生失误，下面很难抵制，从而把整个社会席卷进去。改革开放以来，我国在政治体制改革方面做了不少改进、改善和改革，但是并没有革除权力过分集中这一根本弊端，在某些地方、某些领域，权力过分集中的现象反而更加强化了。这种个人高度集权的体制，虽然有利于政令统一，提高工作效率，便于集中力量办大事，但弄不好，也会造成集中力量办错事、干坏事，带来严重的后果。今天，像"文化大革命"这样的悲剧在全国范围已难以重演了，但如果不下决心革除现行政治体制中的根本弊端，在某些地方、某些单位，类似"文化大革命"那样的荒唐事情，并不是完全不可能发生的，重庆薄熙来、王立军事件的发生不是再一次向社会敲响了警钟吗？

十四、懂得见好就收

有一位领导干部长期主政一方，他聪明能干、勤奋敬业、政绩突出，使所辖单位成为一个知名的先进单位，本人也在当地享有很高的威信。上级领导几次想提升他到另外的地方任职，他都婉言谢绝了。他提出一套雄心勃勃的远景规划，决心在当地创造出更加辉煌的业绩。后来，一个突发事件使潜在的矛盾公开化，领导班子内部也发生了严重分歧，政治局面急转直下，他本人弄得非常狼狈，上级领导只好匆忙调动了他的工作。

许多类似的事例都告诉我们，做人做事贵在适中，要懂得适可而止，见好就收。

老子讲："知足不辱，知止不殆，可以长久。""罪莫大于可欲，祸莫大于不知足，咎莫大于欲得。故知足之足，常足矣！"这是讲节制欲望的好处。

孟子讲："可以仕则仕，可以止则止，可以久则久，可以速则速。"意思是说，应该做官就去做，该辞职就辞职，应该继续干就继续干，应该马上走就马上走。

一部汽车的好坏，往往不在于它的发动机，而在于它的刹车系统。一个人的成功与否，往往不在于他走得有多快，而在于他懂得适时进退。

人性的一个弱点就是贪心不足。一连串的胜利会使人头脑发热、忘乎所以，以为自己无所不能、无往不胜。在巨大的成功和荣誉面前，不是选择急流勇退，而是选择激流勇进。面对新的挑战时，再创辉煌的诱惑使得他们欲罢不能。周围人的加油喝彩也逼迫他们不能停手，否则就被认为是胆怯、无能，缺乏雄心壮志。在成功的诱惑和虚荣心的双重驱使下，他们不自量力地去投入毫无把握的冒险中，结果得到的是惨痛的失败。

诺贝尔奖得主丹尼尔·卡内曼提出一个心理学规律——峰终定律，认为人们对一件事情的记忆仅限于"峰"和"终"，即高峰和结尾，事件过程对记忆几乎没有影响。高峰过后，终点出现得越迅速，事情给人们的印象越深刻。"峰终定律"告诉人们一个人生的道理：在最美好的时候离开。

如果我们参加一个朋友聚会，当高潮刚过，人们兴致未消时宣布结束，会感到心情愉悦。如果拖泥带水，搞得大家精疲力尽时再宣布结束，肯定使大家雅兴全无。同样，看戏看电影时，如果高潮迭起、精彩纷呈，人们还想接着看下去时，突然散场了，肯定令人回味无穷，还想"且听下回分解"。

一个领导者长期在一个地方、一个岗位工作会带来很多弊端。一是容易因循守旧，固步自封，失去创新的冲动。二是会使一些问题积存下来，以致形成积重难返的痼疾。三是会带来盘根错节的人际关系，形成团团伙伙，亲亲疏疏，堵塞了人才正常晋升的渠道。更严重的后果是形成"土围子"和独立王国，成为一个阳光照不进的死角，在黑幕下隐藏着许多肮脏的东西。

任何领导干部都应当明白，你掌管的事业不是家族企业，而是党和人民事业的一部分。你摊子再大，干得再好，干的时间再长，也不能把功劳记在自己头上，更不能从中分红。所谓"人民公仆"，就是为人民打工的，领导干部必须树立一个为人民打工的观念。作为"打工者"，应当召之即来，尽心效力，挥之即去，不抱怨言。

十五、品读三道奏折

中唐名将郭子仪是"安史之乱"中一位力挽狂澜、重整山河的社稷重臣，他一生中"权倾天下而朝不忌，功盖一代而主不疑"，是中国历史上罕见的一位富贵寿考、繁衍安泰、完名高节、哀荣始终的千古名将，李白、范仲淹、欧阳修、王安石等众多名家都曾专门写诗盛赞他的高功厚德。乾隆皇帝曾亲自撰文，称他"功名显烁，千古不朽，忠义笃诚，深限于心"，是一位"义动天地而泣鬼神"的忠臣良将。郭子仪的成功之道，就在于他忠君爱国，宽厚待人，知止知足，进退有节。他始终保持为皇帝打工的意识，召之即来，从不讲价钱；挥之即去，绝不抱怨言。

政风，即官场风气，反映了干部队伍的精神状态，反映了官场的政治生态，也是观察盛世、衰世还是乱世的一个重要尺度。

在中国历史上，有几道谈论政风的著名奏折，它们不仅凝聚着古人治理政风的智慧和经验，而且对今天的执政党和领导者来说，依然有着重要的参考价值。

第一道奏折：《谏太宗十思疏》

这是贞观十一年（637）唐朝著名诤臣魏徵给唐太宗上的一道奏折。当时唐朝经过20年的励精图治，盛世景象开始显现，国泰民安，国力强盛，国威远扬。在一片文治武功的欢呼声中，朝廷中骄傲之风、懈怠之风、奢侈之风开始抬头。唐太宗开始居功自傲，懒于政事，追求奢靡，四处游玩，大兴土木，劳民伤财。针对政风急剧滑坡的状况，魏徵上了《谏太宗十思疏》，被史学家们称之为"万世名策"。

《谏太宗十思疏》以"固本思源、积聚德义、居安思危、戒奢以俭"为中心思想，列举唐太宗执政以后作风发生的十大变化，提出了十条具体建议。这十条建议就是："见可欲，则思知足以自戒；将有作，则思知止以安人；念高危，则思谦冲而自牧；惧满溢，则思江海而下百川；乐盘游，则思三驱以为度；忧懈怠，则思慎始而敬终；虑壅蔽，则思虚心以纳下；惧谗邪，则思正身以黜恶；恩所加，则思无因喜以谬赏；罚所及，则思无因怒而滥刑。"用今天的话来说，见到喜好的东西，要想到知足以警戒自己；将要大兴土木，要想到适可而止以使百姓安宁；考虑到帝位高风险大，要想到谦虚谨慎，加强修养；害怕骄傲自满，要想到海纳百川的胸怀；喜欢打猎游乐，要想到以一年三次为限；担心松懈怠惰，要想到自始至终都要小心谨慎；顾虑受到蒙蔽，要想到虚心接纳属下的建议；担心奸人进谗，要想到端正自身以斥退小人；施恩于人时，要想到不要因一时高兴而胡乱赏赐；处罚别人时，要想到不要因一时恼怒而滥用刑罚。

唐太宗见到这道奏折后，大为惊醒，他公开承认了自己的错误，对魏徵大加褒奖，加官晋爵，并且把这道奏折放在自己的案头，时时警示自己。以魏徵的这道奏折为契机，唐太宗下令整饬政风，革新政治，从而使唐朝出现了长时期的繁荣稳定，成为中国历史上最强盛的王朝之一。

唐太宗和魏徵可谓历史上明君忠臣良性互动的典范。魏徵所以能成为千古第一诤臣，关键是因为遇上了唐太宗这样一位英明而宽厚的君主。像唐太宗这样能够树立"水能载舟，亦能覆舟"的执政理念，坚持"兼听则明，偏听则暗"的民主作风，就是今天的领导人也未必能做到。在魏徵去世时，唐太宗失声痛哭，下令朝廷哀悼五天，并亲制碑文、亲自手书，慨叹道："以铜为镜，可以正衣冠；以史为镜，可以知兴替；以人为镜，可以明得失。今魏徵殂逝，朕亡一镜矣！"

第二道奏折：《三习一弊疏》

这是清朝著名智臣孙嘉淦呈给乾隆皇帝的一道奏折，被史学家称为"大清第一奏议"、"第一名疏"。

乾隆初年，清王朝进入"康乾盛世"的高峰期，此时朝廷中溜须拍马、歌功颂德的庸俗风气也逐渐流行开来。孙嘉淦作为康熙、雍正、乾隆的三朝重臣，时任督察风教纲纪的左都御史，对这种风气甚感忧虑，于是便向乾隆皇帝上了这道《三习一弊疏》。

这道奏折首先对乾隆大大赞扬了一番，说他仁孝敬诚、仁心仁政、明理宽厚、思虑周详等，接着一针见血地指出了官场流行的"三习一弊"歪风。

所谓"三习"，就是耳习、目习、心习等三股不正之风。

第一习是"耳习"。朝廷之上，皇上"出一言而盈廷称圣，发一令而四海讴歌"。耳朵听惯了这种歌功颂德之词，不仅会厌恶直话真话，而且对不赞扬自己的话也反感，甚至歌颂不精妙、拍马不到位也感到不快。这就是"耳习之所闻，喜谀而恶直"的歪风。

第二习是"目习"。皇上越显得聪明，臣下越装得愚笨。皇上越觉得自己能干，臣下越变得畏缩。皇上看惯了群臣低眉顺目的媚态，不仅讨厌刚正不阿的人，而且反感不乖巧、不献媚的人，甚至对逢迎不巧妙的人也视之为对己不恭。这就是"目习之所见，喜柔而恶刚。"

第三习是"心习"。皇上高己卑人，自以为是，处处显示自己的英明伟大，不懂得珍惜人才，不体谅下面工作的艰辛，认为天下事没什么难办的，自己雄才大略，只要一发号令，下面立刻照办就行了。这就是"心习之所是，喜从而恶违"。

三习既成，乃生一弊。何谓一弊？喜小人而厌君子也。

在孙嘉淦看来，"三习"是造成君子和小人进退颠倒的根本原因。

在奏折中，孙嘉淦还对君子和小人的所作所为做了生动的描述："语言奏对，君子讷而小人佞谀，则与耳习投矣。奔走周旋，君子拙而小人便辟，则与目习投矣。即保事考劳，君子孤行其意，而耻于言功，小人巧于迎合，而工于显勤，则与心习又投矣。"

皇上一旦溺于三习，就会认为小人"其言入耳，其貌悦目，其才称心"，从而亲小人而远君子。

孙嘉淦的这份奏折在朝廷引起巨大轰动。当时乾隆皇帝初登大宝，踌躇满志，很希望大干一番，施展自己的宏图伟略。因此，他对孙嘉淦的这份奏折极为赞赏，当朝宣示，并擢升孙嘉淦为刑部尚书，兼总理国子监事。

"三习一弊"不仅是清朝特有的现象，而且是官场的一种通病，从古到今，屡见不鲜。今天，我们重读《三习一弊疏》，依然感到它如此切中时弊。

第三道奏折：《应诏陈言疏》

这是道光三十年（1850）曾国藩向新登基的咸丰皇帝上的一道奏折。

此年初，年方20岁的咸丰皇帝，诏令君臣上疏言事，评点朝政，提出意见。当时的清王朝国运衰微，外压内困，官场中污浊混沌，颓废腐败风气已是病入膏肓，积重难返。刚刚进京做官的曾国藩血气方刚，怀着一颗忠心赤胆，向咸丰上了一道《应诏陈言疏》，对官场的"四大通病"做了酣畅淋漓的痛斥。这是继孙嘉淦《三习一弊疏》之后又一道令朝廷振聋发聩的奏折，被誉为晚清第一奏折。

曾国藩在《应诏陈言疏》中讲道：自乾隆、嘉庆以后，大多数官员习惯于循规蹈矩，没有敢才智自雄、锋芒自逞的。固步自封者多，奋发有为者少。大多数官员把畏葸当谨慎，把柔靡当恭敬。而京官办事有两种通病：一是退缩，互相推诿，惟恐犯错误，遇事请示，不肯承担责任；二是琐屑，斤斤计较，不顾大体，察及秋毫，不见舆薪。地方官员也有两种通病：一是敷衍，遇事应付，习惯做表面文章，剜肉补疮，只顾眼前，不顾长远；二是颟顸，粉饰太平，报喜不报忧，花言巧语，不干实事，结果是金玉其外，败絮其中。曾国藩在奏折中大声疾呼：必须矫正时俗，转移官风！

对曾国藩的这道奏折，咸丰批示"剀切明辩，切中情事，深堪嘉纳"，让曾国藩在朝廷上对奏折的内容加以讲解，并将此奏折发给群臣传阅。可惜咸丰皇帝回天无力，他既无雄才大略，又无胆量魄力，不敢动真格地去整治官风，只是发了一通议论便束之高阁了。不料曾国藩的这道奏折却得罪了群臣，激怒了众官，在朝廷中遭到一片冷嘲热讽。曾国藩为此十分痛心，把它视为平生的一大耻辱。

鉴古代之兴衰，考当今之得失。仔细品读这三道奏折，我们可以从中悟出一些道理。

其一，魏徵、孙嘉淦、曾国藩都是历史上著名的智臣和直臣，是社稷栋梁之才，他们深知政风对一个政权的极端重要性，它不仅关系一个政权的形象，而且关系人心之向背和国家之兴亡。如《资治通鉴》中说："教化，国家之急务也，而俗吏慢之；风俗，天下之大事也，而庸君忽之。夫惟明智君子，深识长虑，然后知其为益之大而收功之远也。"

其二，政风的演变是有规律的。当一个政权刚刚建立时，统治者励精图治，一般都勤政廉洁，风清气正，希望通过良好的政风来树立形象，取信于民。当政局稳固、天下太平、国力强盛时，骄奢淫逸的风气便开始抬头，政风的下滑也是政权由盛转衰的重要标志。当一个政权进入衰世时，必然风教凋蔽、政风败坏，各种消极腐败行为蔓延开来，积重难返，从而失去民心，由衰世转入乱世。所以说，政风是观察治世、盛世、衰世、乱世的一个晴雨表。

其三，在封建社会中，奏折是大臣与皇帝直接沟通的一条主要渠道，也是皇帝考察大臣的一个重要窗口。不少皇帝都曾发布诏令，鼓励官员上书言事，陈时政之得失，言地方之利弊，弹大臣之过失。清朝曾制定"国家定例"，规定内而九卿科道，外而督抚藩臬，皆有言事之责。各省道员只许专折言事，不许专折谢恩。曾国藩在从政为官的30多年中，先后向皇帝递交了二千多道奏折，或建言献策，或陈述民情，或保举人才，或参奏官员。今天，我们不妨借鉴一下古人的经验，也创设一种领导干部以个人名义，向上级机关乃至中央上书言事的制度，作为上下直接沟通、扩大党内民主的一种尝试。这种上书，不是官样文章，也不同于例行的请示汇报，而应当以评点时事、建言献策、批评建议为主。

其四，魏徵等人的奏折可谓是官场上的"重磅炸弹"，他们不但坦诚揭露官场上的种种丑陋现象，而且敢于评点皇帝的作为，批评皇帝的过失，这种做法即使在今天也会造成轰动效应。庆幸的是，他们面对的不是昏聩专断的暴君，而是年轻有为的开明皇上，因此，他们不但没有遭到厄运，反而受到嘉奖，加官晋级。今天的官员也应当学学魏徵等人无私无畏犯颜直谏的勇气，今天的上层也应当学学唐太宗等皇帝开明包容的胸怀。

十六、力戒语言腐败

著名作家王蒙在他的著作中写道：1946年他16年岁时，听到国民党和共产党两位要员的谈话。前者的讲话官声官气，装腔作势，文理不通，一片陈词滥调。而后者却为民立言，润物启智，充满着新思路、新观念、新名词，令人振聋发聩。他从二者讲话的鲜明对比中看到政党的前景和政权兴衰的端倪。王蒙说："一个政权的衰落是从语文的腐烂上开始的。"

2012年，北大学者张维迎在一次演讲中提到"语言腐败"这个概念，尖锐地批评了当前语言腐败造成的严重社会后果：一是破坏了语言的正常交流功能，导致人们智力退化、大脑萎缩，缺乏理性和逻辑思考能力；二是导致道德堕落，使一些人失去做人的良知，说假话不脸红，干坏事不知耻，潜规则公开化；三是导致社会的高度不确定性和不可预测性，危机四伏却以为天下太平，大难临头却茫然不知，面对突发事件来不及应对，甚至导致整个体制的突然坍塌。

查考其源，"语言腐败"这个概念是英国作家乔治·奥威尔在20世纪中期率先提出的，后来成为政治哲学中的一个常见术语，其主要特征是讲假话、讲大话、讲空话、讲套话等话风成为自上而下广泛流行的一种风气。语言腐败在不同时期不同社会背景下，有不同的特点、不同的表现。

在1958年大跃进时期，吹牛浮夸风甚嚣尘上，中国社会充斥着天方夜谭式的热昏胡话。

十年"文化大革命"中，在政治狂热、个人崇拜的背景下，"假、大、空"达到登峰造极的地步。

近年来发生的语言腐败主要表现为长话、空话、套话的流行。

套话有这样几个特点：

一是套话都是固定搭配、成套出售的。不管什么会议、什么场合、什么对象，都必讲这一套。套话必空，套话必长，套话必然是废话。

二是套话都不是自己的话，而是抄袭套用过来的，发明权在上面，上行下效，互相传抄。

三是套话都不是真心话，而是虚话、假话、虚应客套的话、言不由衷的话，带有政治表态、逢场作戏的色彩。

四是套话都是老话、旧话，老生常谈，陈词滥调，让人一听就烦。

在语言市场上，从来都是听方市场。讲话是为了让人听，应当以别人听得进为前提，以引人入胜、心悦诚服、耐人寻味、发人深思为理想境界，不能强买强卖，强迫别人去听。如果在剧场里，有观众睡戏、逃戏，那首先是戏的问题、演员的问题，而不能去追究观众的责任。如果开会作报告，空洞无物，又臭又长，发生听众睡会、逃会现象，究竟是谁之过？用纪律强迫别人去听，不听就严加处分，实在是不高明的行为。

讲话是一门艺术，是一种才能。口才是人生的必修课，是领导力的重要方面。

公元前3世纪著名法家韩非子在《说难》中就讲过，说话必须看对象，了解对方心理，投其所好，有的放矢，找到共同的兴趣和共鸣点，切忌粗暴无礼，啰嗦冗长，空泛放任。

古希腊圣贤苏格拉底曾经创办过多所语言修辞学校，把学会说话作为帮助公民秉性养成和德行成长的教育内容。苏格拉底认为，学会说话应具备三个条件：第一是自然秉性，不仅有讲话的天赋条件，更重要的是用心真诚地讲话；第二，应当掌握说话的必要知识和技巧，包括文采、修辞造句的能力等；第三，重在实践锻炼。

西方国家的政治家大都具有良好的口才和很强的演讲能力，这是公共政治生活的需要，是解读政策、争取民众支持的重要方式。我国的领导干部不必像西方国家的政客那样，练就一套能言善辩、铁嘴铜牙的本领，但也应当适应现代民主开放社会的要求，大力提高自己的讲话水平。

当前中国官场和社会上的恶劣话风令人厌恶，到了非整治不可的地步了。我们应当像当年反对党八股一样，把整治话风作为转变党风、政风、文风、会风的一个突破口，下决心加以专项治理。要充分认识语言腐败的严重危害，让它像老鼠过街一样，人人喊打，失去市场。

首先，倡导说实话。说实话并不难，只要有话直说，实话实说就行了。任何人都能说实话，关键是领导要喜欢听实话，允许说实话。如果谁说实话谁吃亏、谁倒霉，那就很少有人说实话了。

其次，力戒说假话。人不说假话是很容易做到的，环境不合适，你不说话就是了。重要的是领导部门、有关规定，不要逼人非说假话不可。对故意说假话、报假数、汇报假情况的人应当严肃处治。

第三，转变话风必须从官场开始，从中央开始，从主要领导开始，由上到下，由官到民，逐步推进。

党的十八大之后，习近平总书记第一次亮相讲话，言简意赅，平实无华，不讲套话，令人耳目一新，以"短、实、新"的优良话风赢得人们广泛赞许，开启了风气革新的新局面。

十七、重建批评与自我批评空间

自省，是中国古人加强品德修养的基本途径，是净化心灵、提升人格的自我心理活动。孔子、孟子等都倡导日省吾身、诚意慎独。自省，其实就是自我反思、自我解剖、自我批评、自我调适。自省是心灵的一面镜子，是培养良心的学校，是一个人逐步走向成熟、走向完美、走向成功的阶梯。人不能糊里糊涂地活着，要想活得明白，就要学会自省，"吾日三省吾身"做不到，但过一段时间总该静下心来盘点一下自己，看看自己有什么优点和缺点，有什么正确和错误，有什么进步和退步，以严于责己的精神不断修正和完善自己。

在佛教和基督教中，都设有忏悔制度或忏悔节、忏悔室，要求信徒自陈己过、思罪责己、痛改前非，以乞求佛菩萨或上帝的宽恕，求得自身心灵的安慰。这种忏悔活动，既是加强道德修养、保持心理健康的一剂良药，也是净化社会风气、促进社会和谐的有效方法。

一个人，一个政权，一个政党，都不可能一贯正确，永远不犯错误。这就需要通过经常性的批评和自我批评，来及时修正错误，吸取教训，防止由小错变成大错，由局部错误变成全局性的错误。一个拒绝批评的政权必然走向灭亡。

相传早在尧舜时期，就"设谏鼓，立谤木"。日后，谏官制度日趋完善，到了周朝，谏官已成为中央政权的主要职能部门之一。古人认为，天子之耳不能自聪，天子之目不能自明，必须设立谏官制度。谏官的职责就是监督皇帝，专门评点皇帝的作为，寻找皇帝的过失，然后，直言规劝，促其改正。到唐宋时期，谏官制度高度完备，言谏活动蔚然成风。当时的谏官制度绝不是装点门面的政治摆设，谏官也不是一群滥竽充数的无能之辈，而是由当朝清正刚直、不畏强权、具有很高知名度和影响力的精英人士充任，像唐朝的魏徵、狄仁杰、韩愈、白居易，宋朝的范仲淹、欧阳修、司马光、包拯等杰出人物都曾担任谏官。为了让谏官尽职尽责、敢言直谏，法律明确规定，谏言不咎，谏官不罪，诛杀谏官者就是昏君。设立完备的谏官制度，这是中国封建专制社会中一个奇特而重要的现象，是古人政治智慧的结晶，对今天的民主政治建设依然有着积极的借鉴意义。

批评与自我批评是中国共产党的三大优良作风之一，是解决党内矛盾、纠正自身错误的基本方法，是加强民主监督、促进党内团结的有效手段，也是保持先进性、提高战斗力的有力武器。

一个以为人民服务为宗旨的政党，你服务得好不好，理应接受人民的评判。领导干部作为人民的公仆，理应接受主人的监督与批评。对于一个长期执政的政党来说，听不到批评的声音是非常危险的。

对待批评，正确的原则就是：知无不言，言无不尽；言者无罪，闻者足戒；有则改之，无则加勉。

在对待批评与自我批评上，我们有过丰富的正面经验，也有过沉重的反面教训。其反面的教训是：

首先，对批评者进行身份鉴定，是好人还是坏人？是善意还是恶意？对于被认为是坏人和别有用心者的批评，不但不能接受，而且必须坚决予以反击。

其次，设立若干条标准，对批评意见进行衡量，区分是香花还是毒草。

最粗暴的做法就是把批评演变为群众性的大批判，发动大家"群起而攻之"，一起落井下石，残酷斗争，无情打击。这种大批判运动一度成为进行权力斗争和政治迫害的最野蛮手段。在"群众运动天然合理"的口号下，一切道德和法纪都荡然无存。

最后，就是以言定罪。凡是被认定为"别有用心"、"恶毒攻击"、"散布毒草"者，统统被列为专政对象，此后，只许老老实实，不许乱说乱动。

这样做的后果，必然是堵塞言路，助长错误的发生发展，最终导致了"大跃进"和"文化大革命"这种全局性、灾难性的后果。

有过较长党内生活经历的人都会记得，在政治空气比较健康的时期，在党内的民主生活会中，同志之间坦诚相见，以心换心，每个人都首先认真进行自我批评，然后彼此开展批评。尽管有时弄得自己脸上无光，浑身冒汗，但心里却热乎乎的，真有一种触及灵魂的感觉，对一个人的成长进步大有益处。这种和风细雨、与人为善的民主生活会至今令人怀念。

可惜，近年来批评与自我批评的作风逐渐淡化了，许多地方已经丢掉了，代之而起的是吹捧与自我吹捧、表扬与自我表扬的庸俗风气。大会小会，到处充斥着评功摆好、互相吹捧的声音，即使讲几句自我批评的话，也无非是"认识不足，经验不够，方法欠妥，有待提高"之类的空话，不痛不痒，无任何实际意义。同事之间，一团和气，讲面子不讲真理，讲私情不讲原则，几乎没有任何认真的批评和自我批评。正像群众讥讽的那样："批评上级，官位难保；批评同级，关系难搞；批评下级，选票减少；批评自己，自寻烦恼。"与官场上这种风气形成鲜明对照的，是民间各种批评、牢骚、奇谈怪论的流行。事情就是这样，会上不说，会下必然乱说；大道不通，小道就会盛行。

在批评与自我批评中，关键是自我批评。任何教育只有转化为自我教育才能达到教育的目的，任何批评只有转化为自我批评才能收到批评的效果。如果一个领导者缺乏自我批评的精神，闻过则怒，对批评意见耿耿于怀，怀恨在心，蓄意打击报复，那就不可能听到任何真实的批评声音。2012年习近平在中共中央党校的一次讲话中，专门讲了唐朝名臣裴矩从一名隋朝佞臣转变为一名唐朝诤臣的故事。他引用古人的话说："君恶闻其过，则忠化为佞；君乐闻其过，则佞化为忠。"这说明，关键是领导干部要有听真话、实话的雅量，要有"让人讲话，天塌不下来"的自信，坚持言者无罪，闻者足戒。一个执政为民的政府，没有不可为人言者。

中国共产党在90多年的历史中形成了三条最重要的生命线：第一条生命线就是实事求是，这是根本的思想路线；第二条生命线就是群众路线，这是根本的工作路线；第三条生命线就是批评和自我批评，这是永葆先进性和纯洁性的根本武器。这三条生命线相辅相成，一条都不能少。中国共产党要长期执政，长治久安，必须牢牢把握住这三条生命线，让它们永不褪色地发挥作用。

十八、如何善待人才

如何对待知识分子，这是衡量一个社会政治清明度的重要尺度，也是关系一个国家能否繁荣稳定的重要因素。从历史上看，凡是歧视知识分子的政权，大都是专制愚昧的政权，难以持久。任何时代，知识分子都是社会中的精英部分，他们不仅代表着当时的先进生产力和先进文化，而且在很大程度上左右着社会的舆论导向，影响着人心的向背。俗话说"得人心者得天下"，如果不能赢得知识分子，就不可能赢得人心。

当今中国，科教兴国、人才强国已经成为基本国策。科技是第一生产力、人才是第一资源的观念已经深入人心。尊重知识、尊重人才已经成为知识分子政策的主旋律。然而，尊重人才作为口号喊喊是容易的，而要真正落实到实处却是不容易的。什么是真正的尊重人才呢？尊重人才的重点和难点在哪里呢？如何善待各种各样的人才呢？

如何对待不听话的人才

凡是人才都有个性，都有一定的独立思考能力和自己独到的见解。有个性的人不容易合群，有独立见解的人不容易盲从，有本事的人不容易驯服，因此，人才往往是不听话、不驯服、不会讨好，有时又不大懂事的人。许多领导者只喜欢那种听话又出活的人才，他们宁可使用那种听话不出活的人，也不愿意使用那种出活不听话的人。如果尊重人才只是尊重听话的人才，而对不听话的人才则不予尊重，那所谓尊重人才岂不是一句空话？

人才不同于奴才，更不是宠物，选用人才不能以俯首贴耳、讨自己喜欢为原则。选用人才是为了干事业，谋发展，如果一群温顺可爱的庸才整天围着你转，但干不成事情，那又有什么用呢？对领导者来说，那种只会随声附和、处处和自己保持高度一致的人，并没有什么实际价值，因为你不懂的东西他也不懂，你不会的事情他也不会。要知道，只有听到不同声音才能使自己保持清醒头脑，只有吸取不同意见才能弥补自己的不足。一个优秀的领导者，不是总带着一帮不如自己的人干事，而是善于把一些比自己强的人吸纳过来，调动起来。中国的知识分子历来有"士为知己者死"的传统，有些人才可能开始不听话，但只要你尊重他、信任他，能够发挥他的才能，为他提供建功立业的机会，他的态度就会起变化，变成一个合作者，甚至成为你的好帮手、好朋友。

如何对待开拓创新型人才

我们的社会，最缺少的就是开拓创新型人才。这种人才非常难得，不易存活，尤其需要领导者精心加以爱护。

古往今来，那些兴利除弊、锐意改革的政治家，那些独树一帜、别开生面的科学巨人，都曾备受争议，历尽坎坷。

改革创新，意味着冲破世俗，打破常规，藐视权威，标新立异，意味着挑战现行的体制政策，改变现存的权力和利益格局，因此，必然遭到因循守旧势力和既得利益集团的强烈反对。

任何一项伟大的改革工程，总要一些地方先行试点，取得经验；总要一些改革者冲锋在前，披荆斩棘，杀出一条血路来。当这些改革的先行者遭遇艰难险阻时，作为上级领导者不能采取明哲保身的态度，让改革者孤军奋战，而应当旗帜鲜明地为冲在改革一线的人撑腰打气，保驾护航，敢于为他们分解压力，承担风险。如果没有上级领导作坚强后盾，提供强大的支持和保护，任何改革都难以成功。许多改革的失败，往往不在于守旧势力的反对，而在于上级领导者在改革处于困境时，自己知难而退，临阵退却。

在改革开放前期，北京大学一些学者率先突破了计划经济的禁锢，提出了中国的经济体制改革应当坚持市场取向，对国有企业应当进行股份制改造，对私有和民营企业应当在政策上一视同仁，必须打破价格双轨制，积极发展证券和期货市场，等等。这些观点在当时被认为是离经叛道的错误理论，具有资产阶级自由化倾向，是动摇社会主义、实行"和平演变"的理论基础，不仅遭到理论界一些人的抨击，而且受到某些领导机关的指责。学校当局吸取了历史上粗暴对待学术问题的教训，采取了"一慢二看三通过"的缓兵之计。一是当学术问题和政治问题纠缠不清时，应当本着就低不就高的原则，先作为学术问题对待；二是对待学术争鸣的问题，不宜简单采取行政手段和组织措施加以裁决；三是对待有争议的学者，应当允许他们继续进行理论探索，只要学风严谨，言之有理，持之有据，就不应当横加干涉。后来，这些理论观点逐步为党和政府所采纳，并转化成经济改革的政策举措。如果当初学校领导屈从于世俗的压力，采用行政手段和组织措施加以解决，不仅会妨害经济改革的进程，而且会造成很大的思想创伤和政治裂痕。

如何对待优点和缺点都明显的人才

有些人才，德才兼备，素质均衡，为人处世也比较谦和，起用这种人才，一般不会有多大的困难和阻力。还有些人才，属于偏才怪才类的，其优点和缺点都比较明显。他们身上所具有的优点，不是寻常的小优点，而是常人罕见的大优点、大才能，如果发挥得好，可望创造出非凡的业绩，产生巨大的效益。同时，他们身上也有许多小毛病、怪脾气，时常做出一些不合时宜的举动。对待这类人才，如果求全责备，肯定属于"不合格"之列。如果采取民主推选的方法，也会因为争议颇多而被排斥在外。如果弃置不用，可能埋没了一个杰出人才，造成难以弥补的损失。自古以来，那些在科学艺术上独领风骚、开创新风的天才人物，大都是优点和缺点都很突出的人，他们的创造基因和超凡天赋，往往就包含在那些与众不同的特质和怪异的性格之中。

史蒂夫·乔布斯是一位优点和缺点都很突出的人才。一方面，他是一位改变世界的天才，是数字化时代的导航灯，是创造苹果帝国的商业巨子。另一方面，他又是一个粗暴蛮横、刻薄自私、不近人情、道德品质并不高尚的人。2011年乔布斯去世后，在中国也曾引发热议，人们纷纷提出这样的问题：中国能不能产生乔布斯这样的天才？如果乔布斯生长在中国，会是一个什么结局？我们的领导部门能不能容忍和重用乔布斯这样的人才？

一个创新型的社会，应当包容各式各类的人才。一种富有活力的人才政策，不但要面对广大的普通人才、合格人才，而且一定要兼顾到极少数另类的天才、奇才、偏才、怪才。选用专业和技术人才，不要附加太多无关紧要的标准，不能像选拔领导干部那样设置许多条条框框和繁琐的程序。对于那种优点和缺点都明显，但有希望带来突破的人才，应当不求其全而求其特，不以小恶忘其大善，不以小瑕掩其大功。要立足于扬长避短，着眼于把他们的特长和潜能发挥出来，最大限度地激发其正能量。起用这种人才，会有很大的困难和阻力，按照常规的方法是行不通的，需要破例地为他们开辟出一条便捷的通道。这无疑是一种风险投资，但没有高风险就不可能带来高回报。关键是领导者要有伯乐的眼光，要有海纳百川的胸怀，要有不拘一格用人才的气魄。如果我们国家能扶植若干个创新奇才，付出一些代价也是值得的。

如何对待犯错误的人才

人才是人不是神，照样会犯错误。如何对待犯过错误的人才，反映了一个社会的文明法制水平，也检验着领导者的气量和胸怀。如果选人用人过分挑剔，过于苛刻，那就没有多少可用之才。如果一犯错误，就记录在案，揪住不放，不仅会埋没人才，压抑积极性，而且人为制造了许多离心离德的因素，为社会的长治久安埋下隐患。

过去，在每次政治运动中都有一些人因为犯政治错误而被列入另册，从而背上了永久的政治包袱。在那种风云变幻的政治运动中，许多富有经验的政治家也难以判断，不知所从，基层的老百姓更是难以把握自己的命运。有些知识分子本来就是书呆子，他们对政治既不懂，也没有兴趣，只是迫于形势无奈地参与其中，在政治运动中说错话、办错事、站错队是不可避免的。对一个社会而言，人人关心政治绝不是好事，让不懂政治的人去参与政治活动没有不出乱子的。特别是一些幼稚无知的年轻人，一不明是非，二不懂法纪，三不知利害，一旦被卷入到政治运动中，往往会做出一些疯狂的无法无天的举动，就像打开了潘多拉盒子一样，谁也控制不了。

对于在政治运动中因为响应号召而参与其中，糊里糊涂犯错误的人，除了极少数为非作歹严重触犯法律者外，应当一律宽大为怀，不予追究。不能把下层被蒙蔽利用的群众作为上层政治斗争的牺牲品，更不能把他们一时鲁莽而犯下的错误作为永久的政治污点。

三国时期，曹操为了成就大业，三下"求才令"，在吸纳人才方面显现了巨大的魄力和胸怀，他的选才原则是舍弃旧怨，不计前嫌；忠于故君，崇尚仁义；起用降将，不杀雄才；体谅错误，鼓励言论；唯才是举，因才授职。正因为曹操敢用人才、善用人才，最终取得了胜利。

　　人难免有偶然失足的时候，聪明人有时也会犯低级的错误。有些本来很有前途的人，往往因为一时失足而铸成千古之恨。对于这种一时失足的人才，在处理时应当手下留情，尽可能留有余地，留条出路。考虑到他们成长到这一步也是不容易的，不仅本人付出了巨大的努力，而且组织上也花费了很多心血，家庭和社会也付出了很大成本。如果图一时痛快，出手太狠，不仅使本人陷入绝望之地，而且会给家庭和社会带来永久的负担。如果给他们一个改过自新的机会，或许浪子回头金不换，他们可望重新成为一个有用之才。

十九、文人何必相轻

　　文人相轻，这是知识分子中常见的一种陋习、一种劣根性。三国时期曹丕在《典论》中曾说："文人相轻，自古而然。"从古到今，文人之间相争、相斗、相碰撞、相纠葛的事情已是屡见不鲜了。用鲁迅的话来说："所谓文人，轻个没完。"

　　鲁迅对文人相轻深恶痛绝，他曾连续发表七篇杂文剖析文人相轻现象。在他看来，文人相轻大致有这样几种轻法：

　　一是以己所长，轻人所短；抬高自己，压低别人。这叫自高相轻术。

　　二是以己所短，轻人所长，自己躺在垃圾堆，然后拖着别人，不惜与人同归于尽。这叫自卑相轻术。

　　三是放冷枪，施暗箭，抹黑别人，把水搅浑。这叫隐名相轻术。

　　在我看来，文人相轻有以下原因：

　　有的是出于骄傲心理，自命不凡，孤芳自赏。

有的是出于门户之见，隔行如隔山，对其他门类的东西，明明不懂，又妄加评论。

有的是出于嫉妒心理，看到别人功成名就心理不平衡，产生羡慕嫉妒恨。

有的是出于面子，看到别人对自己的批评，不服气，不认输，由羞而怒，进而攻击别人。

最无耻下流的莫过于自己没学问，又不甘寂寞，为了加速成名，引人注目，便口出狂言，乱打一气，专门和名家作对，向高手叫板，以为只要自己同名人交火也就是名人了。

一般的文人无权无势，互相斗斗嘴，打打笔墨官司也并无大碍。如果一方成了权贵，或依附于权贵，文人相轻的后果就难以预料了，说不定让对方下岗失业，名誉扫地，甚至人头落地。像历史上屈原投江、韩非被害、孙子遭膑刑、苏轼一生坎坷，等等，其背后除了政治阴谋外，文人相轻也是一个不可忽视的因素。

在以政治运动为中心的年代里，在知识分子成堆的部门，文人相轻为政治斗争所利用，与斗争哲学相结合，变成了一种阶级斗争的工具和整人的武器。文人之间相互斗争，自相残杀，今天你整我，明天我整你，来回"翻烧饼"，弄得两败俱伤。文人斗文人不但毫不手软，而且更有水平，更有办法。那个年代文人相斗是上面发动和挑起的，文人也迫不得已。改革开放以后，党和政府下决心不再搞政治运动了，强调安定团结、社会和谐，应当聚精会神搞建设，一心一意谋发展。然而在一些知识分子集中的单位，有些文人依然旧习不改，争斗不断，自发地开展各种各样的运动。文人吵架成了当今媒体上的一种热点、一种景观。如果说过去是"树欲静而风不止"，那么今天可以说是"风欲静而树不止"了。

古人讲，文无第一，武无第二。武林之中，门派林立，只要一交手，便能分出高低；运动场上，强手如云，只要一比赛，便能决出输赢。而在文化艺术上，有不同门类、不同流派、不同风格、不同喜好，有时很难分出高下，也没有必要非排出名次不可。今天的中国有那么多书画家，你说哪个最好？有那么多歌唱家，你说谁是第一？

在我分管文化工作的那些年里，文人相轻是非常令人头痛的事情。每当在文化系统选拔人才、推选代表或是评奖时，因为文人之间互不服气、互相拆台而搞得不亦乐乎。有些好事因为不好办而只好作罢，有些位置因为纷争不已而只好空缺，还有些好事因为办不好而留下一堆后遗症。

当今的中国，难得有一个长期稳定的局面，难得有一个宽松自由的学术环境，难得有尊重人才的社会氛围，这正是文人们潜心发展、切磋技艺的大好时机。你越想自由就越要自律，越想得到别人尊重就越要自重自爱、尊重别人。你尊重别人并不会贬低自己，你贬低别人也不会抬高自身。文人之间应当互亲互敬，以礼相待，相学相助，取长补短，共同为中华文化的大繁荣、大发展贡献力量。"春兰秋菊各有时，同留春色在人间。"

二十、知识分子的弱点

当前，谈论知识分子的弱点似乎是一件很不合时宜的行为。然而，正因为当前知识分子受到广泛的社会尊重，处在建功立业的大好时期，因此，认识知识分子的弱点倒是很有必要的。

目前，我国受过高等教育的知识分子达到上亿人，是一个庞大的社会群体，对待这样庞大的社会群体，绝不能一概而论。这里所说的知识分子的弱点只是这个群体中较为常见的一些问题，或者说是一部分知识分子中存在的问题。

知识分子中最为常见的弱点之一，就是傲视民众的精英思想或贵族心理。有些人读了大学，或是成了名家，便自以为了不起，瞧不起普通百姓，处处以社会精英自居，显示自己与众不同、高人一等的身份。在他们心目中，一般群众都是愚昧的、落后的、无知的，自己才是聪明人。在民众面前，他们总是显示出一种优越感，摆出一副教师爷、引路人、救世主的姿态。他们不是以融入民众、与民众打成一片为荣，而是以脱离民众、高于民众为荣。

鲁迅曾经描述过那种贵族知识分子的心态。他们原本出身平民，或是接近平民，明白平民的生活，能感受到平民的苦痛，敢于痛痛快快地为平民说话，因而受到平民的欢迎。然而，一旦他们获得了荣誉和地位，便把平民忘记了，变成了一种特殊的阶层。他们以出入豪门、与阔人为伍为荣耀，追求有钱，有好房子，参加豪华宴会等高贵的生活。这时，他们不但不再同情平民，为平民说话，反而站在平民的对立面，以至于压迫平民，成了某些权贵的代言人。

知识分子的特点是读书多，有学问。有些人书越读越聪明，也有的人则是书越读越愚蠢。知识可以帮人消除偏见，也可以把人带入思维定势的陷阱。有的人结合实际，学以致用，把知识转化为智慧和能力，有的人则变成了教条主义和本本主义者。他们重书本，轻实际；重思想，轻实行。某些知识分子的思想路线常常是颠倒的：他们不是一切从实际出发，而是一切从书本出发；不是用理论去联系实际，而是用实际去联系理论，一旦发现实际生活与书本上说的不一样，他们不是首先怀疑书本，而是首先怀疑实际。他们不是把实践作为检验理论的根本标准，而是倒过来，把理论作为检验实践的根本标准。

在大学工作期间，常常碰到这种喜欢坐而论道、纸上谈兵的人。这些人脑子里有许多新想法、新主张、新方案，但大都不具有可行性。如果领导不采纳他们的意见，他们就认为领导僵化、保守、不民主。殊不知，领导决策决不能"灵机一动，计上心来"，突发奇想，便匆忙付诸实行，而是必须深思熟虑，充分论证，虽然不能保证百分之百的成功，起码也要十拿九稳才可付诸实践。对科学实验来说，可以说失败是成功之母，而对领导者来说，绝不敢说这句话。如果领导的决策一再失败，就会失信于民，只好引咎辞职。这种坐而论道的人只说不练，似乎自己的任务就是"想"，而"干"则是别人的事。他们不干实事，不体会实际工作的艰辛。对于干实事的人总是评头论足，横挑鼻子竖挑眼，认为别人这么干不对，那么干也不好。因为自己不从事实际工作，所以不会犯错误，可以永远立于不败之地，而干事的人总是处于被批评的境地。这种风气一旦形成，弄得大家都不想干实事了。"空谈误国，实干兴邦"，这真是至理名言！

有一位颇有名气的专家，担任了一个学术单位的行政负责人。他思想活跃，想法很多，变化很快。如果搞科研，想法多是一个很大的优点，十个想法中有一个能用就不得了。而作为行政领导，不能想法太多，变化太快，如果朝令夕改，就会弄得别人无所适从。作为教师，他对学生严格要求，经常批评指正，这也是好事情，严师才能出高徒。而作为一名领导者，如果总是盯着部下的缺点，动不动就批评，那就不可能调动大家的积极性。结果，他主政几年时间，人心搞乱了，队伍搞散了，优秀人才流失了，一个原本很强的学术单位终于被搞下去了。

知识分子中最常见的问题就是不认同，喜欢争论；不满意，喜欢批评；不善团结，容易内斗；不会感恩，缺乏仁义。因为脑子里理想主义的东西太多，因而对现实总是看不惯，牢骚满腹，甚至格格不入。一些西方学者曾说过，知识分子就是"从来不对现状满意的人"，"永远与实际的社会事物相冲突"，是"一群永远的批评者和异议者"。鲁迅也曾说过，"他们对社会永不会满意的，所感受的永远是痛苦，所看到的永远是缺点。"

知识分子最崇尚独立和自由，希望不受任何外部力量的约束，只是按照自己的信仰和思考，自由自在地行事。然而，在任何一个社会、一个团体中，只讲民主不讲集中，只讲自由不讲纪律，只讲个人心情舒畅不讲统一意志，只讲个性解放不讲团队合力，那就会一盘散沙，什么事情都干不成。

近年来，在学术界又出现了少数学阀学霸式的人物。他们飞扬跋扈，唯我独尊；顺我者昌，逆我者亡。这种人不但拥有令人敬畏的学术头衔，而且担当着许多重要的社会职务，如主编、主审、评委、首席专家，等等，拥有巨大的学术权力，掌控着众多学术资源。在学术职务评定、学位授予、学术成果鉴定、重大课题评审、学术资源配置中，他们有着举足轻重的话语权和影响力，很多学者的命运都掌握在他们手中。你如果得不到他们的认可，或冒犯了他们的权威，恐怕很难有出头之日。即使其所在单位的领导得罪了他们，他们也会到处找麻烦，让你的日子很难过。还有的人凭借学术身份而步入官场，成为集学术权力和行政权力于一身的人。在官员面前，他们是学者；在学者面前，他们又是官员。这种身份使得他们成为各种管理规则都管不着的一种特殊人物。这种学阀学霸式的人物，是学术领域中一种专制的力量，是学术自由的障碍，是民主社会的阻力，也是导致学术腐败的一个重要原因。

过去在极"左"思潮影响下，对知识分子采取了许多错误的做法，如思想改造、抓右派、"拔白旗"、上山下乡、劳动改造、接受再教育等，我们再也不能重复这种愚昧的错误做法了。然而，新时期的知识分子政策绝不是"尊重知识，尊重人才"这八个字全能概括得了的。一个完善的知识分子政策，应当既充分发挥知识分子的优点和长处，充分调动他们创新创业的积极性和主动性，又有利于提醒他们克服自身的弱点，引导他们正确处理德与才、知识分子与工农群众、理论与实践等相互关系。

二十一、聪明反被聪明误

那些文人名士较之常人的优势，就是知识更多，名气更大，更加聪明，然而他们最常见的错误就是过分卖弄聪明，以至于聪明反被聪明误。

三国时期的杨修是一个聪明反被聪明误的代表人物。杨修本是一位聪明绝顶、才思敏捷的知识精英，世人曾评价他"笔下龙蛇走，胸中锦绣成，开谈惊四座，捷对冠群英"。他一度曾深受曹操赏识，被聘为曹操的高级幕僚。然而，杨修的毛病就是轻狂自大，好为人师，多管闲事，胡乱插手，总爱拿自己的聪明作秀。戏弄别人也便罢了，他却不识时务地拿曹操开涮，屡坏曹操的好事。后来，曹操借口"鸡肋事件"，以惑乱军心的罪名将他诛杀。古人在评说杨修时说："身死因才误，非关欲退兵。"

苏轼是中国历史上一位不可多得的旷世奇才，诗、词、文、赋、书、画样样精通，在北宋冠绝群伦，也堪称是中国文化艺术史上罕见的一位天才。他的著名诗句如"横看成岭侧成峰，远近高低各不同"；"大江东去，浪淘尽，千古风流人物"；"人有悲欢离合，月有阴晴圆缺"；"但愿人长久，千里共婵娟"……可谓千古绝唱。苏轼于21岁考中进士，进入官场，人格官品也属一流，然而他一生历尽坎坷，四处颠簸，始终怀才不遇，得不到重用。苏轼的弟弟苏辙在评论苏轼时说：我哥错在出名，错在高调！

要知道，聪明不等于智慧，更不意味着成功。重要的是如何将聪明转化为智慧，转化为经世致用的现实能力。

聪明人如何对待不如自己聪明的人呢？最常见的现象就是"一阔脸就变"，一旦成名便翘起了尾巴，恃才傲物，以一种居高临下、自命不凡的心态藐视周围一切人。其实，真正的聪明人不是首先发现人不如我的地方，而是首先发现我不如人的地方；不是总盯着别人的缺点，而是善于发现别人的长处。凡是把别人都当成傻瓜的人，最终证明自己才是傻瓜。人与人之间在聪明程度上有差异，在学问上有高低，但在人格层面上都是平等的。你要想得到别人的尊重，那就应当懂得尊重别人。名人并没有只受他人尊重而不尊重他人的特权，而凡人也没有只尊重名人而不受名人尊重的义务。你纵然有天大的本事，而一旦失去群众，就失去了舞台，失去了市场，等于自我孤立，自我埋没。

如何将自己的聪明转化为人生的智慧呢？

老子无疑是中国历史上的第一智者，据传孔子两次拜见老子都自叹弗如，对老子赞叹不已。老子认为，真正的智者应当大巧若拙、大智若愚、大勇若怯、大辩若讷，千万不要像老虎过街一样，张牙舞爪，过分张扬。

无独有偶，西方那些伟大的思想家们也在提醒名人"要懂得隐藏自己"，"隐藏自己的精明才是最大的精明"。正如马基雅维里在《处世书》中所说："虽然聪明睿智，自己却能保持愚拙的样子；虽然功高盖世，自己却能保持胆怯的心态；虽然拥有天下的财富，自己却能保持廉洁。"

世界上非常聪明而一无所成的人随处可见，卖弄聪明而让人讨厌的也不乏其人。一个人能不能成功，不在于他有多么聪明，而在于把自己的聪明用对了地方，用得恰到好处。

现在社会上出现了某些专门卖弄聪明的"名人秀"。

有的人从学术专家变成了江湖术士，他们为了吸引公众的眼球，很会抓住热点，迎合大众，到处议论时事，评论朝政，乱开药方，贩卖狗皮膏药。他们的聪明不是用在服务和建设上，而是专门找岔，和人对着干，他们不是用学问来经世致用，而是为了捞钱。

有的人从文化名人变成了娱乐明星。他们不管什么场合，不管懂与不懂，到处抛头露面，卖弄知识，炫耀文才，曲解经典，牵强附会，谬种流传，害人不浅。

有的人从文人变成了文痞，信口开河，胡说八道，不干正事，专凑热闹，颇有一种"我是流氓我怕谁"的泼皮无赖作风，大大败坏了文人雅士的儒雅风范。

更可笑的是那种"万能专家"，他们原本是靠发明创造而出名的，后来学问不行了，摇身一变成了一种捍卫科学的斗士，干不成事就专门去挑事。他们虽然挂着专家的牌子，却热衷于谈论自己专业以外的事情，难怪人们讽刺这种人是"除了本专业不懂，其他专业全懂"。

二十二、有话好好说

俗话说：良药苦口利于病，忠言逆耳利于行。但如果良药做得不那么苦口，能够为更多人服用，岂不是扩大了治病救人的范围吗？如果忠言说得不那么逆耳，容易被人听进去，岂不是更能发挥良好的效果吗？

孔子有句名言，叫"忠告而善道之"。就是说在规劝朋友时，即便是真心实意、一片忠言，也要注意方式，把握分寸，这是做人处世的智慧。葛拉西安在《智慧书》中说道："思如精英，口随大众。"一个人的真知灼见应当通过优雅而深沉的方式加以表达，不要被别人认为是一个出言不逊、胡言乱语的人，更不要以生硬和刻薄的话语故意刺激别人，否则，不但不能矫正别人的错误，反而弄得自己四面树敌、危机四伏。

在现代人际传播网络中，有一些颇有影响力的意见领袖。他们利用自己的才能和智慧，经常为他人提供信息、见解、评论和建议。他们上连媒体，下连公众，通过释放影响力来引导舆论，既能影响到民众的态度和行为，也能影响到公共政策的制定和调整。

在中国改革开放的进程中，吴敬琏、厉以宁无疑是最具影响力的意见领袖，他们是中国市场经济的先知先觉者。早在上世纪90年代初，吴敬琏就提出中国的经济改革应当坚持市场取向，目标是建立社会主义市场经济体制，被人称作"吴市场"。厉以宁早在上世纪80年代初就开始宣传股份制，认为股份制是中国所有制改革的目标，被人称作"厉股份"。当时，他们的主张被看做是动摇社会主义的"异端邪说"和"洪水猛兽"，遭致众多非议。后来，他们的主张才为党和政府所采纳，转化为治国理政的方案。像吴敬琏、厉以宁这样的意见领袖，是中国社会不可多得的精神财富。

近年来，一些草根型的意见领袖成为网络媒体上的红人。他们没有显赫的身份和耀眼的光环，只是一些普通小人物。他们不大关注重大政治问题和社会热点的讨论，而把目光聚焦到民众的日常生活，反映网民心理，注重展现自我，追求百姓认同。他们以一种自由随意、轻松娱乐的心态评论世事，发表意见，不追求高深的理论色彩和思想含量，而是注重及时性、趣味性和实用性。这些草根意见领袖在某些青少年群体和基层民众中具有较大的影响力。

在舆论场上，有一些脾气很大的情绪型意见领袖，他们牢骚太盛，火气很旺，言词激烈，颇有一种"语不惊人死不休"的架势。他们不是抱着一种与人为善的态度，有理慢慢说，有话好好讲，而是喜欢抬杠、吵架和唱反调，专门挑刺，钻牛角尖。他们不是立足于建设，着眼于息事宁人，促进社会和谐，而是火上浇油，激化矛盾，鼓励了对立和不合作的情绪，助长了偏激的心理。那种凡事总爱唱反调的人，或许自己认为是有独到见解，敢说真话，但在别人眼里，往往被认为是一个狂妄自大、固执己见的人，即使他们的意见中有一些合理的成分，也被他们激烈的言词淹没了。不管他们是不是出于好心，是不是真有道理，但这种咄咄逼人的态度就使人难以接受。

当今社会，有太多的浮躁，有太多的迷茫，有太多的混乱，有太多的扭曲，尤其需要一些有头脑、有智慧又有高度社会责任感的意见领袖为人们解疑释惑，指点迷津，扶正祛邪，以正视听。那些受人尊崇的意见领袖应当是这样的：

他们应当成为国家的思想库和智囊团，积极出谋划策。善于把自己的智慧转化为政府的良策，为经济社会的发展提供更多优化的方案，以造福社会，造福民众。

他们应当善于引导舆论，发出理性声音，为人们观察事物提供一个合适的角度、清晰的思路以及正确的价值标准。

他们应当保持学者应有的清高，坚持独立思考，不依附于权贵，不屈从于世俗，用自己的真知灼见去赢得人们的信赖。

二十三、做人的原则

在中国，做人是一门大学问，是贯穿人生的一大主题，也是对人进行道德评价的一个根本尺度。如果一个人不会做人，不忠不孝，不仁不义，势必成为国人不耻的败类。

在西方世界中或许很难理解什么叫"做人"。人本来就是人，你做不做反正都是人。还有"丢人"、"不是人"等概念更让人费解。人明明就在那里，怎么叫"丢人"呢？一个人不是人又能是什么呢？

做人，这是中国文化中最重要的伦理道德观念，反映了一个人为人处世、待人接物的态度、原则、智慧和品格，它在形成中华民族的文明风尚、维系社会的良好秩序中发挥了重要作用。

在中国人心目中，一个优秀的领导者，应当既会做官，又会做事，更会做人，其中做人是第一位的，做人决定做官，做官就是做人。当然，好人未必能成为好官，但好官必须是个好人。在官场上，难免要说一些违心的话，做一些违心的事，但不能突破做人的道德底线，如果为了一官半职而背弃做人的原则，人们就会从内心里鄙视他。

在两千多年前，孔子提出了"人伦"的概念。他列出了十种基本的社会角色和五对基本的人际关系，提出了每种社会角色应尽的道德责任以及处理相互关系的道德规范，这被后人称之为"五伦"。在孔子看来，人与动物的区别就是人有伦理道德而动物没有。人伦睦则天道顺，人伦失常则道德沦丧、社会失和。

"五伦"是这样依次展开的：

首先是夫妻，由夫妻组成家庭，这是人伦之始。有了夫妻就会生儿育女，随之产生了父子（母子）关系。养育的子女多了，就有了兄弟姐妹，产生了长幼关系。一旦孩子长大了，步入社会，就产生了君臣关系、上下关系。而人生中最广大的人际关系就是朋友关系，四海之内皆朋友。夫妻、父子、兄弟、君臣、朋友，这五对关系就是"五伦"。

人是社会关系的总和。孔子列举的这五种人际关系，大体包括了最基本的人际关系。在这五种人际关系中，都有相对应的道德规范，如夫妻有别、父子有亲、长幼有序、君臣有义、朋友有信。在现实生活中，每一个人都不是单一的社会角色，而是多种社会角色的集合体，必须履行多重道德责任。你既要懂得如何做官，也要懂得如何做父亲、做儿子、做朋友等等。处理每一种关系都应各循其道，各按其规。你不能把处理父子关系的原则套用到上下关系中去，也不能把处理上下关系的原则套用到家庭关系中去。人生天地间，做人自当尽人道。当一个人全面履行了自己的道德责任时，就被人们认为"会做人"。如果违背了自己的道德责任，就被人们认为"不会做人"，自己也觉得"丢人"。如果一个人和道德规范背道而驰，故意对着干，就会被人们指责为"不是人"，是衣冠禽兽。

中国文化传统与西方国家有很大的不同。西方文化主张人人生而平等、生而自由，而中国传统文化则主张区分老少长幼、上下尊卑，应各行其道、各尽其责。美国人习惯称呼对方的名字，下级对上级、儿子对父亲、学生对老师都可以直呼其名，甚至父亲和儿子同用一个名字，如罗斯福家族、布什家族、洛克菲勒家族等都是父子同名。而在中国则要讲身份、讲辈分，如果学生对老师、儿子对父亲直呼其名，则被认为是不懂礼貌，大不恭敬。中西文化上的不同特点、不同传统是历史形成的，已经成为一种习惯、习俗、风尚。传统就是传统，不能简单用先进和落后加以区别。特点就是特点，也不能简单用优点和缺点加以评判。

在数千年的历史中，中国人确立了为人处世的一些基本准则。

远在春秋时期，齐国上卿（即宰相）管仲就提出："礼义廉耻，国之四维；四维不张，国乃灭亡。"毛泽东在新中国成立之初也曾讲过："治国就是治吏。礼义廉耻，国之四维，四维不张，国将不国。如果臣下一个个都寡廉鲜耻，贪污无度，胡作非为，而国家还没有办法治理他们，那么一定天下大乱，老百姓一定要当李自成。"

两千多年来，众多思想家、理论家对社会的道德原则不断总结、归纳、提炼、加工，使这些道德原则更加言简意赅，易于记忆，便于实行。有人把它概括为"五常"，即仁、义、礼、智、信。有人把它概括为"八德"，即孝、悌、忠、信、礼、义、廉、耻。有人把它概括为"四端"，端就是道德的起点，做人的前提。这"四端"就是恻隐之心、羞恶之心、辞让之心、是非之心，意思是做人首先要讲仁爱、知羞耻、懂礼貌、明是非。这些概括大同小异，不外乎就是忠、孝、仁、义、礼、智、信这几个字。

上面这些道德原则，可以说是行使千年的中国公民道德建设纲要。这些原则，群众公认，世代流传，深入人心，长行不衰，成为中华文明的一个标识，成为中华民族延绵不绝、生生不息的精神血脉。时至今日，在世界各地的华人社会里，在受中华文化影响较深的周边国家里，这些道德原则依然在流行，依然在社会生活中发挥重要的影响力。

做人的道理说起来很复杂，其实做起来很简单，就是从修身开始，由关爱亲人到仁爱百姓，再到珍惜万物，使自己成为一个受人欢迎的人，成为一个对社会有用的人。

过去在极"左"思潮下犯的一个愚蠢错误，就是和传统文化对着干，把中华民族数千年积淀下来的做人的道德原则当做"四旧"（即旧思想、旧文化、旧风俗、旧习惯），统统作为文化糟粕，扫进垃圾堆。把"以阶级斗争为纲"奉为最高信条，把阶级斗争从社会引入家庭，引入一切领域，造成无数家庭夫妻决裂、父子反目、兄弟成仇，维系社会秩序的一切道德底线都不复存在了。这是史无前例的一场精神浩劫，它所造成的道德沦落和社会失范绝不是短时间能够修复的。

在中国传统道德中确实存在着一些封建糟粕，如皇权至上、愚忠愚孝、三从四德、家长制等等，应当抛弃。但不能用今天的标准去衡量古人，更不能把今天发生的问题归罪到古人头上，动不动就找古人算账。你怎么能要求两千多年前孔夫子说的话句句是真理，处处切合今天的需要呢？

　　我一生的工作经历有三分之二是从事学校教育，主要面对学生开展德育、思想政治教育。在全世界所有国家中，我国可能是对学生进行德育、思想品德教育、政治理论教育用时最久、开设课程最多、投入也最大的国家，然而取得的效果并不尽如人意，可以说是事倍功半，投入和产出很不成比例。反思起来，我们在学生思想品德教育中一个很大的缺失，就是忽视了中国优秀传统文化的教育，忽视了做人的教育，忽视了现代社会中文明交往方式的教育。今天，我们在世界各地创办了几百所孔子学院，而国内的学生和干部却不读孔子、老子，不了解《论语》、《道德经》，这岂不是很荒唐的事吗？我们对学生灌输了一大堆关于政治观、世界观、人生观、价值观等方面的大道理，但学生却不懂得人际交往的基本规则，不知道如何对待父母、对待师长、对待领导、对待朋友，一旦走入社会，到处碰钉子，不断"交学费"。

　　30多年来，我们在精神文明建设上花了不少力气，进行了很多尝试。如在上世纪80年代初，我们在学校和社会中普遍开展"五爱"教育，即爱祖国、爱人民、爱劳动、爱科学、爱社会主义，这"五爱"还被写入1982年的《中华人民共和国宪法》中。

　　到1983年，我国从上到下都建立了"五讲四美三热爱委员会"，在城乡广泛开展"五讲四美三热爱"活动。所谓"五讲四美三热爱"就是讲文明、讲礼貌、讲卫生、讲秩序、讲道德；语言美、心灵美、行为美、环境美；热爱祖国、热爱社会主义、热爱共产党。

　　2001年，中共中央又颁发了《公民道德建设实施纲要》，提出了"爱国守法，明礼诚信，团结友善，勤俭自强，敬业奉献"的20字方针，作为公民基本道德规范。

　　2006年，在全国开展了以"八荣八耻"为基本内容的社会主义荣辱观教育。此后不久，中共十六届六中全会提出开展社会主义核心价值观教育。2012年党的十八大把社会主义核心价值观概括为"三个倡导"，即倡导富强、民主、文明、和谐，倡导自由、平等、公正、法治，倡导爱国、敬业、诚信、友善。

一个社会倡导的道德原则，应当简洁明了，让人记得住，推得开，用得上，只有持之以恒，才能深入人心，收到实效，不能花样翻新，变来变去。

中华民族的优秀传统文化，不只是博物馆里供人参观的展品，不只是舞台上供人欣赏的技艺，也不只是讲坛上供学者解读的古典，更重要的是在国民生活中天天发挥影响的精神原则。上面讲到的在中国行使千年的做人的道德原则已经渗透到社会生活的方方面面，不仅在大陆民众中形成广泛共识，而且在港澳台以及海外华人中得到普遍认同，可以说是炎黄子孙共有的核心理念，是中国实行和平统一的文化纽带。我们与其不断变换说法，不如把这些广大民众耳熟能详又行之有效的传统理念加以优选，赋予时代的内涵，重新恢复和确立起来。借助优秀传统文化推进精神文明建设，构建今天的和谐社会，这不是最简单易行、又事半功倍的古为今用吗？不要总以为，今天提出的观念、口号才是最先进的东西，而古人提倡的观念都是陈旧过时的。像忠、孝、仁、义、礼、智、信这些观念并没有过时，对今天的精神文明只有好处，没有妨害。

新加坡是世界上少有的一个讲文明守秩序的国家，他们道德建设的基本经验，就是把以法治国与以德治国相结合，其中德治是基础；道德教育则以儒家思想为基础，将传统的"八德"即"忠孝仁爱礼义廉耻"赋予现代的含义。首先，由国会通过《共同价值白皮书》，将"国家至上，社会为先；家庭为根，社会为本；关怀辅助，同舟共济；求同存异，协商共识；种族和谐，勇敢宽容"作为国民共同价值观的基础。进而由政府颁布思想道德教育的大纲，然后，从小学到大学循序渐进地开展教育。低年级侧重行为规范，高年级注重培养社会责任感。既进行系统的道德理论教育，又广泛开展道德实践活动，由政府、社区、学校、家庭四方面组成严密的教育网络，几十年如一日地坚持下去。他们把传统文化与现代文明结合起来的做法值得我们借鉴。

二十四、保持善良天性

善与恶，这是检验道德的一个分水岭，也是观察人的一条底线。究竟人性善还是人性恶，哲学家们争论了上千年。不管人之初是性本善，还是性本恶，就后天而言，就现实来说，人确有善恶之分。

中国佛家有十六字箴言："诸恶莫作，诸善奉行，自净其意，是诸佛教。"善是佛家的核心，佛教一直劝诫众生要积德行善、广结善缘。

儒家思想的核心是"仁"。仁就是爱，仁者爱人，仁爱为本。

道家有三宝："一曰慈，二曰俭，三曰不敢为天下先。"意谓慈爱、节俭和谦让是人生最宝贵的品德。

中国共产党的宗旨是全心全意为人民服务，要求共产党员一辈子做好事，不做坏事。

从儒家、道家、佛家到中国共产党，在道德上贯穿着一个共同的理念，这就是除恶扬善。

选择领导干部有很多条条杠杠，但切忌华而不实，搞了很多花样，却忽视了最基础、最本质的东西。考察干部的第一道关口，就是分清是善人还是恶人，是好人还是坏人，是君子还是小人。在这个基础上，再去全面考量德、能、勤、绩、劳。如果是个恶人、坏人、小人，本事再大也不能重用。司马光在《资治通鉴》中多次谈论这个问题，他认为如果小人得志，恶人当道，就会利用国家的钱财去结党营私，对上欺蒙君王，对下残害百姓，祸患无穷。

领导干部拥有权力地位，掌控着社会资源，可以做一般人做不了的事情，不仅影响着社会的走向，而且在很大程度上决定着别人的命运。如果把权力与善相结合，可以为群众做很多好事善事，是人民之福；反过来，如果把恶与权力相结合，可以为非作歹，无恶不作，是人民之祸。

　　过去，在连绵不断的政治运动中，号召人们去进行大揭发、大批判，专门揭露人和社会中最黑暗、最隐私、最丑陋的东西，不是在扬善，而是在扬恶。一旦某个人被认为是"敌人"，就残酷斗争，无情打击，必欲置之死地而后快。在这种恶劣政治环境的长期浸染下，一些人的人性扭曲了，甚至变成了恶人。

　　在人生的经历中，不少人都曾遇到过这种恶人。他们不是把人往好处想，而是把人往坏处想，不希望别人过得好，总希望别人出事。他们政治嗅觉极为敏感，特别善于发现别人的问题。一旦发现别人的政治思想"新动向"，便开始联想，进行深挖细找，上纲上线。一旦被搭上阶级斗争、路线斗争的线，所有的人品、人格、道德等因素统统忽略不计，"立场错了，一切全错"。有的人有一个小本子，专门收集别人说过的错话、办过的错事，整黑材料，罗织各种罪名。当别人有好事来临时，如提职提干、评奖升级，他们就会揭老底、揪辫子、算旧账。每当清理清查、批判整人的政治运动到来时，他们便以为春天来了，变得异常活跃。似乎搞出别人的问题越多，整得越狠，牵连面越广，证明他们觉悟越高，成绩越大。这种以整人为乐趣的畸形心态，不知是人性恶的本性流露，还是政治运动养成的思维定势。

　　即使在那种冷酷无情的政治运动时期，一些领导干部依然表现出的善良天性和与人为善的品格，让人由衷敬佩。他们中有的人经历过解放前地下斗争的生死考验，有的人长期在政治运动的风口浪尖上工作，经历过多次惊心动魄的斗争。他们目睹过不少人在政治漩涡中起落沉浮，甚至自己也难逃厄运。然而，他们依然不失善良的品格，在与人相处中，始终奉行"君子成人之美，不成人之恶"的原则。在部下因为说错话、办错事而遇到麻烦时，他们总是手下留情，不嫌不弃，设法给人以改过自新的机会。在同事受到无端猜疑、身处逆境时，他们敢于仗义执言、秉持公道，甚至不惜冒个人风险而出手相救。他们的地位、影响和与人为善的品格相结合，不知使多少人免遭厄运，转危为安，重获新生。这种能为部下提供高度安全感的领导者无疑是最可靠的领导者。

在这个世界上，有君子就有小人，有善人就有恶人。我们不可能让小人和恶人绝迹，但对他们必须高度警惕，严加提防，决不能放纵他们，尤其不能让小人得志，让恶人得到重用。

在历史上曾经多次发生酷吏当道的现象，如汉代有侯封、宁成、义纵等十大酷吏，唐代有周兴、来俊臣、索元礼等酷吏。这种酷吏敢于打黑除恶，专门与豪强权贵作对，同时又凶狠残暴，实行严刑峻法，用残酷手段整治社会失范问题。这些酷吏一方面惩治了贪官污吏、恶霸豪强，强化了统治秩序和社会治安，因而在一段时间内得到不少人的赞许；另一方面，他们又严重践踏法纪、伤害无辜，造成冤狱丛生、人人自危，整个社会处于白色恐怖之中。这种靠残酷手段取得的政绩，如同饮鸩止渴，不可能换来社会的长治久安。司马迁在评论这种酷吏现象时说，国家的兴盛、百姓的安宁，在于君王的厚德，而不在法律的严酷。

"善有善报，恶有恶报"，这不是宗教迷信，而是合乎逻辑的结果。你乐于助人，别人也会乐于助你。你善待别人，别人也会善待于你。当然，领导干部做好事做善事，并不是为了求得回报，而是在践行执政为民的宗旨，履行人民公仆的责职。

二十五、认识自己最难

在古希腊的神庙上镌刻着一句醒世箴言："认识你自己！"古希腊人把这句话奉为"神谕"，视作人类最高智慧的象征。德国哲学家卡西尔把"认识自我"作为哲学探索的最高命题。千百年来，无数先哲围绕着这一命题不断进行思考和论述。

"人贵有自知之明"，这是一句至理名言。世界上有自知之明的人太少了，因而具有这种品格的人非常可贵。中国先秦时期的思想家韩非子说："故知之难，不在见人，而在自见。"他认为"自见之谓明，自胜之谓强"，即能够认识自己的人是最明智的人，能够战胜自己的人是最强大的人。德国著名哲学家尼采有一句名言："人距离自己最远。"他说："我们无可避免地跟自己保持陌生，我们不明白自己，我们搞不清自己，我们的永恒判词是：离每个人最远的，就是他自己。"总之，人们最看不清、最说不准的东西就是自己。"认识自己"，这是人生最重要的课题，也是永远不会完成的课题。

所谓自知之明，就是要清醒地认识自己，客观地评价自己，正确地调控自己。为人处世，首先要知道自己是个什么样的人，有什么优点和缺点，有什么特长和潜能，懂得自己适合干什么，不适合干什么，对自己扮演的社会角色有一个明确的定位。梁漱溟在《这个世界会好吗》一书中认为，人类的悲惨在于受制于自己。他说："深深地进入并了解自己，而对自己有办法，才能避免和超出不智与下等，这是最深奥的学问，最高明、最伟大的能力或本领。"

社会上自视过高的人很多，而自视过低的人很少。越是有地位、有学问、有名气的人，自我评价的误差越大。他们在认识自我时，往往只知道自己知道什么，却不知道自己不知道什么；只了解自己的长处和优势，却不了解自己的缺点和劣势；只记得自己的功劳，却忘记了自己的过错；只想着自己有恩于人的地方，却忽略了自己有愧于人的地方。在评价自己与他人时，往往过高地估计自己的学问、才能、品德和成就，而过低地估计他人的学问、才能、品德和成就，许多矛盾和冲突都由此而来。

中国是一个封建专制和个人迷信影响久远，而民主意识比较缺乏的国家，一个人一旦占据高位，权力失去了约束，很容易自我膨胀起来，从而失去自我认识、自我反省、自我调控的能力。我们不时会看到某些显赫一时的人物，由于自我膨胀一步步地走向自我毁灭。他们演变的过程大致这样：第一步，抬高自己，贬低别人，设法凌驾在众人之上，把自己打扮成一个一贯正确的领袖、创造奇迹的英雄；第二步，经营自己的小圈子，把自己掌管的地方变成一个独立王国，顺我者昌，逆我者亡，成为一个称王称霸的"土皇帝"；第三步，搞个人崇拜，把自己神圣化、偶像化。个人专制与个人崇拜是一对孪生兄弟，凡是搞个人专制的地方无一例外都会搞个人崇拜，离开个人崇拜，专制就难以维持下去。一旦他们的黑幕被揭开，所谓英雄神话也便迅速破灭了。

人不是自己认为的那样，而是别人认为的那样。一个人需要借助别人的评价来实现自我认识。如果你是一个普通人，平时总能听到别人对自己的不同评价，有表扬也有批评，有肯定也有否定，这些不同声音有助于自己从多角度审视自我，防止片面性。如果你是一个地位显赫的人，那就很难听到周围人对你的真实评价，人们或出于敬畏，或为了讨好，讲的都是赞美的话、奉承的话、歌功颂德的话。开始，你可能还不大习惯，保持某种警惕，久而久之，也就习以为常，甚至信以为真了，以为自己真的那么美好，真的那么英明、伟大。一个人即使再理智，如果整天被歌功颂德的声音包围着，头脑也会膨胀起来。

一个人的自知之明与知人之明是紧密相关的，一个缺乏自知之明的人不可能有知人之明。只有承认自己无知，才会求教于人；只有看到自己的不足，才能欣赏别人的长处，激发起自己的上进心；只有认识到自己的错误，才能改过自新，让自己更加完美。如果一个人自我感觉太好，就会看不到别人的好处。把自己放得太高，就会把别人看低了。认为自己什么都能干，把别人的事都干了，就会弄得别人没事干。那种认为自己什么都行，别人什么都不行的人，最终会证明自己不行。一个明智的人，应当自知而不自见，自爱而不自贵。

二十六、学会学习

　　"士别三日，当刮目相看"，这个典故讲的是三国时期东吴大将吕蒙立志求学的故事。吕蒙原本是一介武夫，因为没有文化闹出不少笑话。在孙权的劝导下，他发愤读书，终日不倦，后来成为一名学识广博、文武双全、屡建奇功的军事统帅。新中国成立之初，毛泽东曾用吕蒙的故事激励干部读书，他说：军队的高级干部多是行伍出身，缺少文化，不可不读《三国志》中的"吕蒙传"。

　　当前，终身学习理念已成为国际社会的共识。国际21世纪教育委员会在报告中指出："终身学习是21世纪人的通行证。"所谓终身学习是指"学会学习，学会做事，学会生存，学会共处"，这是21世纪教育的四大支柱，也是每个人成才成功的根本途径。学校教育的目的不仅在于帮助学生"学会"，更重要的是引导学生"会学"，形成终身学习的能力。当今时代是知识爆炸的时代，只有持续学习，才能不断增长新知，增强才干，提高自己的适应力和竞争力。选择学习，就是选择成功；放弃学习，就是选择被淘汰。

　　林语堂说：读书可以开茅塞，除鄙见，得新知，增学问，广识见，养性灵。一个不读书，不学习的人，必然目光短浅，思想僵化，盲目自满，固步自封，言之无物，空话连篇。

　　有两种不同类型的干部：一种是整天陷于具体事务，很少学习思考，成为忙忙碌碌的事物主义者和狭隘的经验主义者。经验固然有用，但如果不去总结思考，经验永远是经验，不可能上升为智慧和能力，其结果，必然是年复一年地重复劳动，在原有水平上徘徊不前。另一种干部，既勤于工作，又善于学习思考，工作水平提升很快，过一段时间迈上一个新台阶。两个在同一原点起步的人，几年下来，在思想水平、领导能力上会形成巨大落差。当前者抱怨"辛辛苦苦却得不到领导赏识"时，不妨反思一下自身，是否因为疏于学习而影响了上进的步伐。可以说，领导者的水平取决于自我学习的水平，领导者的前途取决于自我发展的能力。

我们经常听一些人说工作太忙，没有时间读书，其实这只是一种借口。一个人真想读书，总能找到时间。读书与其说是时间问题，不如说是一种兴趣爱好、一种生活方式、一种精神追求。

工作和学习是很难截然分开的，工作是学习，学习也是工作，不会学习的人也不会工作。如果你能把工作和学习结合起来，那么，你随时随地都在学习，都在提高。

读书的时间是怎么挤出来的呢？

第一，经过一天的忙碌之后，睡觉之前，你不妨用半个小时的时间，静下心来翻翻书，或是把一天的活动、见闻梳理一下，总会形成一些零散的想法和心得，日积月累就会见到成效。

第二，平时工作日程再紧张，每周至少要抽出半天时间，排除一切杂务和应酬，雷打不动，专心读书，研读文件，阅读一些有价值的报刊资料，冷静地思考一些问题。好记性比不上烂笔头，有用的信息、资料、观点、见解要随时记录下来。这既是一种有益的身心调节，又是一种必要的思想充电。

第三，现在各种会议泛滥成灾，领导干部不得不把大量宝贵时间耗费在空洞无效的会议中。对待那种与己无关又非常无聊的会议，你无法采取分身术，但却可以采取"分心术"，一方面正襟危坐，貌似认真听会；另一方面，思想可以"开小差"，思考问题，翻阅笔记，整理思路。一个冗长的会议开下来，说不定会有许多意外的思想成果。

读书有两种基本方法：一种方法如同饭后散步，找一些当下流行的书籍资料，随便翻翻，快速浏览，只要略知一二，记住片言只语也就可以了；另一种方法，就是精选出若干本经典名著作为案头书、枕边书，这些书籍应是举世公认的智慧书、处世书、人生教科书，对这些书籍应当精读细思，融会贯通，做到"读书百遍，其义自见"。

学而不思则罔，思而不学则殆。读书切忌读死书、死读书。要把书读活，最重要的是把学与思结合起来，能够在别人思想的启迪下形成自己的思想。会读书的人不是钻到书里读，而是站在书上读，能进得去，更能出得来，否则便如老话所说"尽信书不如不读书"。有的人读了一大堆书，肚子里像个杂货铺，读来读去把自己读丢了，只知道书上怎么说，不知道自己怎么想，像卢梭说的那样："读书读得太多，反而会造成一些自以为是的无知之徒"。

李瑞环讲自己的读书体会是：一要勤学；二要多思善思；三要学会联系，联系实际，联系工作，联系生活，联系常见的和熟知的事例去理解书中的内容。要硬着头皮坚持，咬紧牙关坚持，只要有"衣带渐宽终不悔"的精神，终将会迎来"蓦然回首"的新局面。

领导干部读书不同于学者搞学问，不可能博览群书，应当本着少而精的原则，有的放矢，联系实际，学以致用，用以促学，既要温故知新，又要学新知新，真正做到学有所思、思有所得、得而有行、行而有成。

二十七、交友之道

朋友是人生中最宝贵的财富，是精神世界中最灿烂的阳光，是当你被众人抛弃面临绝境时唯一可以指望的救星。

人的一生中总有不测风云、旦夕祸福。当你生活窘迫时，能够慷慨解囊、雪中送炭的必是朋友。当你精神烦恼时，为你排解忧愁、带来心灵慰藉的也必是朋友。当你政治上处于险境时，能仗义执言或暗中相助，帮你渡过难关的只有朋友。

回顾自己人生的历程，我最感欣慰的是结交了一批智友和诚友，自己的成功与荣誉、健康与快乐，无不凝结着朋友们的智慧和爱心。正如爱因斯坦所说："世间最美好的东西，莫过于有几个有头脑和心地都很正直的朋友。"

生活的经验告诉我们：没有朋友的人不是小人就是怪人；没有朋友的人比没有敌人的人还可怕；经常换朋友的人大抵不是什么好人。

孔子是一位非常讲情义、重朋友的人。他把远方朋友的来访视作人生最快乐的事情。他每天都要再三反思自己是否对朋友恪守诚信。对于如何选择朋友，孔子提出了"益者三友，损者三友"的忠告。他认为，应当结交三种对人生有益的朋友，即"友直、友谅、友多闻"，用今天的话来说，就是应当结交诚实正直的人、心胸宽广的人、广见博识的人。另外有三种人对人生有害，是不能结交的，即"友便辟、友善柔、友便佞"，用今天的话来讲，就是不能结交溜须拍马的人、耍两面派的人、花言巧语只会耍嘴皮子的人。

在人生中有四种朋友是不可或缺的。

第一类朋友是智友、贤友。所有的先哲们都在提醒我们，交友一定要交比自己更聪明、更高尚的人，千万不要同愚蠢的人交朋友。一位智者说过：你是谁并不重要，重要的是你和谁在一起。和聪明的人在一起，你就变得聪明；和优秀的人在一起，你就变得优秀。人生成功的秘诀，就是学最好的人、做最好的自己。

那些智者、贤者，知识渊博，品位高雅，见多识广，世事洞明，他们总能站在时代的潮头，不断为你开拓视野，端正思路，指明方向。而一群愚蠢的人混在一起，只会犯一些低级的错误，带来连锁性的倒霉。如果你与强于自己的人在一起，就会发现自己的不足，激发起见贤思齐的上进心，不断鞭策自己进步。如果你与比自己差的人在一起，虽然满足了自己的虚荣心和优越感，却只会使自己满足现状，不思进取。葛拉西安在《智慧书》中生动地描绘了与智者为伍的种种乐趣，他说："智者只要开口讲话，必然是妙趣横生的智慧之语。一旦行动起来，也一定充满了温文尔雅的风度。他们的言行举止，总是能用得适得其时。用幽默的话语说出来的忠告，比严肃的教导训诫要好得多。对于有些人来说，灵活实用的知识比儒雅的七艺更有效果"。

第二类朋友是道义之交、患难之友。

　　人生世间，不如意事十有八九，可与人言百无二三，真正的道义之交、患难之友是非常难得的。官场之上势利为重，商海之中人性淡薄，所谓的朋友多是逢场作戏而已。当你顺风顺水、不需要朋友时，或许身边有很多朋友；当你逆风逆水、真正需要朋友时，或许原来的朋友都不见踪影了。人只有在遭遇贫困、处于逆境时，才能知道朋友的真伪。当你在恶运的深渊中苦苦挣扎、众人冷眼相对时，哪怕有人说句安慰的话或施以微薄的援助，也会令你感激不尽，甚至终身难忘。真正的朋友，不是在你成功时为你锦上添花的人，而是在你落难时为你雪中送炭的人；不是在你得意时有请必到的人，而是在你失意时不请自来的人。

　　第三类朋友是忘年之交。

　　与不一样的人在一起，你会有不一样的人生。

　　年轻人最好结识几个年长的朋友，而年长者最好多和年轻人接触。年轻人思想解放，年长者思想成熟；年轻人敢想敢干，年长者处事稳健；年轻人追求新知，年长者富有智慧；年轻人憧憬未来，年长者熟悉历史。彼此之间有很强的互补性，如果二者结成忘年之交，对双方都大有裨益。

　　第四类朋友是随叫随到的朋友。

　　"亲戚越走越亲，朋友越交越近。"朋友只有在不断地交往互动中才能实现朋友的价值。那种"海内存知己，天涯若比邻"的朋友固然可贵，但远在天涯海角的朋友毕竟很难来往，即使身边的朋友，如果屡屡爽约也会令人大煞风景。在当今快节奏的生活中，如果能有几个随叫随到的朋友，大家情趣相投，各抒己见，无拘无束，亲密无间，无疑会给人生增加无限的乐趣。

　　物以类聚，人以群分，同声相应，同气相求。结交朋友应当选择大体上处在同一社会层面的人，彼此有共同的情趣、共同的爱好、共同的语言，平等相待，畅所欲言，这无疑会增加许多幸福和快乐。选择朋友，不要蓄意巴结，有意高攀。如果在地位、财富、学识和声望上相距甚远，势必缺乏共同的追求和爱好，那样互动的难度就很大，交往的成本也很高，是很难维持下去的。如果为了迎合别人而扭曲自己，为了取悦别人而放弃自我，这种得不偿失的赔本买卖有什么意义呢？最糟糕的交友莫过于一帮酒囊饭袋聚在一起，整天胡吃乱喝，胡吹乱侃，浑浑噩噩，除了厌酒肉而后返外，一无所获。孔子曾说过："群聚终日，言不及义，好行小慧，难矣哉！"讲的就是这种酒肉朋友，整天混在一起，从不谈正经事，互相卖弄点小聪明，这种人真是不堪造就啊！

交友之道千条万条，归根到底就是诚信为本，与人为善，助人为乐，忠诚不二。唯有忠心才能赢得忠心，唯有真诚才能换来真诚。要想有朋友，首先自己必须够朋友。要想交到好朋友，首先自己要成为好朋友。

二十八、常怀敬畏之心

在大自然中，人的力量是非常渺小的。在地震海啸发生的时候，面对天崩地裂、地动山摇、翻江倒海的可怕景象，人们由衷地产生出对天地的敬畏之心，意识到在大自然面前，人是多么地渺小和软弱，所谓改天换地、人定胜天只不过是一种神话。

在社会中，个人的力量也是微不足道的。当领袖脱离了民众，将军脱离了士兵，只不过是纸老虎，是不堪一击的。古今中外，多少显赫的人物、强暴的政权，一旦遭到民众的反对，很快便土崩瓦解了。

人生天地间，必须常怀一颗敬畏之心。敬畏，是对权威力量和崇高事物持有的一种敬重和畏惧心理，是为人处世应有的一种清醒和自觉，也是安身立命必备的一种警戒线和安全阀。

古人讲："凡善怕者，必身有所正，言有所规，行有所止，偶有逾规，亦不出大格。"一个人如果失去敬畏之心，就会违反自然规律而一味蛮干，就会目无法纪而胡作非为，就会违反道德而放纵欲望，成为一个百无禁忌、为所欲为的人，什么都不怕，什么都不在乎，什么底线都没有。西方有句谚语："上帝要他灭亡，必先使其疯狂。"当一个人狂妄不可一世时，他的末日就要到来了。

孔子把有没有敬畏之心作为区分君子和小人的一个尺度，他认为："君子有三畏：畏天命，畏大人，畏圣人言。小人不知天命而不畏，狎大人，侮圣人言。"

《资治通鉴》中记录了唐太宗对群臣讲的一段话。唐太宗说："人言天子至尊，无所畏惮，朕则不然。上畏皇天之监临，下惮群臣之瞻仰。兢兢业业，犹恐不合天意，未孚人望。"唐太宗作为一名封建帝王，能够始终保持这种敬天畏民的态度，常谦常惧，日勤日慎，这是他所以能开创贞观之治的重要原因之一。

治国理政是一项风险很大的职业。在政治舞台上，"天有不测风云，人有旦夕祸福"的事情屡见不鲜。为官从政的人，必须时时自警、自励、自律、自省，切不可忘乎所以，掉以轻心。当年曾子曾借用《诗经》里的两句话"如临深渊，如履薄冰"，说明人生应当小心谨慎，后世许多为官从政的人都把这两句话作为自己的座右铭。习近平在就任中共中央总书记和国家主席之后，在回答外国记者"领导一个13亿人口，感受是什么"时，他表示："这样一个大国，这么多人民，这么复杂的国情，领导者要有'如履薄冰，如临深渊'的自觉，要有'治大国如烹小鲜'的态度，丝毫不敢懈怠，不敢马虎，必须夙夜在公，勤勉工作"。

领导干部需要敬畏的东西太多了，要敬畏自然，敬畏历史，敬畏圣贤，敬畏生命，敬畏组织，敬畏法律，敬畏舆论，但最根本、最重要的是敬畏人民群众，始终要把民心、民意、民生、民主作为第一位的考量。不要认为群众都是愚昧无知、软弱无力的。其实，群众才是真正的英雄，是改变历史的根本动力。群众不像领导者那样，天天都在显示自己的存在和力量，而人民群众一旦行动起来，显示出自己的存在和力量，那就如同自然界中的地震和海啸一样，成为无坚不摧的宏大力量。任何领导干部，如果失去民心，触犯众怒，必然落得身败名裂的下场。

二十九、幸福的哲学

当今中国，幸福问题成为最热门的社会话题之一。百姓们忙忙碌碌地为幸福而奔波，各级政府都把提高幸福指数作为施政的目标，众多媒体和出版社也把幸福作为鲜明主题，推出诸如《幸福魔方》《幸福密码》《幸福深处》《幸福来敲门》《幸福晚点名》《你幸福吗》等作品或栏目，以此吸引读者和观众。一个社会，人们到处都在谈论幸福、追求幸福，这是一件好事，说明群众对幸福有期盼，说明社会有动力、国家有希望。

追求幸福，这是人类的天性，是人们生活的最终目的，也是人生一切奋斗的根本动力。然而，对于什么是幸福，很多人并没有认真思考过，或是从来也没有想清楚过。

幸福本来是与每个人都息息相关、最生活化、最世俗化的问题，可惜被某些大哲学家解读得非常抽象、非常高深，让人难以琢磨了。在众多学者中，或许古希腊哲学家德谟克利特对幸福的解释最为浅显易懂了。他认为，人的幸福是由肉体的快乐和精神的快乐组成的，获取幸福应当有必需的物质条件、有节制的享受，而主要是求得心灵的宁静淡泊。

在各种哲学和宗教对幸福的阐释中，中国道家的幸福观是更加合乎天理人情、更能为中国民众所接受的。道家的幸福观大致包括这样几个要点：

第一，顺应自然，返璞归真，逍遥自在，清静无为，这样才能摆脱不必要的束缚和烦恼。

第二，少私寡欲，知止知足，去甚，去奢，去泰，节制过度的耳目口腹之欲。老子就认为，绚丽的色彩会让人眼花缭乱，嘈杂的音乐会让人耳朵失聪，过多的佳肴会让人胃口败坏，过度的游猎会让人心神狂荡，过分追求奇珍异宝会让人操行失控。所以必须节制过度的欲望才能去祸免咎，保持身心健康，长久平安。

第三，祸兮福所倚，福兮祸所伏。福和祸是一对矛盾，彼此是可以转化的。要辩证地看待福祸关系，这样在福祸面前才能保持平静的心态，猝然临之而不惊，无故加之而不怒。

第四，幸福的最高境界就是做到天、地、人和谐相处，包括自然与社会的和谐、人与人的和谐、身与心的和谐，以及和而不同、同而不和的多元和谐。

简而言之，道家主张的幸福观就是身心健康、知足常乐、天人合一、自由自在。尽管道家的幸福观中也有某些消极的成分，但其基本理念同今天党和政府倡导的"坚持以人为本，推动科学发展，构建和谐社会，建设生态文明"等治国方略是大体相符的，对抑制当今社会物欲过盛、奢华浮躁之风过烈也是大有裨益的。

财富、地位、权力、名气，这些都是与幸福紧密相关的因素，然而这些并不是决定幸福的根本原因。我们身边有不少显贵、富商、名流，他们活得未必比一般人更幸福。与常人相比，他们或许有更多的担心、烦恼、恐惧和种种不稳定、不安全、不自在的感觉。一旦成了显贵名流，就如同上了秋千架，只能不停地荡下去，稍不小心就会摔下来，荡得越高，摔得越重。如果说幸福是需求和欲望的满足，那么，需求越多、欲望越强的人，幸福就越难。其实，财富、地位、权力、名气这些东西，只有很少一部分是人生必需的，其余的都是附加在生命上的多余的东西，这些身外之物越多，生命的负担越重，制约幸福的因素越多。德国哲学家叔本华说过："人是受欲望支配的，当欲望没有满足的时候你是痛苦的，当欲望满足以后你又会感到无聊。人生就像钟摆一样，在痛苦和无聊中左右摇摆，所以幸福是不可能的。"叔本华的这番话固然有消极成分，但也一针见血地指出了人的弱点。

人们的幸福感往往是从比较中得来的，关键是怎么比。

　　过去，我们在思想教育中常用的方法就是今昔对比、忆苦思甜。通过今昔比较，人们感到新旧中国两重天，于是，产生了满足、幸福、珍惜、感恩的心情。如果人们把今天的生活状况同改革开放以前加以全面比较，比如就业、收入、住房、教育、医疗、健康、城乡环境、社区生活、社会保障、国家治理、居民安全、社会和谐、文明水平等等，不难发现，改革开放以来中国人生活质量提升之快、变化之大是前所未有的，大大超出了原来的想象。然而，很多人并不这么想，因此感觉不到满足和幸福。有一首古人的白话诗，描述人的欲望是永无止境的：

> 终日奔波只为饥，方才一饱便思衣。
> 衣食两般皆俱足，又想娇容美貌妻。
> 娶得美妻生下子，恨无田地少根基。
> 买到田园多广阔，出入无船少马骑。
> 槽头扣了骡和马，叹无官职被人欺。
> 当了县丞嫌官小，又要朝中挂紫衣。
> 做了皇帝求仙术，更想登天跨鹤飞。
> 若要世人心里足，除非南柯一梦兮。

　　人们这种与日俱增的愿望，既是人生奋斗的动力、财富积聚的推手，也是产生快乐和痛苦的原因。

　　有一种矛盾的现象：人人都在追求幸福，可又觉得自己不幸福；人人都想摆脱烦恼，可又往往抱着烦恼不放。得志的人说自己工作压力大，终日不得闲；不得志的人说自己没有前途，英雄无用武之地。无房的人抱怨房价太高；炒房的人担心房价下跌。挣钱少的人嫌工资太低；挣钱多的人嫌交税太多。人们对到手的幸福往往不懂得珍惜，身在福中不知福。有些烦恼本该放弃却不肯放弃，甚至把不该烦恼的事当做烦恼拣起来，自寻烦恼，庸人自扰。

　　一个人一个活法。有的人一辈子过得很快活，有的人一辈子过得不开心。有的人在外人看来很幸福，他自己却很不满意。有的人在外人看来很不幸，他自己却觉得很坦然。幸福的道路千万条，归根到底就是三句话：活得简单一点，活得糊涂一点，活得潇洒一点。为人处世，不要存心跟别人过不去，更不要存心跟自己过不去。待人接物，是自己的就是自己的，不必推辞；不是自己的就不是自己的，不必强求。说到底，人活的就是一个心态，当你老是觉得不幸福不快乐时，不妨换一种活法。

　　经过岁月流转、世事沧桑之后你会发现，强大而持久的幸福感不是来自于官场、商场、名利场，而是来自于最平凡最简单的日常生活中。比如，有一个健康的身体，有一个温馨的家庭，有一份稳定体面的工作，有一群情投意合的朋友，每当周末假日，家人朋友其乐融融地团聚在一起的时候，你会感到人生最美好的事情莫过于此。

　　有些人总觉得自己不如别人幸福，他们的种种痛苦和烦恼是从错误的比较中得来的。他们把人群中极少数的成功者和幸运儿作为自己的参照系，与人家比地位、比荣耀、比收入、比房子，把幸福变成了一堆可以量化的物质指标，越比越觉得自己吃亏、倒霉，处处不如人。他们只看到别人成功，而看不到别人成功背后的艰辛；只看到别人光鲜的外表，而不知道别人光鲜外表下的苦衷；只看到自己不如别人的地方，而看不到别人不如自己的地方。当你羡慕别人的幸福时，或许别人正在羡慕你的幸福。有些人把自己人生的预期目标定得太高，希望得到的东西太多，大都是可望而不可即的东西。他们把自己的现状与预期目标相比，越比越觉得时运不济、世道不公，愈加忿忿不平、怨天尤人。人的幸福感首先来自于满足感，只有心满意足，才会珍惜，才会感谢，才会感到幸福和快乐。

　　一项调查研究成果表明，世界上有两种人最幸福：一种是淡泊宁静的平凡人，一种是功成名就的杰出者。平凡人可以通过修炼内心、减少欲望来获得幸福；杰出者可以通过拼搏取得事业成就来获得更高层次的幸福。人们的误区往往在于，明明自己是一个平凡者，却把自己定位成一个杰出者，于是便产生了种种的纠结、痛苦和烦恼。世界上杰出者只是极少数，即使天资聪慧的人要取得成功，也需要合适的条件和很好的运气。你不妨放低身段，先把自己当一个平凡人对待，抱着一种平常的心，从容地去应对生活。有一位功成名就的智慧老人在总结自己的人生经验时说：幸福的真谛就在于知足常乐、助人为乐、天伦之乐、自得其乐。

三十、人生如戏

人们常用"人生如戏"这句话来抒发对人生境遇的感叹。人的一生中，风风雨雨，酸甜苦辣，花开花落，斗转星移，世间百味，皆在其中。

五年之前，我退休了，这是人生的一大转折。我马上醒悟到，自己的戏已经唱完了，必须重新定位角色，调整心态，转变自己的生活方式和行为方式。于是，我在《后知后觉》中写下了人生如戏的感慨。人生如戏不是逢场作戏、游戏人生，而是参悟世情、淡看人生。

人在不同阶段扮演着不同的角色。

当你年富力强，处在精力、活力、创造力的高峰时，应当唱主角、挑大梁，奋力去闯出一片天地。当你走出了人生的高峰期，应当主动让贤，让更有创造活力的人去当主角，自己甘当配角。当你年高体衰、心力不济时，应当及时鞠躬谢幕，下台去当一名观众。再好的演员也不能在台上一直演下去，如果主角搞终身制，那别人都没戏唱了。

不同角色要有不同的行为方式。当你唱主角时，必须聚精会神，全力以赴，要知道一台戏好不好，关键在主角。当你唱配角时，要摆正位置，主动配合，补台不拆台，补位不越位，关键是不要抢戏。当你成为观众时，要争当文明观众，多鼓掌、少起哄，多帮忙、少添乱。

　　江山代有才人出，一代更比一代强，这是客观规律。教师最伟大的品格就是满腔热忱地希望自己的学生成功，希望青出于蓝而胜于蓝，从来不会嫉妒学生。领导者也应当具有这种高尚的情怀。一个领导者的高功厚德，不是去修建一些宏伟的广场、宽阔的马路、漂亮的建筑物，而是以自己的远见卓识，精心培育和挑选出一批更优秀、更出色、更有发展潜力的继承者，让他们站在自己的肩膀上，继往开来，把事业推向更大的辉煌。

　　变老是一种规律，服老是一种清醒。一个演员谢过幕，走下台，步入观众席，就应当宁静致远，淡泊名利，不要总喜欢凑热闹，到处抛头露面，不要怕被人冷落和遗忘。如果一个七老八十的人再去扮演一个小姑娘，体态臃肿，声音嘶哑，动作迟钝，那不仅不能给人带来美感，而且会破坏自己原来在人们心目中的美好形象。最不明智的行为就是倚老卖老，不合时宜地去显弄余威。就像一个拄着拐杖过马路的老人，走到十字路口，把拐杖当做指挥棒到处挥舞，其结果，必然把交通秩序搞得一塌糊涂。

　　古罗马皇帝马克·奥勒留是一位伟大的哲学家皇帝，他写下的《沉思录》堪称千古不朽名著，当今世界上众多名人要员仍然把《沉思录》作为人生教科书。美国前总统克林顿称《沉思录》是对他人生影响最大的一部书。中国前总理温家宝称《沉思录》是他百读不厌的一部床头书。《沉思录》在结尾时提出了人生如戏，当曲终人散时，应当满意地退场。大学教授何怀宏在品读《沉思录》时，写下一段耐人寻味的文字："人生是一场伟大的戏剧，我们都是这一戏剧中的演员。但我们演的角色不同，有主角，有配角，还有跑龙套的。有的演全剧，有的只演三场乃至一场。你不妨具有一种游戏的精神和角色的意识，也就是既认真，又超脱。不管派给我什么角色，我就演好这个角色，尽力而为，全力以赴，努力做到自己的最好，甚至做到这个角色的最好。就像塞涅卡所说：'问题不在演了多久，而在演得有多好。'"

　　人生是一场没有既定脚本，预先也不知道结局的戏，全靠自己的解读和演绎。命运为我们安排了各种角色，你不必为没当主角而烦恼，也不必为提前退场而伤感，重要的是已经演过了，尽力了，只要你清清白白地做人，认认真真地演戏，在人生大戏徐徐落幕时，就可以问心无愧而优雅地退场。你方唱罢我登场，这就是人生。人生的戏总会一直演下去，要相信，更加精彩的戏剧一定还在后头。

有一首流行歌曲，叫《潇洒走一回》，歌中唱道：

> 天地悠悠，过客匆匆，潮起又潮落。
> 恩恩怨怨，生死白头，几人能看透。
> 红尘滚滚，痴痴情深，聚散总有时。
> 留一半清醒，留一半醉，至少梦里有你追随。
> 我拿青春赌明天，你用真情换此生。
> 岁月不知人间多少的忧伤，
> 何不潇洒走一回。